捕获黑马

涨停板实战技法

桂 阳 ◎ 编著

中国铁道出版社有限公司
CHINA RAILWAY PUBLISHING HOUSE CO., LTD.

图书在版编目（CIP）数据

捕获黑马：涨停板实战技法/桂阳编著.—北京：中国铁道出版社有限公司，2023.5
ISBN 978-7-113-29762-6

Ⅰ.①捕… Ⅱ.①桂… Ⅲ.①股票投资-基本知识 Ⅳ.①F830.91

中国版本图书馆CIP数据核字（2022）第194194号

书　　名：捕获黑马——涨停板实战技法

BUHUO HEIMA：ZHANGTINGBAN SHIZHAN JIFA

作　　者：桂　阳

策　　划：张亚慧	编辑部电话：（010）51873035	电子邮箱：181729035@qq.com

责任编辑：吕　芄
封面设计：宿　萌
责任校对：安海燕
责任印制：赵星辰

出版发行：中国铁道出版社有限公司（100054，北京市西城区右安门西街8号）
印　　刷：北京联兴盛业印刷股份有限公司
版　　次：2023年5月第1版　2023年5月第1次印刷
开　　本：710 mm×1 000 mm　1/16　印张：12.75　字数：177千
书　　号：ISBN 978-7-113-29762-6
定　　价：69.00元

版权所有　侵权必究

凡购买铁道版图书，如有印制质量问题，请与本社读者服务部联系调换。电话：（010）51873174
打击盗版举报电话：（010）63549461

前　言

　　证券市场中交易当天股价达到最高限度即为涨停板。与普通交易相比，涨停交易给投资者带来的收益相对更多，因此人人都喜爱涨停板，但并不是人人都可以轻松抓住涨停板。

　　因为涨停板并非简单的追涨，它不仅需要投资者具备一定的胆识、勇气、智慧和耐心，同时还需要一定的投资技巧和技能，这就需要投资者掌握丰富的投资知识，能够灵活自如地处理市场中变幻莫测的股价走势。

　　通常股价出现涨停是有原因的，投资者需要找出导致股票出现涨停的原因，结合个股当前的走势进行综合判断，确定后市上涨的强势程度。如果股价表现动力十足，则后续大概率还会持续上涨，投资者买入必定会有丰厚的回报。但如果强势程度很弱，则后续股价持续上涨的概率较低，投资者追涨买进后则极有可能被套高位。

　　为了能够帮助投资者抓住涨停，准确地分析涨停板，捕捉市场中的一些涨停机会，笔者特地编著了此书。书中由浅及深地向读者介绍了涨停相关的基础知识以及与涨停相关的投资战法，能够帮助投资者提前发现潜在的机会，并且准确、高效地挖掘出涨停板个股的强势信号，快速地捕捉涨停板个股。

全书共 7 章，可以分为三部分：

- 第一部分为第 1 章，这部分主要是对涨停板的基本介绍，让读者了解什么是涨停，以及涨停是如何产生的，为后续的涨停战法学习打下基础。
- 第二部分为第 2 至 6 章，这部分是本书的主要部分，是狙击涨停板的具体战法介绍，内容包括从分时图、K 线、成交量、筹码以及技术指标等方面捕捉涨停。
- 第三部分为第 7 章，这部分为主要能力提升部分，主要是一些实际投资中常用的策略技巧，可以大幅度提升投资者的实战技能，提高投资获胜概率。

该书为了帮助投资者掌握实用的、经典的、稳健的涨停交易方法，专门介绍了多种实用性强的交易策略和投资方法，以便投资者选择使用。另外，书中图文并茂，结合了大量的实际案例对知识点进行讲解，便于读者深入理解相关经验和战法。

最后，希望所有读者都能从书中学到想学的知识，在股市中获利。但仍然要提醒大家：任何投资都存在风险，入市一定要谨慎。

编　者

2023 年 2 月

目 录

第1章 涨停到底有何魅力

凡是股市投资者无一不对涨停有着天然的喜爱，因为涨停的出现不仅代表了涨幅大，也代表了丰厚的投资回报，所以一批又一批投资者在追涨停的路上孜孜不倦。让我们也来感受一下涨停的魅力吧！

1.1 认识股市中的涨停 002
  1.1.1 股票涨停板制度 002
  1.1.2 找寻市场中的涨停股 003
    实例分析 航天机电（600151）K线连续跌停抓涨停 005

1.2 为什么会出现涨停 006
  1.2.1 宏观政策利好刺激 007
    实例分析 养老政策的发布刺激养老概念股普遍上涨 007
  1.2.2 公司发布重大利好消息 008
    实例分析 安道麦A（000553）公司发布一季度财务报告刺激股价涨停 008
  1.2.3 概念炒作因素涨停 010
    实例分析 有机硅市场回暖促使有机硅概念股涨停 010

1.3 涨停出现时的 K 线形态 012
1.3.1 一字涨停 012
实例分析 浙江新能（600032）一字涨停分析 012
1.3.2 T 字涨停 016
实例分析 氯碱化工（600618）T 字涨停分析 016
1.3.3 大阳线涨停 020

第 2 章 辨识分时图异动伏击涨停

分时图即个股的动态实时分时走势图，其在股市实战分析中具有重要作用。分时图不仅能够帮助投资者更好地把握多空力量变化，还能帮助投资者直观地辨别股价的涨跌变化，以便投资者能及时捕捉涨停信息，赚取收益。

2.1 涨停时间策略 022
2.1.1 早盘涨停 022
2.1.2 盘中涨停 024
实例分析 亚宝药业（600351）冲板后裂口分析 025
实例分析 科力远（600478）游弋于涨停板 027
2.1.3 尾盘涨停 028
实例分析 海信视像（600060）尾盘拉升至涨停分析 028

2.2 涨停方式分析 030
2.2.1 波浪式拉升涨停 030
2.2.2 阶梯式拉升涨停 034
实例分析 永泰能源（600157）阶梯式涨停分析 034
2.2.3 横盘脉冲式涨停 036
实例分析 天下秀（600556）横盘脉冲式涨停分析 036
2.2.4 斜推式涨停板 038
实例分析 长虹华意（000404）斜推式拉升涨停分析 038

2.3 涨停形态分析 039
2.3.1 凹字涨停 039
实例分析 金圆股份（000546）凹字涨停分析 040
2.3.2 凸字涨停 040
实例分析 东风科技（600081）凸字涨停分析 041

第3章 K线狙击涨停板战法

K线走势图一直都是股市投资中重要的分析利器，当然在追击涨停板中也是如此。K线走势图蕴含着丰富的投资信息，能够帮助投资者精准捕捉市场中隐藏着的投资机会，提高投资获胜的概率。

3.1 单根K线抓涨停 044
3.1.1 底部涨停大阳线 044
实例分析 常山北明（000158）低位涨停大阳线分析 044
3.1.2 向上跳空涨停阳线 046
实例分析 北清环能（000803）向上跳空涨停阳线分析 047

3.2 K线组合狙击涨停 048
3.2.1 上天入地 048
实例分析 广晟有色（600259）上天入地K线组合分析 049
3.2.2 涨停回马枪 050
实例分析 大金重工（002487）涨停回马枪形态买进分析 051
3.2.3 小鸟依人 052
实例分析 海王生物（000078）小鸟依人K线组合分析 053
3.2.4 涨停上升三法 055
实例分析 云鼎科技（000409）涨停上升三法分析 055

3.3 从K线走势位置抓涨停 056
3.3.1 突破下降压力位的涨停板 056

实例分析 卧龙地产（600173）涨停大阳线
　　　　　　向上突破下降压力线分析 057
　3.3.2 突破重要压力位的涨停板 058
　　实例分析 长城电工（600192）涨停大阳线向上突破重要压力位
　　　　　　分析 058
　3.3.3 突破上升通道上轨线的涨停板 059
　　实例分析 广晟有色（600259）向上突破上升通道上轨线 060
　3.3.4 突破长期横盘箱体的涨停板 061
　　实例分析 中国医药（600056）涨停阳线向上突破横盘箱体 061

第4章　看懂成交量轻松抓涨停

　　成交量反映了多空双方对当前价格的认同程度，也可以反映出个股交易的活跃程度。投资者如果能够顺着这些信息进行挖掘分析，就能够找到主力拉升股价的规律，进而擒获涨停。

4.1 从特殊量看涨停 064
　4.1.1 无量涨停 064
　　实例分析 福星股份（000926）无量涨停买进分析 065
　4.1.2 放量涨停 066
　　实例分析 国网信通（600131）高位放量涨停 066

4.2 从量价关系抓涨停 067
　4.2.1 量增价涨 068
　　实例分析 兴发集团（600141）量增价涨追涨停 068
　4.2.2 量增价减 069
　　实例分析 东阳光（600673）涨停后量缩价涨谨慎追涨停 070
　4.2.3 量减价升 071
　　实例分析 长春一东（600148）高位量减价升谨慎追涨停 072
　4.2.4 量平价升 074

实例分析 泉阳泉（600189）量平价升涨停分析..........074

4.3 成交量异常变化捕捉涨停.......................... 076
4.3.1 低位温和放量 076
实例分析 海南椰岛（600238）低位温和放量买进分析..........077
4.3.2 成交量低位异常放量 078
实例分析 信雅达（600571）低位异常放量涨停分析..........079
4.3.3 脉冲式放量涨停分析 080
实例分析 祥龙电业（600769）脉冲式放量涨停分析..........081

4.4 均量线异动盯涨停 083
4.4.1 5日均量线和10日均量线拐头上行 084
实例分析 新华百货（600785）5日均量线和10日均量线拐头上行
抓涨停分析..........084
4.4.2 5日均量线在10日均量线上方持续上行 085
实例分析 重庆燃气（600917）5日均量线在10日均量线上方持续
上行抓涨停分析..........085
4.4.3 均量线走平、朝下与股价发生背离 086
实例分析 川能动力（000155）股价继续上涨均量线拐头下行谨慎
追涨分析..........087
4.4.4 5日均量线由上升趋势转向下跌 088
实例分析 奥美园谷（000615）涨停出现时5日均量线拐头下行行情
见顶分析..........089

第5章 追踪筹码移动变化寻涨停机会

筹码分布是股市投资分析中的一大利器，它也被称为成本分布，能够清晰地反映出不同价位的持仓数量。通过对筹码移动变化情况进行查看分析，同样可以帮助投资者快速捕捉市场中的涨停机会。

5.1 筹码分布的基本形态 092
5.1.1 认识筹码分布 092

- 5.1.2 筹码密集和筹码发散 094
- 5.1.3 筹码峰和筹码谷 095

5.2 应用筹码基础形态轻松捕获涨停 096

- 5.2.1 筹码低位密集 096
  - **实例分析** 中润资源（000506）低位单峰密集追涨停分析 097
- 5.2.2 筹码高位密集 098
  - **实例分析** 珠海港（000507）以涨停线向上突破高位密集峰后获得支撑追涨分析 098
  - **实例分析** 金浦钛业（000545）以涨停线向上突破高位密集峰后快速回落到密集峰下方卖出分析 099
- 5.2.3 筹码低位锁定 101
  - **实例分析** 深圳能源（000027）筹码低位锁定后涨停线买进分析 101
- 5.2.4 筹码双峰形态 104
  - **实例分析** ST红太阳（000525）连续涨停强势突破筹码双峰的高位峰买进分析 105

5.3 筹码实战把握涨停使用技巧 106

- 5.3.1 上峰不移，下跌不止 107
  - **实例分析** 永安林业（000663）上峰不移，涨停拉升好景不长 107
- 5.3.2 双峰滚动上升 109
  - **实例分析** 国新健康（000503）涨停线形成双峰滚动上移形态，行情暴涨 109
- 5.3.3 上涨出现多峰密集 111
  - **实例分析** 广宇发展（000537）涨停阳线突破上涨多峰的上密集峰买入分析 112
- 5.3.4 高位密集峰未消失 113
  - **实例分析** *ST沈机（000410）高位密集峰未消失，借涨停板出逃 114
- 5.3.5 回调后筹码重新回升至单峰密集并涨停突破 115
  - **实例分析** 许继电气（000400）回调后筹码重新回升至单峰密集并涨停突破 116

5.3.6　两个密集峰重叠..118
　　　　实例分析 士兰微（600460）双峰重叠后涨停线拉升买进分析............118

第 6 章　利用技术指标多角度看涨停

　　股市投资分析中还存在一些实用性非常强的技术指标，例如 MACD 指标、KDJ 指标以及 BOLL 指标等，这些指标往往能够发出准确的市场信号，可以进一步帮助投资者抓住涨停。

6.1　MACD 指标搏涨停 122
　　6.1.1　DIF 线和 DEA 线均处于 0 轴以上.......................................122
　　　　实例分析 重庆路桥（600106）DIF 线和 DEA 线均处于 0 轴以上.......122
　　6.1.2　DIF 线和 DEA 线均处于 0 轴下方.......................................124
　　　　实例分析 卧龙地产（600173）DIF 线和 DEA 线均处于 0 轴以下.....124
　　6.1.3　MACD 指标发出金叉信号..125
　　　　实例分析 金种子酒（600199）DIF 线自下而上穿过 DEA 线形成金叉....126
　　6.1.4　MACD 指标发出死叉信号..127
　　　　实例分析 科新发展（600234）DIF 线自上而下穿过 DEA 线形成死叉....128
　　6.1.5　MACD 指标柱线绿转红...129
　　　　实例分析 常山北明（000158）MACD 指标柱线绿转红买入分析.......129
　　6.1.6　MACD 指标柱线红翻绿...131
　　　　实例分析 铜峰电子（600237）MACD 指标柱线红翻绿......................131

6.2　KDJ 指标拼涨停 133
　　6.2.1　KDJ 指标超买...133
　　　　实例分析 华阳新材（600281）KDJ 超买分析..133
　　6.2.2　KDJ 指标超卖...135
　　　　实例分析 海印股份（000861）KDJ 超卖分析..135
　　6.2.3　KDJ 指标金叉...137
　　　　实例分析 国网信通（600131）KDJ 指标金叉信号................................137

6.2.4 KDJ 指标死叉 138
  实例分析 中国巨石（600176）KDJ 指标死叉信号 139
6.2.5 KDJ 指标底背离 140
  实例分析 中国船舶（600150）KDJ 指标底背离 141
6.2.6 KDJ 指标顶背离 142
  实例分析 维科技术（600152）KDJ 指标顶背离 143

6.3 BOLL 指标捕捉涨停 144

6.3.1 BOLL 指标发出的超买信号 145
  实例分析 联创光电（600363）BOLL 指标超买信号 145
6.3.2 BOLL 指标发出的超卖信号 147
  实例分析 黑牡丹（600510）BOLL 指标超卖信号 147
6.3.3 BOLL 指标开口喇叭形态 149
  实例分析 新华医疗（600587）BOLL 指标开口型喇叭形态 149
6.3.4 BOLL 指标收口型喇叭形态 151
  实例分析 岩石股份（600696）BOLL 指标收口型喇叭形态 151
6.3.5 中轨线以上向上突破上轨线 153
  实例分析 三安光电（600703）中轨线以上向上突破上轨线 153
6.3.6 股价由下向上突破中轨线 154
  实例分析 华新水泥（600801）股价由下向上突破中轨线 154

第 7 章　涨停板操作技法提升

  在前面的内容中介绍了许多涨停板分析技巧，本章将从主力操作意图角度，从买入技巧和卖出策略等方面来介绍涨停板的操作技能，帮助投资者更好地完成实战投资。

7.1 不同阶段中的涨停 158

7.1.1 吃货阶段出现的涨停 158
  实例分析 农发种业（600313）上涨初期的涨停板分析 158

目　录

7.1.2 洗盘阶段的涨停板 160
实例分析 奥园美谷（000615）洗盘阶段中的涨停板分析 160
7.1.3 顶部位置放量涨停 162
实例分析 南华生物（000504）高位横盘涨停分析 163
7.1.4 下跌途中的涨停板 165
实例分析 华映科技（000536）下跌过程中的涨停板分析 165

7.2 涨停板追涨的止盈止损法 167
7.2.1 跌破 5 日均线立即止损 167
实例分析 仁和药业（000650）股价向下跌破 5 日均线 167
7.2.2 跌破 10 日均线无条件出局 169
实例分析 中原传媒（000719）股价向下跌破 10 日均线 169
7.2.3 股价跌破买点 5% 时离场 170
实例分析 英洛华（000795）股价跌破买入点 5% 171
7.2.4 股价跌破重要支撑位 172
实例分析 闽东电力（000993）股价跌破双重顶颈线 173
7.2.5 股价遇到重要阻力位 174
实例分析 沙河股份（000014）股价遇阻力位卖出分析 175

7.3 识别涨停板中的陷阱 177
7.3.1 假突破涨停陷阱 178
实例分析 申万宏源（000166）涨停板假突破高位分析 178
7.3.2 主力拉高出货 180
7.3.3 底部形态假涨停 184
实例分析 东方盛虹（000301）股价底部形态假涨停分析 184
7.3.4 顶部形态假涨停 186
实例分析 许继电气（000400）股价顶部形态假涨停分析 187
7.3.5 高位巨量涨停线 188
实例分析 陕西金叶（000812）高位顶部放量涨停板分析 189

第1章
涨停到底有何魅力

凡是股市投资者无一不对涨停有着天然的喜爱，因为涨停的出现不仅代表了涨幅大，也代表了丰厚的投资回报，所以一批又一批投资者在追涨停的路上孜孜不倦。让我们也来感受一下涨停的魅力吧！

1.1 认识股市中的涨停

涨停实际上是股市中的一个专业术语，是证券市场中为了防止投资者出现过度投机的现象，导致股价暴涨暴跌而制定的一种交易制度。投资者在追涨停之前有必要先仔细了解一下涨停是怎么回事，才能在市场中做到游刃有余。

1.1.1 股票涨停板制度

股票市场中的管理机构为了规范市场，防止投资者出现过度投机行为，使得股价发生暴涨暴跌而影响市场正常行为，所以对股票每日买卖的价格涨跌幅度做出了规定。也就是说，当天股价上涨或下跌达到了规定的上限或下限时，就不允许再有涨跌出现了，即"涨跌停板"。其中，当天股价上涨的最高限度为涨停板，当天股价下跌的最低限度为跌停板。

我国的证券市场目前包括新三板、科创板、创业板、主板（沪深）四个不同类型的市场，它们各自的涨跌停板制度不同。

首先是新三板，新三板即"全国中小企业股份转让系统"，设立了精选层、创新层、基础层等三个不同的市场层级，并分别适用不同的涨跌停板制度。创新层和基础层采取做市交易或集合竞价交易方式进行交易，跌幅限制比例为50%，涨幅限制比例为100%，发售首日不实行价格涨跌幅限制。而精选层股票采取连续竞价的交易方式，涨跌幅限制比例为30%，发售首日不实行价格涨跌幅限制。

其次是科创板，科创板股票交易实行竞价交易，涨跌幅限制比例为20%。首次公开发行上市的股票上市后前5个交易日没有涨跌幅限制。

接着是创业板，创业板股票交易实行竞价交易，涨跌幅限制比例为20%。首次公开发行上市的股票上市后前5个交易日没有涨跌幅限制。

最后是主板（沪深市场），股票实行价格涨跌幅限制，涨跌幅限制比例为 10%，若股票为 ST 或 *ST，则涨跌幅限制比例为 5%。首次公开发行股票上市、暂停上市后恢复上市以及其他情形下股票上市首日不实行价格涨跌幅限制。

此外，还有一些股票在以下特殊情况下也不受涨跌幅限制。

①股改股票（S 开头，但不是 ST）完成股改，复牌首日。

②增发股票上市当天。

③股改后的股票，达不到预计指标，追送股票上市当天。

④某些重大资产重组股票，复牌当天比如合并。

⑤退市股票恢复上市日。

对于投资者来说，涨停和跌停是两种完全极端的情绪反映。涨停意味着投资获益，涨幅较大，回报丰厚。相反地，跌停则意味着投资失败，跌幅较深，损失惨重。本书将重点介绍涨停板制度及相关的投资策略。

1.1.2 找寻市场中的涨停股

既然涨停板意味着股价的飙升，那就说明该股票存在较大的获利空间，因此，想要获利的投资者就需要想办法从众多的股票中找到涨停股。当然，找寻涨停股并非没有目标地盲目寻找，投资者可以依据以下几个方法精准找到涨停股。

（1）龙虎榜或涨幅榜

龙虎榜或涨幅榜指的是每日 A 股两市中涨跌幅、换手率等由大到小的股票排名名单。通过这样的排名名单，投资者可以快速发现涨速猛烈、涨幅较大、有涨停潜力的股票，或者是已经涨停的股票。

这里以通达信软件为例进行介绍，打开软件进入行情页面。在行情页面右击鼠标，选择"栏目排名 / 今日涨幅排名"命令，如图 1-1 所示。

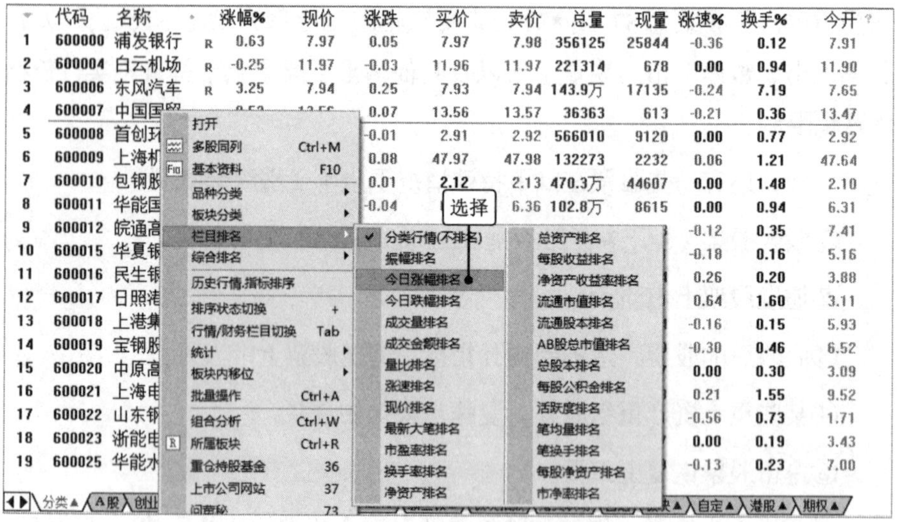

捕获黑马——涨停板实战技法

	代码	名称	涨幅%	现价	涨跌	买价	卖价	总量	现量	涨速%	换手%	今开
1	600000	浦发银行	R 0.63	7.97	0.05	7.97	7.98	356125	25844	-0.36	0.12	7.91
2	600004	白云机场	R -0.25	11.97	-0.03	11.96	11.97	221314	678	0.00	0.94	11.90
3	600006	东风汽车	R 3.25	7.94	0.25	7.93	7.94	143.9万	17135	-0.24	7.19	7.65
4	600007	中国国贸		13.56	0.07	13.56	13.57	36363	613	-0.21	0.36	13.47
5	600008	首创环保			-0.01		2.91	566010	9120	0.00	0.77	2.92
6	600009	上海机场			0.08	47.97	47.98	132273	2232	0.06	1.21	47.64
7	600010	包钢股份			0.01	2.12	2.13	470.3万	44607	0.00	1.48	2.10
8	600011	华能国际			-0.04		6.36	102.8万	8615	0.00	0.94	6.31
9	600012	皖通高速								-0.12	0.35	7.41
10	600015	华夏银行								-0.18	0.16	5.16
11	600016	民生银行								0.26	0.20	3.88
12	600017	日照港								0.64	1.60	3.11
13	600018	上港集团								-0.16	0.15	5.93
14	600019	宝钢股份								-0.30	0.46	6.52
15	600020	中原高速								0.00	0.30	3.09
16	600021	上海电力								0.21	1.55	9.52
17	600022	山东钢铁								-0.56	0.73	1.71
18	600023	浙能电力								0.00	0.19	3.43
19	600025	华能水电								-0.13	0.23	7.00

图 1-1　选择"栏目排名/今日涨幅排名"命令

打开股票今日涨幅榜（见图 1-2），可以看到 A 股两市的股票按照涨幅大小按由大到小的顺序进行排列，投资者可以轻松找到涨停股。

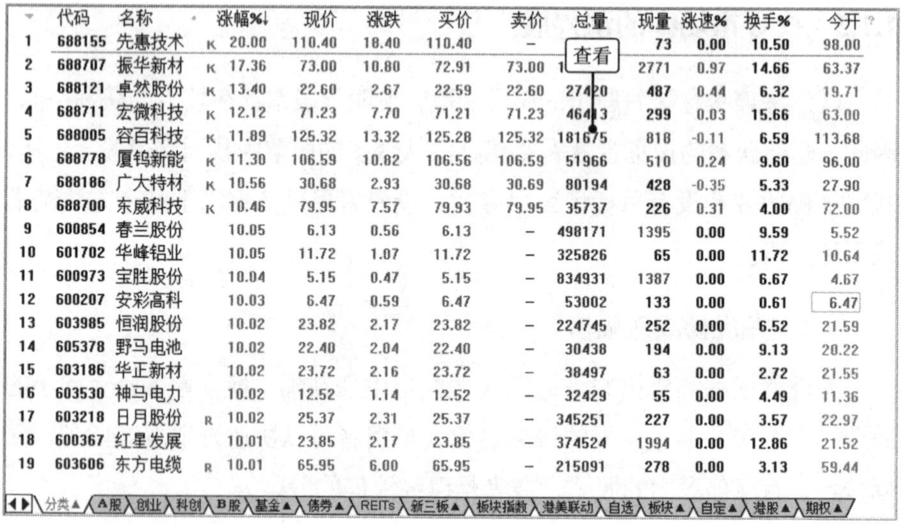

	代码	名称	涨幅%↓	现价	涨跌	买价	卖价	总量	现量	涨速%	换手%	今开
1	688155	先惠技术	K 20.00	110.40	18.40	110.40	—	查看	73	0.00	10.50	98.00
2	688707	振华新材	K 17.36	73.00	10.80	72.91	73.00	1	2771	0.97	14.66	63.37
3	688121	卓然股份	K 13.40	22.60	2.67	22.59	22.60	27420	487	0.44	6.32	19.71
4	688711	宏微科技	K 12.12	71.23	7.70	71.21	71.23	46443	299	0.03	15.66	63.00
5	688005	容百科技	K 11.89	125.32	13.32	125.28	125.32	181675	818	-0.11	6.59	113.68
6	688778	厦钨新能	K 11.30	106.59	10.82	106.56	106.59	51966	510	0.24	9.60	96.00
7	688186	广大特材	K 10.56	30.68	2.93	30.68	30.69	80194	428	-0.85	5.33	27.90
8	688700	东威科技	K 10.46	79.93	7.57	79.93	79.95	35737	226	0.31	4.00	72.00
9	600854	春兰股份		10.05	6.13	0.56	6.13	—	498171	1395	0.00	9.59	5.52
10	601702	华峰铝业		10.05	11.72	1.07	11.72	—	325826	65	0.00	11.72	10.64
11	600973	宝胜股份		10.04	5.15	0.47	5.15	—	834951	1387	0.00	6.67	4.67
12	600207	安彩高科		10.03	6.47	0.59	6.47	—	53002	133	0.00	0.61	6.47
13	603985	恒润股份		10.02	23.82	2.17	23.82	—	224745	252	0.00	6.52	21.59
14	605378	野马电池		10.02	22.40	2.04	22.40	—	30438	194	0.00	9.13	20.22
15	603186	华正新材		10.02	23.72	2.16	23.72	—	38497	63	0.00	2.72	21.55
16	603530	神马电力		10.02	12.52	1.14	12.52	—	32429	55	0.00	4.49	11.36
17	603218	日月股份	R 10.02	25.37	2.31	25.37	—	345251	227	0.00	3.57	22.97
18	600367	红星发展		10.02	23.85	2.17	23.85	—	374724	1994	0.00	12.86	21.52
19	603606	东方电缆	R 10.01	65.95	6.00	65.95	—	215091	278	0.00	3.13	59.44

图 1-2　打开今日涨幅榜

市场中的股票成千上万只，想要从中快速找到具有投资价值的涨停个

004.

股难度比较大，借助涨幅榜，投资者能够快速发现具有上涨潜力并形成涨停的个股。

（2）关注热点题材股

除了直接从股票的涨幅情况入手之外，投资者还可以提前关注市场中的热点题材。股票出现涨停很大的原因来自利好消息的刺激，所以投资者可以提前关注一些市场中比较热门的、容易出现短期上涨的题材股，提前做好相关的预案。

要知道热点板块的个股相比其他股票更容易获得主力资金的关注，出现涨停的概率较高，也有较大概率不受大盘影响而走出独立行情。这样一来，更容易赚取收益。

（3）K线走势抓涨停

K线图是对股价走势情况的描述，其中包含着众多的市场信息，投资者巧妙利用K线图中的股票走势情况也能精准抓住涨停。例如，某只个股出现连续跌停，而最后一个跌停出现时伴随着巨大的成交量，有大量的资金接盘，说明该股股价短期内会有不错的反弹机会，出现涨停的机会较大，此时是一个不错的买入机会。

实例分析

航天机电（600151）K线连续跌停抓涨停

图1-3所示为航天机电2022年3月至5月的K线走势。

从图1-3中可以看到，2022年4月21日开始，K线连续收阴，股价持续下跌，其中4月25日和26日更是连续两日收出跌停阴线。

仔细观察发现，4月26日股价跌停，但下方成交量出现明显放量，说明场内有巨量资金介入，航天机电近期可能迎来一波大幅上涨，此时为投资者的买进机会。

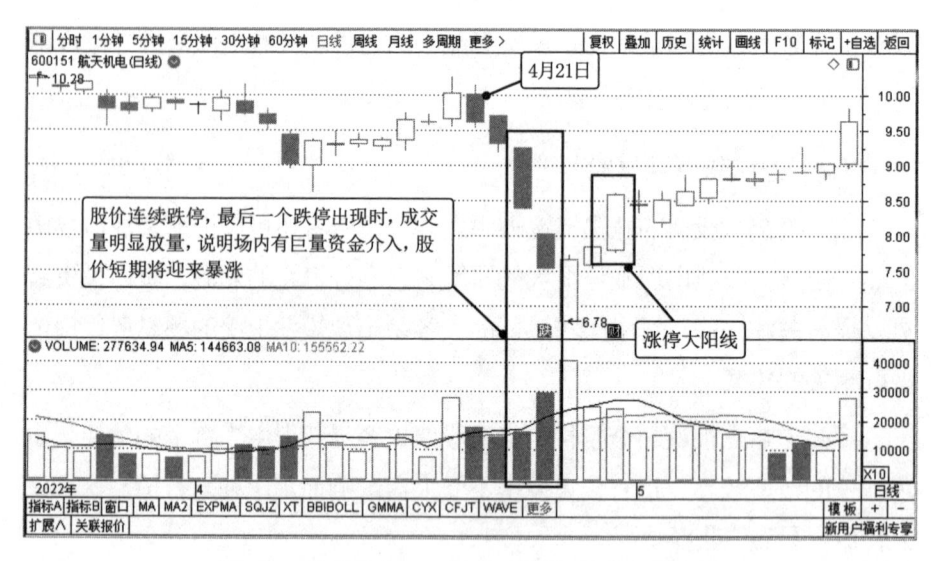

图 1-3　航天机电 2022 年 3 月至 5 月的 K 线走势

第二天，股价低开高走，K 线收出一根上涨大阳线，航天机电股票的股价由跌转涨，开始向上拉升，且在 4 月 29 日收出一根涨停大阳线。投资者前期如果能够根据连续下跌阴线发出的信号，积极跟进买入，即可捕捉这一涨停大阳线。

总而言之，市场中寻找涨停股的方法有很多，对于投资者来说，更重要的是找到适合自己的方法，并巧妙运用，进而提升自己的投资技巧，扩大投资收益。

1.2　为什么会出现涨停

每位投资者都希望自己持有的股票出现涨停，给自己带来丰厚的回报。但是，你知道股票为什么会出现涨停吗？有的人认为它与投资没有直接联系。其实不然，了解了涨停出现的原因之后，在筛选股票时才能更容易选择到涨停概率高的股票，也能对市场中的一些涨停陷阱做出合理、正确的判断。

1.2.1 宏观政策利好刺激

股市变化与国家政策息息相关，尤其是国家出台的一些金融政策，股市往往能够快速反映。例如，国家出台某政策支持某一行业时，由于受到政策刺激，该行业板块中的股票则会迎来一波大涨行情。

实例分析
养老政策的发布刺激养老概念股普遍上涨

2022年2月18日，上海市人民政府官网发布《上海市促进养老托育服务高质量发展实施方案》，鼓励各类资本投资养老服务业，组建上海健康养老领域国有企业集团，支持符合条件的养老机构通过上市、债券市场融资。

这一政策的发布，使得A股中部分养老概念股快速拉升，延华智能（002178）、东方国信（300166）直接涨停。图1-4所示为延华智能2021年12月至2022年3月的K线走势图。

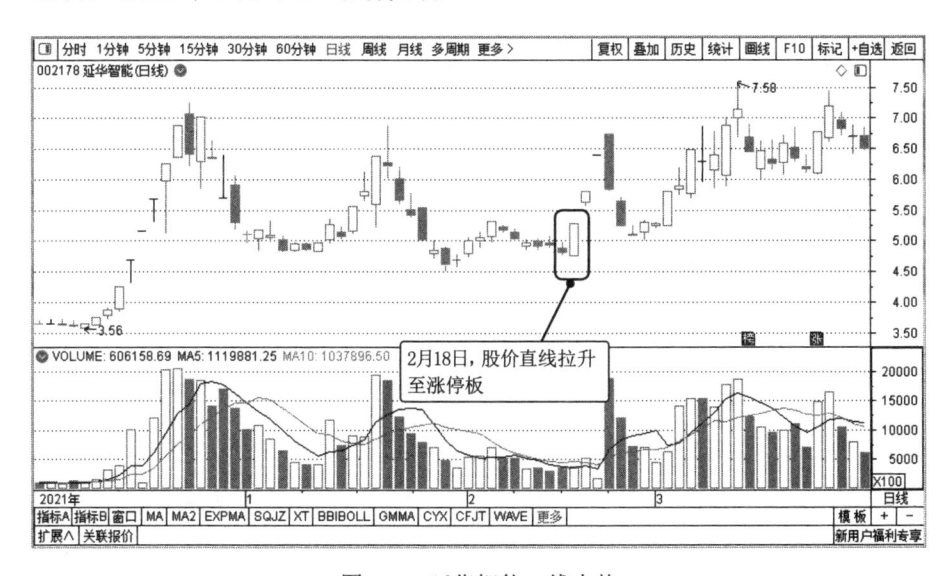

图1-4 延华智能K线走势

图1-5所示为延华智能2022年2月18日的分时走势。

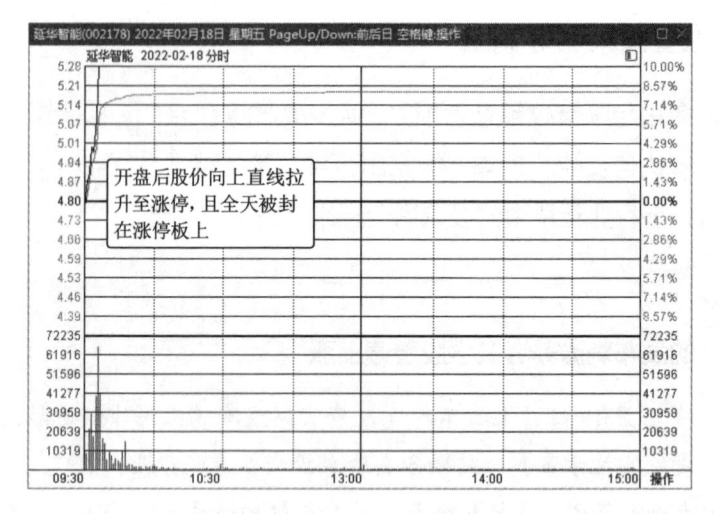

图1-5 延华智能2022年2月18日的分时走势

从图1-5中可以看到，延华智能股票受到政策的刺激，当日开盘后股价向上直线拉升，几分钟的时间快速拉升至涨停板，且全天被封在涨停板上。这是因为延华智能为养老产业、智慧政务概念热股，公司主营业务为智慧医疗与大健康、绿色节能智慧城市、物联智造，所以政策对其影响较大。

因此，想要做好投资并非简单地关注市场信息即可，还需要具备灵敏的市场信息反映能力，及时捕捉政策信息，分析其利好对象。

1.2.2 公司发布重大利好消息

股价是市场供求关系变化的体现。一旦公司出现重大利好消息，便会提升大众投资者对公司未来发展的期望，而这些期望将反映到股票价格中去，引起股价的上涨。尤其是当上市公司发布一些重大的利好消息时，大量的投资者积极涌入，往往会使得股价在短时间里快速向上拉升，出现涨停。

实例分析

安道麦A（000553）公司发布一季度财务报告刺激股价涨停

安道麦A在2022年4月27日发布了当年第一季度的公司财务报表，

图 1-6 所示为财务报表中的主要财务数据。

单位：千元

	本报告期	上年周期 调整前	上年周期 调整后	本报告期比上年周期增减 调整后
营业收入	9 015 991	7 187 164	7 187 164	25.45%
归属于上市公司股东的净利润	427 652	148 784	148 784	187.43%
归属于上市公司股东的扣除非经常性损益的净利润	413 345	121 678	121 678	239.70%
经营活动产生的现金流量净额	-1 813 846	-837 773	-837 773	-116.51%
基本每股收益（元/股）	0.184	0.064	0.064	187.50%
稀释每股收益（元/股）	不适用	不适用	不适用	不适用
加权平均净资产收益率	2.02%	0.69%	0.69%	1.33%
	本报告期末	上年度末 调整前	上年度末 调整后	本报告期末比上年度末增减 调整后
总资产	53 586 599	50 235 308	50 235 308	6.67%
归属于上市公司股东的净资产	21 352 214	21 075 083	21 075 083	1.31%

图 1-6 主要财务数据

根据第一季度财务报表可以看到，公司实现营业收入约 90.16 亿元，同比增长 25.45%（调整后，下同）；归属于上市公司股东的净利润约 4.28 亿元，同比增长 187.43%；归属于上市公司股东的扣除非经常性损益的净利润约 4.13 亿元，同比增长 239.70%；基本每股收益 0.184 元。

这一利好消息的公布，使得安道麦 A 股价大涨。图 1-7 所示为安道麦 A 股票 2022 年 2 月至 6 月的 K 线走势。

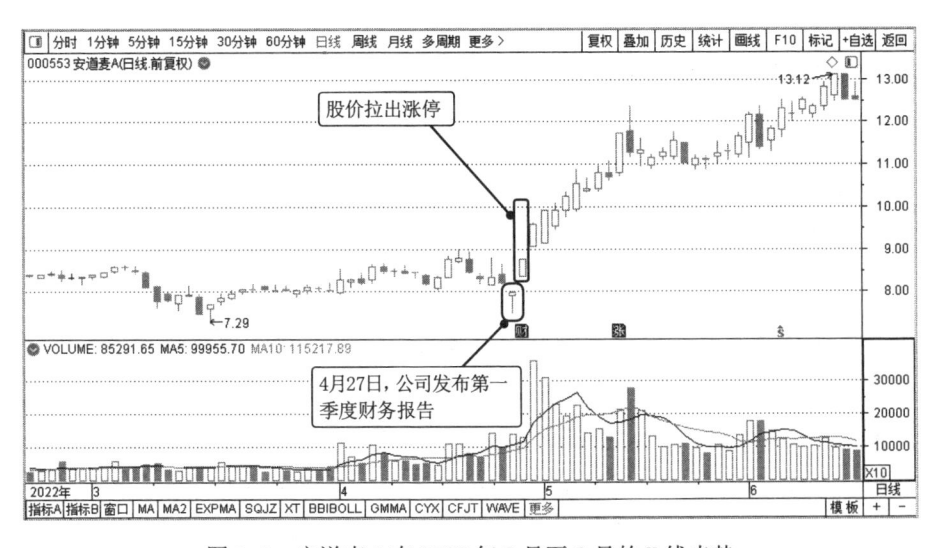

图 1-7 安道麦 A 在 2022 年 2 月至 6 月的 K 线走势

从图1-7中可以看到，4月27日发布第一季度财务报告后，许多投资者对安道麦A股票的后市走向抱以期望，纷纷入市，使得股价开始止跌回升。次日，股价涨停，涨势猛烈。可见，重大利好消息的刺激，使得股价快速向上飙升。

1.2.3 概念炒作因素涨停

概念股往往是市场中比较热门的一类股票，也比较容易因受到众多投资者的追捧而出现涨停的现象。在此之前，投资者需要了解什么是概念股。

如果说业绩股是因为有业绩支撑，公司业绩表现良好可以带动股价上涨，那么概念股则是依靠某种题材或某种概念，当这一题材或概念在市场中受到广泛认可时，就会成为股市焦点，吸引众多投资跟风，进而引发股价的暴涨。

实例分析
有机硅市场回暖促使有机硅概念股涨停

有机硅即有机硅化合物，习惯上也常把那些通过氧、硫、氮等使有机基与硅原子相连接的化合物当作有机硅化合物。其中，以硅氧键为骨架组成的聚硅氧烷，是有机硅化合物中为数最多、研究最深、应用最广的一类，约占总用量的90%以上。

有机硅与其他材料合成后可以增强性能，起到锦上添花的作用，所以有"工业味精"之称。有机硅的上游为工业硅、机硅单体和有机硅DMC中间体；有机硅下游产品主要可分为硅橡胶、硅油、硅树脂、功能性硅烷等，其中硅橡胶占比最大，达到66.9%。有机硅的终端应用极其分散，应用领域多达30 000种以上，广泛应用于建筑、电子电器、纺织、汽车、新能源等行业。

正是因为有机硅属于高性能新材料，产业关联度大，对促进相关产业升级和高新技术发展十分重要，所以有机硅概念股一直受到市场的广泛关注，一旦有机硅概念出现利好消息或者价格出现回暖，便会立即获得市场关注，进而开启大幅向上拉升。

2022年4月，国内有机硅市场形势一片大好，有机硅价格持续走高。一方面，受到稳增长政策影响，多个省市发布2022年重大项目建设计划，有机硅市场需求回升，并推动有机硅价格上涨。另一方面，中下游开工提升，加之局部地区工业增复产计划加快，对有机硅的需求增加，从而传导至原料市场。

三孚股份（603938）是有机硅概念热股，2022年4月受到有机硅市场回暖影响，三孚股份在4月底开始向上拉升。图1-8所示为三孚股份2022年3月至5月的K线走势。

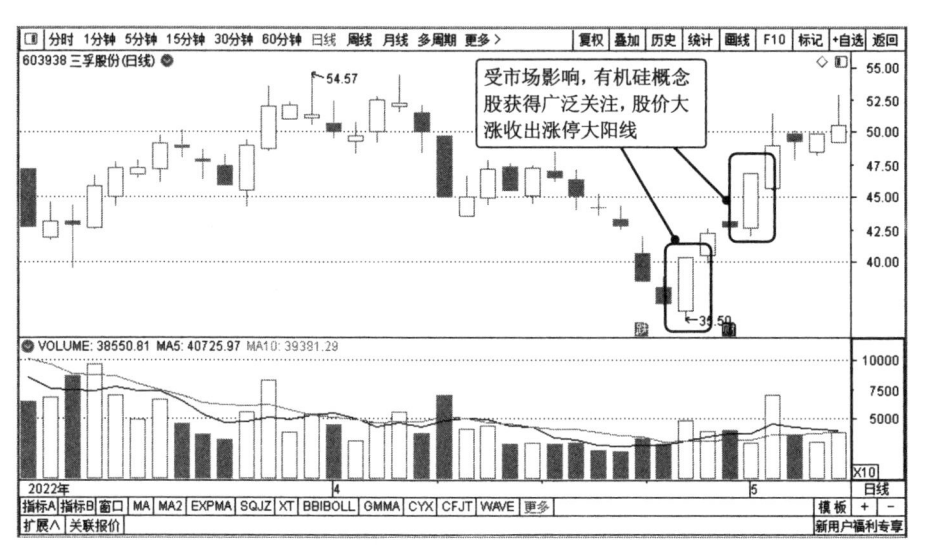

图1-8　三孚股份2022年3月至5月的K线走势

从图中可以看到，有机硅概念股受到市场影响，众多投资者纷纷在4月下旬入场，4月27日股价止跌回升，并收出涨停大阳线，随后股价继续向上大幅攀升，K线继续收出涨停阳线。

1.3 涨停出现时的 K 线形态

虽然股价涨停指的是 A 股股价上涨幅度达到 10% 的情况（特殊情况下的股价上涨达到 5%）。但是根据涨停时的状态不同，股价会在 K 线走势中形成不同的 K 线形态。这些不同的涨停 K 线形态具有不同的市场分析意义，投资者有必要了解它们的区别和各自代表的市场意义，才能更好地做好投资分析。

1.3.1 一字涨停

一字涨停是指股价涨停时在 K 线图中形成的像汉字 "一" 形态的 K 线，即股票当天开盘后即涨停，当天 K 线没有实体部分，股票的开盘价、收盘价、最高价和最低价都相同，涨停状态一直持续到收盘。投资者没有买入的机会。

一字涨停出现的原因是，股票在开盘时就出现大量买单，封住了涨停。一字涨停往往是因为利好消息的刺激才出现的，此时市场中的投资者意见比较统一，多方力量强劲，后期股价继续上涨的可能性较大。

实例分析
浙江新能（600032）一字涨停分析

图 1-9 所示为浙江新能 2021 年 8 月至 9 月的 K 线走势。

从图中可以看到，浙江新能股价 8 月中旬上涨至 14.00 元价位线上方后止涨回落，随后股价在 11.00 元至 14.00 元价格区间窄幅波动运行，下方成交量逐渐缩量。

2021 年 9 月 22 日、23 日和 24 日，股价向上连续跳空高开，K 线连续收出 3 根一字涨停线，3 个交易日的时间，股价快速拉升至 18.00 元价位线。仔细观察可以发现，一字涨停出现时，下方的成交量呈地量。

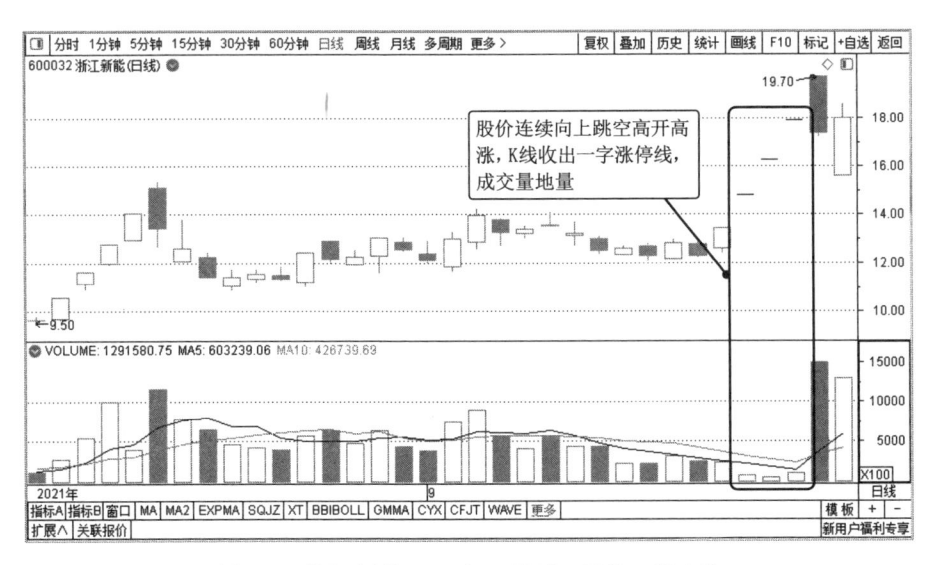

图 1-9　浙江新能 2021 年 8 月至 9 月的 K 线走势

此时，我们进一步查看分时图，图 1-10 为 9 月 22 日和 23 日的分时走势。

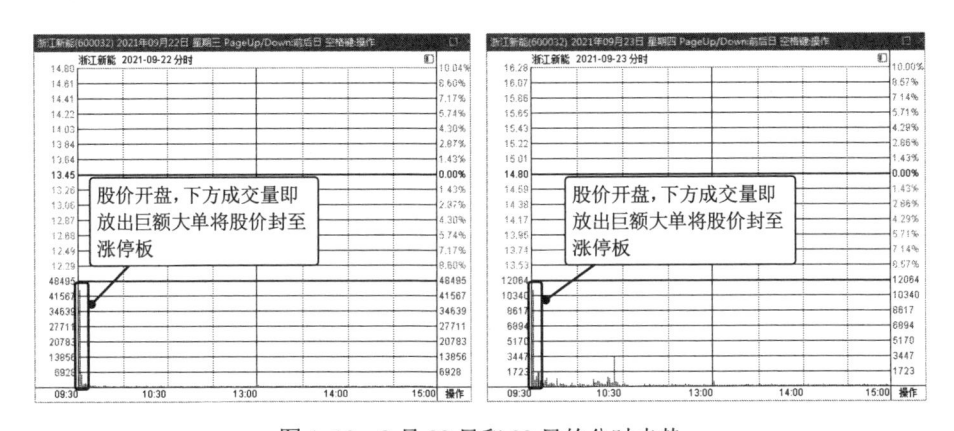

图 1-10　9 月 22 日和 23 日的分时走势

从分时图可以看到，22 日和 23 日两日股价开盘后，下方成交量立即出现巨额大单，直接将股价拉升至涨停板，并封住涨停，涨势迅猛强劲。可见，一字涨停是多头做多意愿强烈，实力强劲的表现。

但是，是不是所有的一字涨停投资者都可以积极跟进买入追涨呢？其实不是，不同位置中出现的一字涨停代表的市场含义是不同的，所以面对具体问题要具体分析。

①一字涨停如果出现在股价长期下跌后的低位区域，说明场内的主力已经做好充分的拉升准备，做多意愿强烈，多头实力强劲，近期股价即将引来一轮大幅上涨行情，投资者可以积极跟进。

图1-11所示为股价下跌末期低位区域出现的一字涨停。当一字涨停出现后，该股股价转入上升行情中，且涨幅巨大。

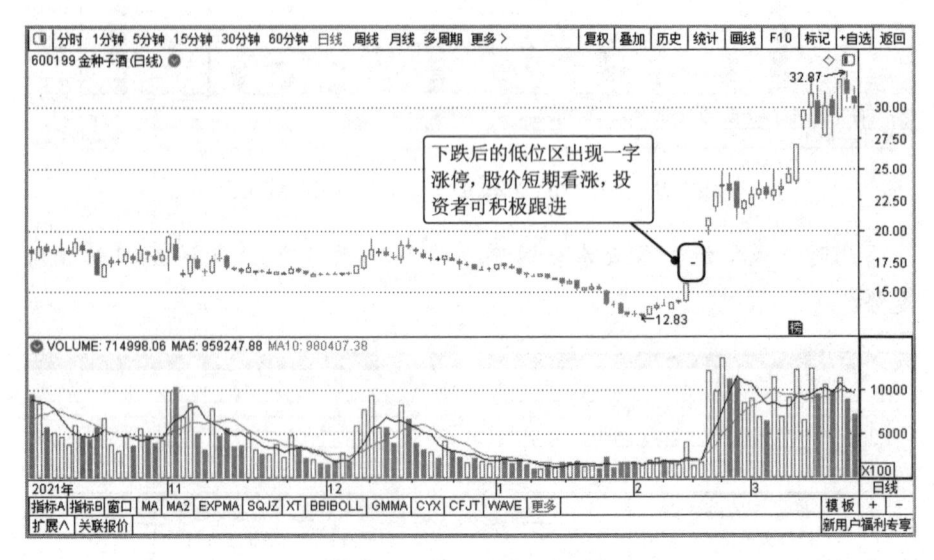

图1-11　低位区域一字涨停

②一字涨停如果出现在股价上涨的初期或中期，说明股价即将进入加速向上拉升阶段，投资者可以积极跟进，抓住这一波快速上涨行情，享受股价上涨带来的收益。

图1-12所示为股价上涨中期出现的一字涨停。从图中可以看到，股价从15.00元附近向上攀升，当股价上涨至25.00元价位线附近后止涨，此时股价涨幅已达到66%。随后股价向上跳空收出一字涨停线，该股股价再次进入上升行情中，且股价涨速进一步加快。

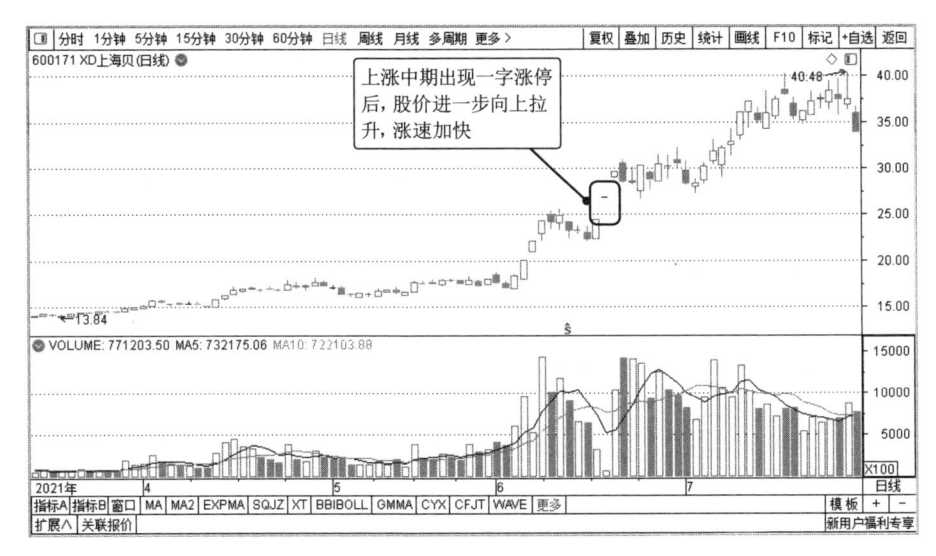

图 1-12　上涨中期出现一字涨停

③一字涨停如果出现在经过一轮大幅上涨后的高位区域，则通常是主力出货，吸引投资者高位接盘的手段。主力一旦完成出货，股价则转入下跌行情。

图 1-13 所示为上涨高位区出现的一字涨停。出现一字涨停后，股价止涨横盘，随后几天逐渐转入下跌走势。

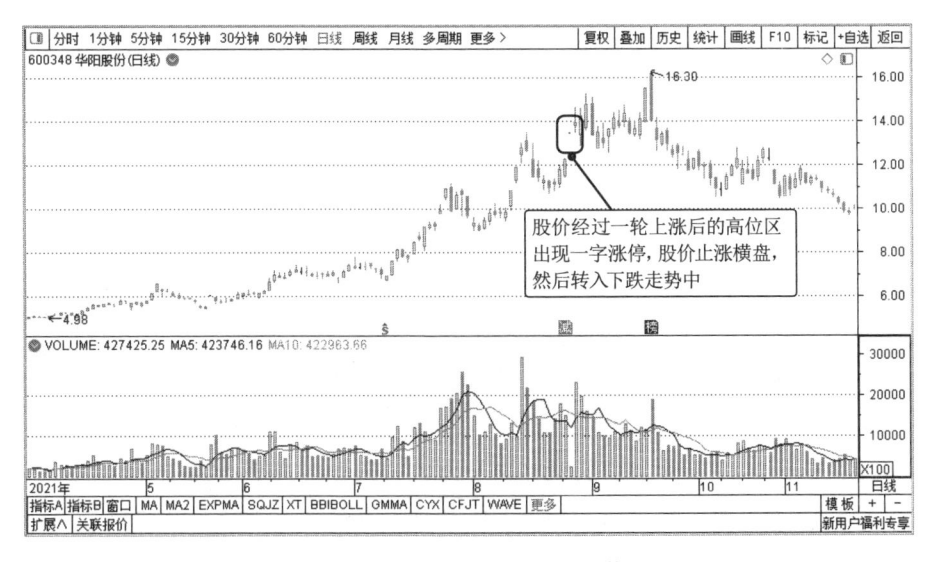

图 1-13　上涨高位区一字涨停

1.3.2　T字涨停

T字涨停指的是股价涨停时在K线走势图中形成的类似英文字母"T"的K线形态。这种K线形态表示当日股价开盘价和收盘价都是涨停，但在盘中时股价有回落迹象。并且下影线的长度说明了股价盘中回落的深度，如果下影线较短，则说明盘中股价回落的幅度较小，未来股价继续上涨可能性较大。如果下影线较长，则说明盘中股价回落的幅度较大，抛盘压力较大，后市股价继续上涨的可能性较低。

一般来说，T字涨停也是一种多头势能强劲，场内做多意愿强烈，是股价看涨的信号。

实例分析
氯碱化工（600618）T字涨停分析

图1-14所示为氯碱化工2021年8月至9月的K线走势。

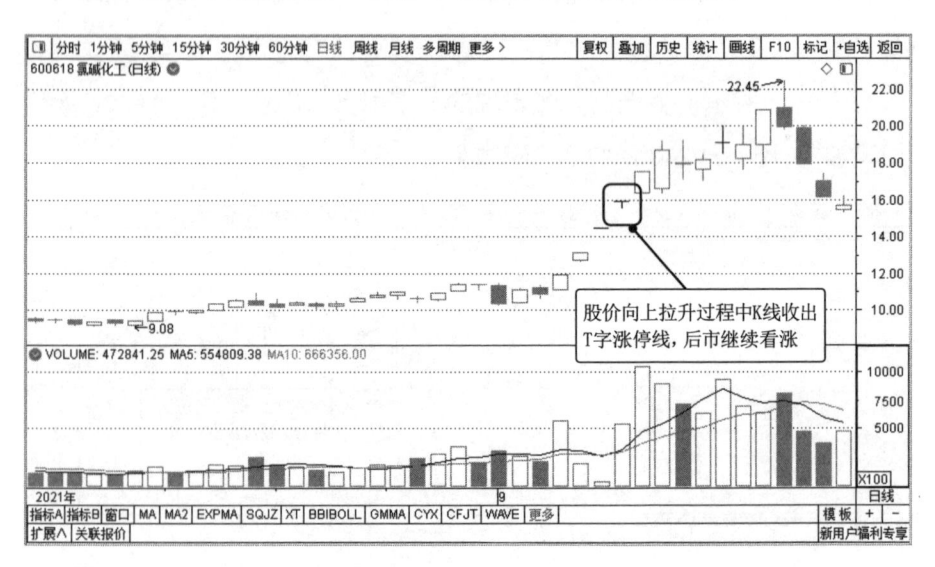

图1-14　氯碱化工2021年8月至9月的K线走势

从图1-14可以看到，氯碱化工从8月中旬开始向上小幅攀升，转入上升行情。9月上旬，股价向上跳空，K线收出一根T字涨停线，将股价拉升至 16.00 元价位线附近。

此时，查看当日分时走势，如图 1-15 所示。

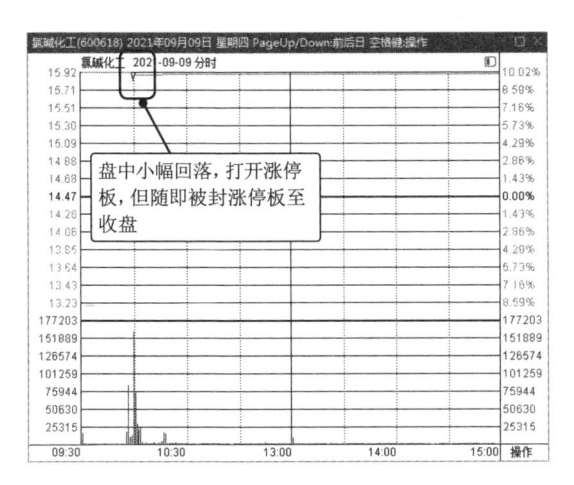

图 1-15　氯碱化工 2021 年 9 月 9 日分时走势

从图 1-15 可以看到，当日开盘后，股价直接涨停，盘中涨停板被打开，股价小幅回落，下方成交量放大，随后再次被封涨停板直至收盘。这说明场内的做多意愿比较强烈，多头势能占据优势，后市继续上涨的可能性较大。

从后市的走势（见图 1-16）来看，T 字涨停线出现后股价继续向上拉升，且涨幅较大，最高上涨至 22.45 元。

不同位置中的 T 字涨停线也有不同的市场意义，需要结合具体的位置进行具体分析。

①如果 T 字涨停出现在股价经过一轮大幅下跌后的低位区域，那么股价极有可能触底反弹，股价止跌回升转入上升行情的可能性较大。投资者可以积极跟进做多。

图 1-16 所示为股价下跌后低位区出现的 T 字涨停。从图中可以看到，股价长期在低位区域横盘窄幅波动。2020 年 7 月初，成交量放大，股价向上小幅拉升，随后 K 线收出 T 字涨停脱离底部横盘平台，该股转入上升趋势之中。

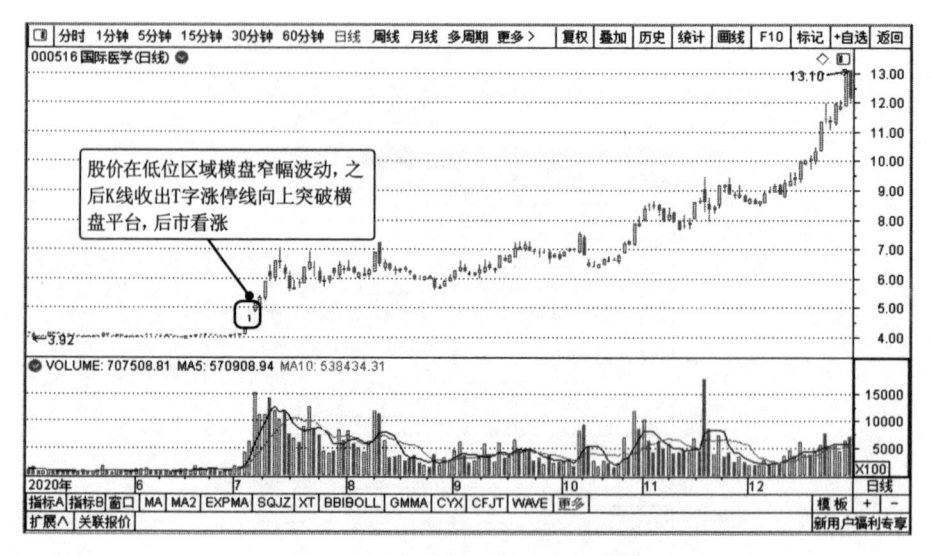

图 1-16　下跌低位区出现 T 字涨停

②如果 T 字涨停出现在股价上涨的初期或中期，往往属于中继型涨停板，后市股价向上拉升的可能性较大。图 1-17 所示为上涨中期出现的 T 字涨停。

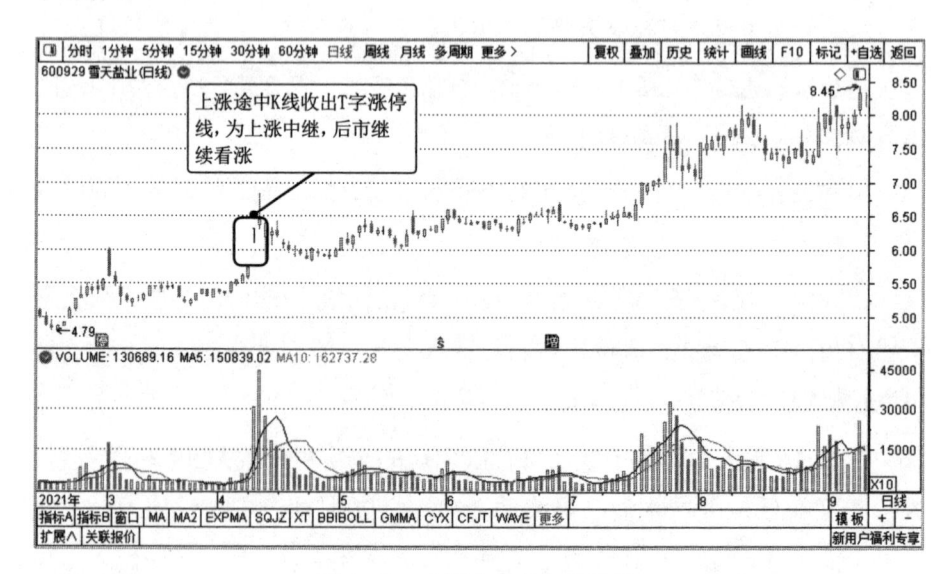

图 1-17　上涨中期的 T 字涨停

从图 1-17 可以看到雪天盐业（600929）处于上升趋势之中，股价从 4.79 元位置的低位区域开始向上攀升，当股价上涨至 6.00 元价位线附近后止涨，回调一段时间后重拾升势，并在 4 月 12 日向上跳空高开，K 线收出 T 字涨停线，将股价拉升突破 6.00 元价位线。此时的 T 字涨停线可以视为上涨中继，后市继续看涨。

③如果 T 字涨停出现在一个相对较高的位置，尤其是在股价有一个大的涨幅，然后达到顶峰之后，这可能为主力出货的手段，后市看跌。图 1-18 所示为高位区 T 字涨停线。

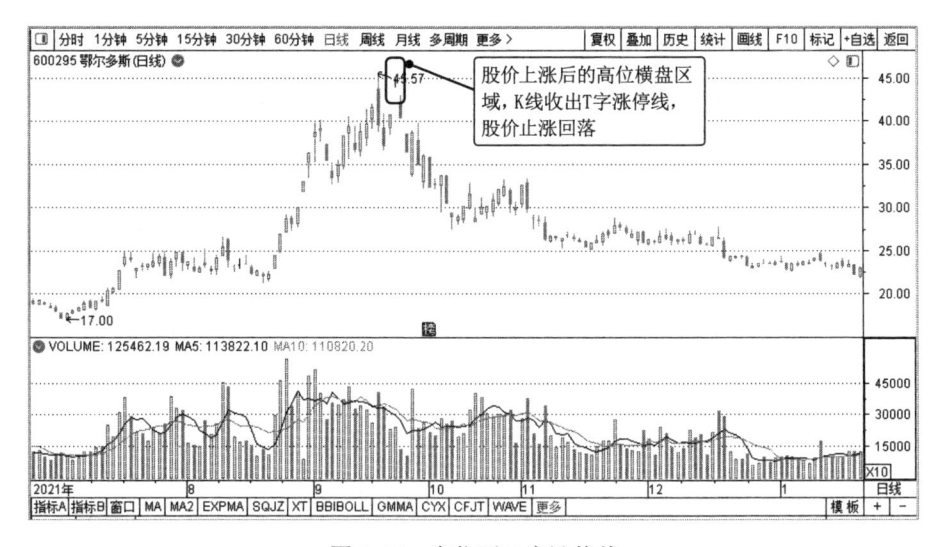

图 1-18　高位区 T 字涨停线

从图 1-18 可以看到，鄂尔多斯（600295）股票前期处于上涨行情中，股价震荡上行。当股价上涨至 40.00 元价位线附近的高位区域后止涨横盘。在股价横盘过程中，K 线收出 T 字涨停线。这说明股价开盘向上拉升至涨停，盘中却打开涨停板，随后继续封住涨停板，为主力高位离场手段，后市股价下跌的可能性较大。

1.3.3 大阳线涨停

大阳线涨停是 K 线走势中最容易出现，且频率最高的一种涨停 K 线形态。阳线中实体长度越长说明多头力量越强，反之，则多头力量越弱。开盘价与收盘价的波动范围在 3.6% 及以上就称为大阳线，而大阳线涨停则是指涨幅达到 10% 的大阳线。大阳线涨停说明个股开盘价低于涨停，在连续竞价期间，随着资金的不断流入或者是重大利好消息的刺激，使得股价以涨停价格收盘。

大阳线涨停是市场强势、主力做多意愿强烈的信号，说明股价处于强势上涨途中，后市继续上涨的可能性较大。通常大阳线涨停出现在底部区域或上升途中，投资者发现大阳线涨停的迹象时可以积极跟进，持股待涨。图 1-19 所示为涨停大阳线。

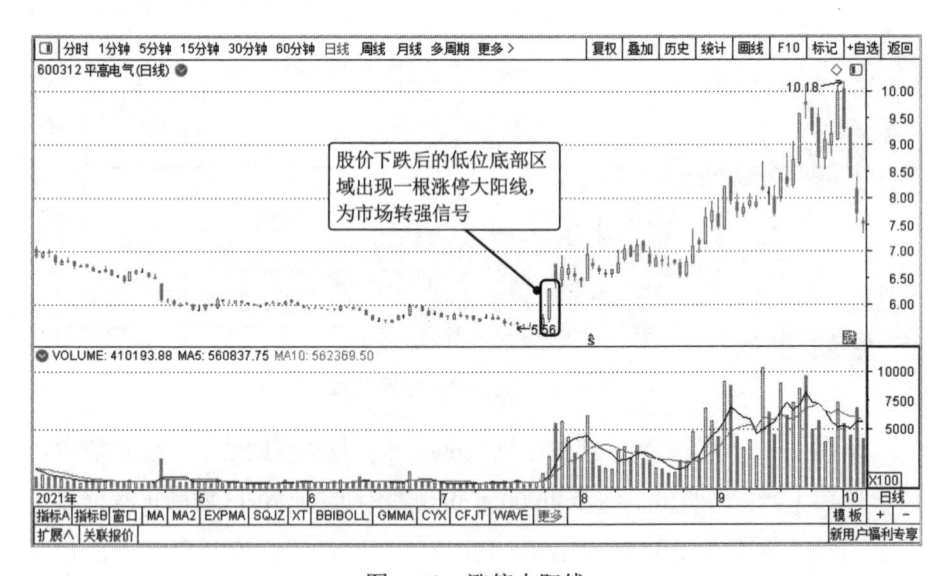

图 1-19 涨停大阳线

股价在经过一轮长期下跌后，在 K 线底部区域收出一根涨停大阳线，成交量明显放量，说明场内做多力量聚集，主力做多意愿强烈，股价近期将迎来一波上涨。

第2章
辨识分时图异动伏击涨停

分时图即个股的动态实时分时走势图,其在股市实战分析中具有重要作用。分时图不仅能够帮助投资者更好地把握多空力量变化,还能帮助投资者直观地辨别股价的涨跌变化,以便投资者能及时捕捉涨停信息,赚取收益。

2.1 涨停时间策略

看盘有技巧，没有方法而盲目看盘，不仅会增添自己的负担，也会增加投资的难度。在查看分时图时，投资者可以根据时间策略来进行分别查看，找出其中可能出现涨停的时间段，抓住投资机会。

根据股票的交易时间可以将其分为早盘、盘中和尾盘。早盘指的是开盘后的半个小时，盘中指的是 10:00 ~ 11:30 和 13:00 ~ 14:30，尾盘指的是收盘前的半小时。实战中，做涨停分析时也可以通过早盘、盘中和尾盘的方式进行分析。

2.1.1 早盘涨停

早盘半小时非常重要，甚至可以说，早盘的走势情况能够在一定程度上对股价当天的走势产生重大影响，所以投资者抓涨停离不开对早盘走势的观察。在超短线股票投资实战中，投资者最为关注的就是当天涨停的强势股，一旦抓住，即可获得丰厚的投资回报。在早盘走势中有以下几种形态比较容易在当日出现涨停。

（1）高开高走

当日开盘后，股价高开高走，股价线波动简单流畅，呈现出陡立的向上拉升形态，成交量适度放量或缩小，涨幅超过 3% 以上。这是市场强势的特征，说明主力高度控盘，股价处于上升通道内，当天极有可能出现涨停。

面对这种简单直接的拉升走势，一般股价涨幅超过 3% 就可以证明其强势特征，投资者此时便可以积极介入，一旦出现涨停，获得的回报就比较可观。

图 2-1 所示为广州发展（600098）2021 年 9 月 6 日的分时走势。

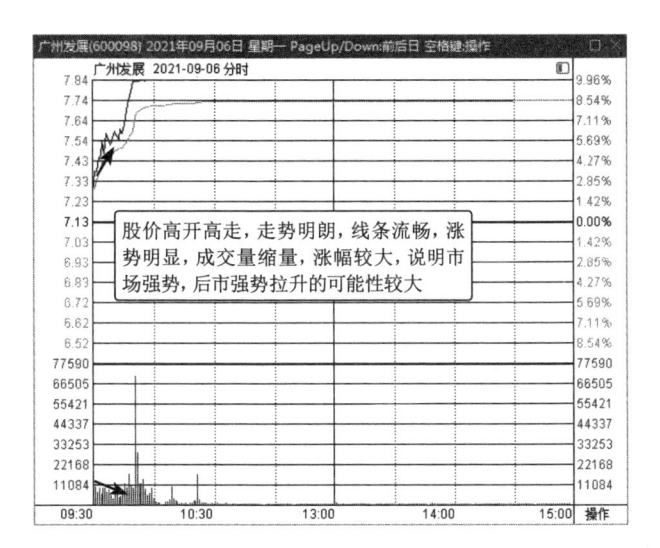

图 2-1　广州发展 2021 年 9 月 6 日分时走势

从图中可以看到，当日股价高开后向上直线拉升，股价线波动简单流畅，且呈现明显的陡立走势，下方成交量出现缩量。这说明主力控盘能力和筹码锁定能力较强。在 9:50 左右，下方成交量放出巨量拉升股价直逼涨停，随后股价被封至涨停板。投资者如果能够在确认其强势特征后积极跟进，即可抓住这一涨停。

（2）量价配合拉升

量价配合拉升指的是当日开盘后，股价波动上行，下方成交量配合逐渐放量，最后拉升至涨停。这是比较常见的一种涨停分时走势，说明股价呈规律性上涨，市场处于强势拉升的走势之中。

但是，这种形态的走势其强势程度不如第一种走势，说明主力实力不如第一种走势的主力实力雄厚。面对这样的早盘走势时，投资者应该在个股涨幅超 4% 时才介入，会比较安全。但如果涨幅超 5% 及以上时就不要再盲目追涨了。

图 2-2 所示为两面针（600249）2022 年 3 月 2 日分时走势。

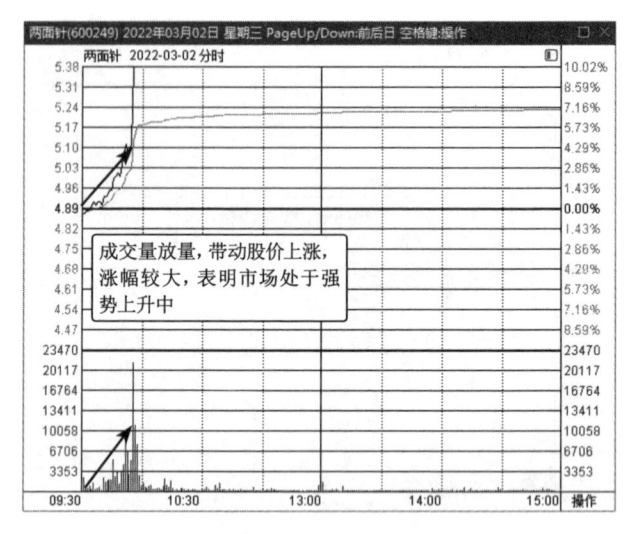

图 2-2　两面针 2022 年 3 月 2 日分时走势

从图中可以看到，当日开盘后股价向上拉升在均价线上运行，涨势稳定，下方的成交量呈稳定放量，支撑股价上行。当股价涨幅超 4% 时，说明市场处于强势拉升的走势之中，下方有成交量作为支撑，后市股价继续上行，上冲涨停板的可能性较大，投资者可积极买进。

早盘走势情况能够对当天股价走势起到铺垫作用。如果股价在早盘时就发出强烈的上涨信号，表现强势，那么该股当天出现涨停的概率较大，投资者可以适时介入。

2.1.2　盘中涨停

盘中走势是股价一天波动变化的主战场，也是投资者抓涨停和获利的重要机会。但是，盘中走势瞬息万变，怎样才能从中快速抓住涨停呢？这里介绍一些比较实用的盘中抓涨停的方法。

（1）冲上涨停板后瞬间裂口

冲上涨停板后瞬间裂口指的是股价波动向上拉升，走势流畅，快速上冲至涨停板，但是却没有及时封牢涨停板，而是出现了一个短暂的小幅裂口，然后才正式封牢涨停板。

这是因为股价在波动上行的过程中，虽然多头已经以绝对的优势战胜空头，使股价涨停，但是并没有立即封板，所以有较多的压单再度挂出。此时，这些压单仅仅挂在涨停价位上，并没有低价打压，只要场内再次出现大单就会立即封住涨停。所以，此时的裂口是投资者的买进机会。

要知道冲板时的裂口是因为大买单跟进不及时导致的，也说明了主力实力强劲，有较强的控场力，后市继续上涨的可能性较大，甚至极有可能出现连续的涨停板。

> **实例分析**
> **亚宝药业（600351）冲板后裂口分析**

图2-3所示为亚宝药业2021年12月30日的分时走势。

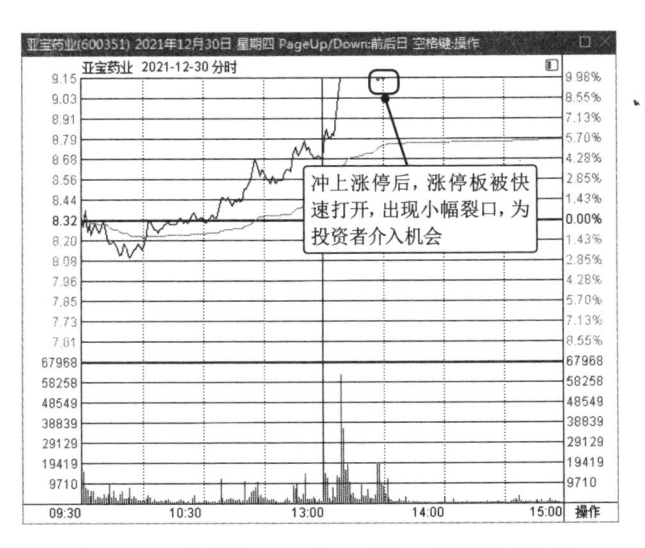

图2-3 亚宝药业2021年12月30日的分时走势

从图中可以看到，当日股价平开后小幅回调至8.08元价位线上方后止跌回升，股价震荡上行，下方成交量配合间歇放量。随后股价走出稳定上升的强势走势,涨幅较大。进入午盘后,下方成交量更是出现巨额大单,直接将股价拉升至涨停板。可见市场处于极度强势之中,主力控盘能力较强,股价短期表现上涨可能较大。

股价上行至涨停板后并未封牢,短时间内就出现了一个短暂的小幅裂口,该裂口为投资者的跟进机会,随后股价被封牢至涨停板。

图2-4所示为亚宝药业2021年8月至2022年2月的K线走势。

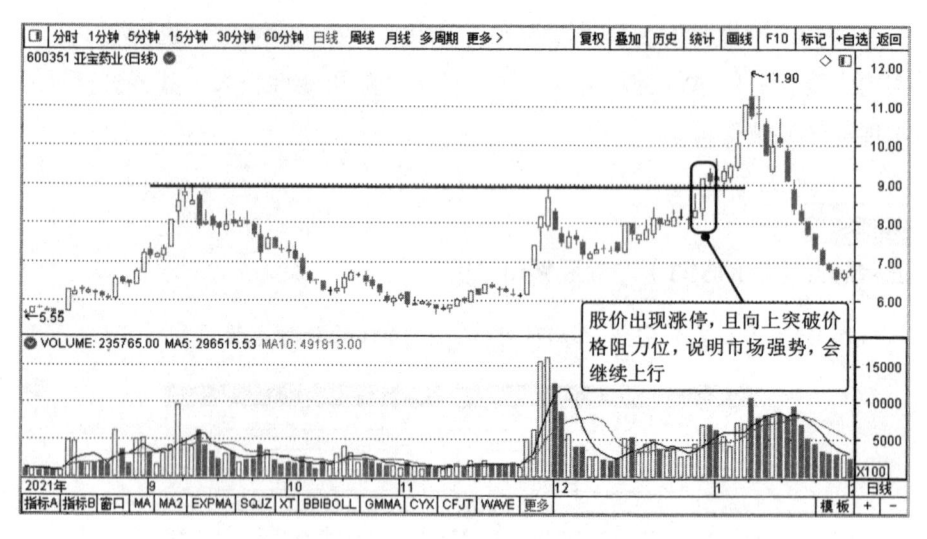

图2-4 亚宝药业2021年8月至2022年2月的K线走势

从图2-4可以看到,12月30日的大阳线涨停出现在重要阻力位置上,涨停的出现,使得股价有力突破阻力位的阻碍而继续上行。如果投资者在此位置跟进,则可以获得后市的涨幅收益,以及后市的涨停板。需要特别注意,由于12月30日的放量突破量能相较于前期拉升的量能明显减小,且股价前期已经有了较大涨幅,此时的跟进应以短线持有为佳。

(2)游弋于涨停板附近

游弋于涨停板附近指的是当日股市开盘后,股价呈现出持续缓慢上升的走势,虽然上涨过程缓慢但涨势却比较稳定,涨幅较大,甚至直冲涨停板。当股价上涨至涨停板后,却并未封死涨停板,股价游弋于涨停板附近。

此时需要查看个股短期K线走势来进行分析判断,如果个股短期有一定程度的涨幅，可在次日盘中回调低点买进；如果个股短期涨幅较小，则投资者可在涨停当日，积极买进。

实例分析
科力远（600478）游弋于涨停板

图2-5所示为科力远2021年6月21日的分时走势。

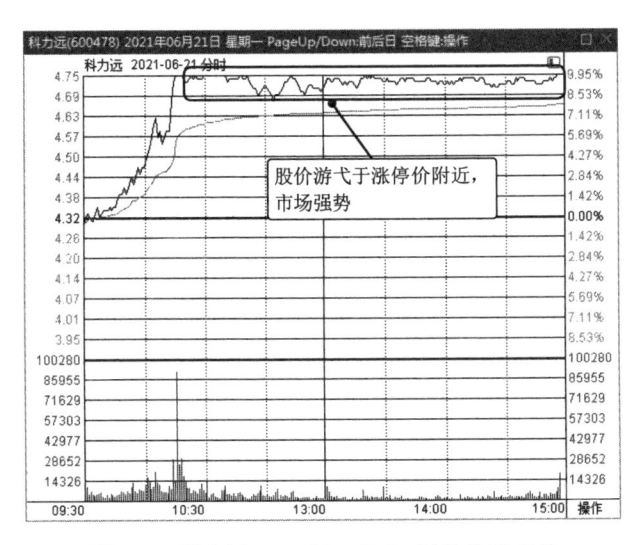

图2-5 科力远2021年6月21日的分时走势

从图2-5可以看到，当日股价小幅低开，在上个交易日收盘价附近短暂横盘一段后开始向上稳定拉升，股价波动上涨。在10:15时，下方成交量放出巨量直接将股价拉至涨停板。但是并未封住涨停，股价随后游弋于涨停价附近。这是股票强势的特征，说明场内多头占据优势，股价短期可能迎来上涨。此时应查看科力远股票近期的K线走势。

图2-6所示为科力远2021年1月至8月的K线走势。

从下图可以看到，游弋于涨停价附近的大阳线涨停出现在经过一轮下跌行情后的低位横盘区域，这说明在前期横盘过程中主力已经完成吸筹，做好了充足的拉升准备，该股即将迎来一波上涨行情。所以投资者可以在涨停价附近积极买进，持股待涨。

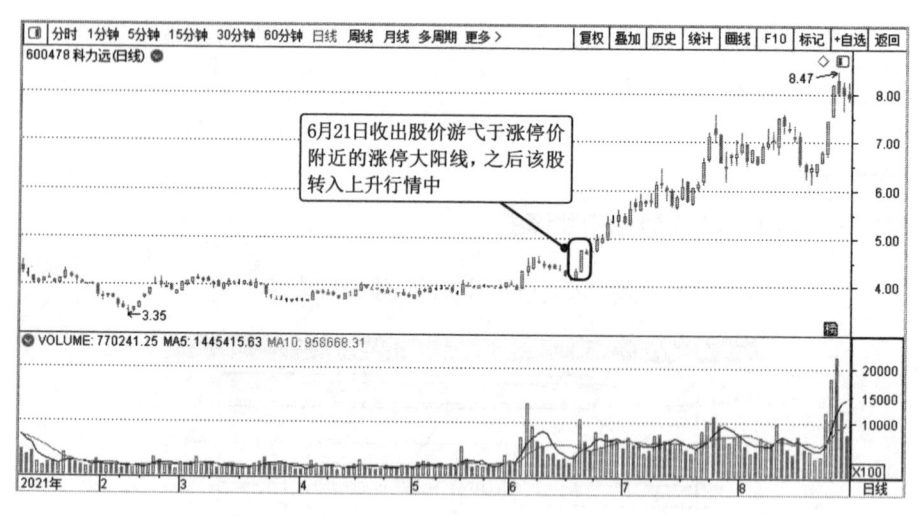

[图表：科力远日线K线图，标注"6月21日收出股价游弋于涨停价附近的涨停大阳线，之后该股转入上升行情中"]

图 2-6　科力远 2021 年 1 月至 8 月的 K 线走势

2.1.3　尾盘涨停

尾盘是一天交易中比较重要的一个时间段，它不仅能够说明当天的股价变化情况，还可以通过尾盘的表现来为次日的行情进行指示。当然，这需要投资者本身具有敏锐的洞察力。

对于实力强劲的个股来说，涨停通常发生在早盘或盘中，尾盘拉涨停的机会比较少。一旦出现尾盘拉涨停，投资者就要多加注意，根据股价此时所处的位置进行具体分析。如果此时股价处于经过大幅下跌行情后的低位区，则可能是主力止跌吸筹的信号；如果此时股价位于上涨途中，有可能是主力看好该股后市，坚决做多导致；如果此时股价处于高价位区，有可能是主力出货未完成，利用尾盘涨停拉高股价，方便次日继续出货。

因此，投资者发现分时图出现尾盘拉涨停时，不要盲目追涨，以防高位被套，应该结合实际情况，进行具体分析。

> 实例分析
> **海信视像（600060）尾盘拉升至涨停分析**

图 2-7 所示为海信视像 2021 年 6 月 22 日的分时走势。

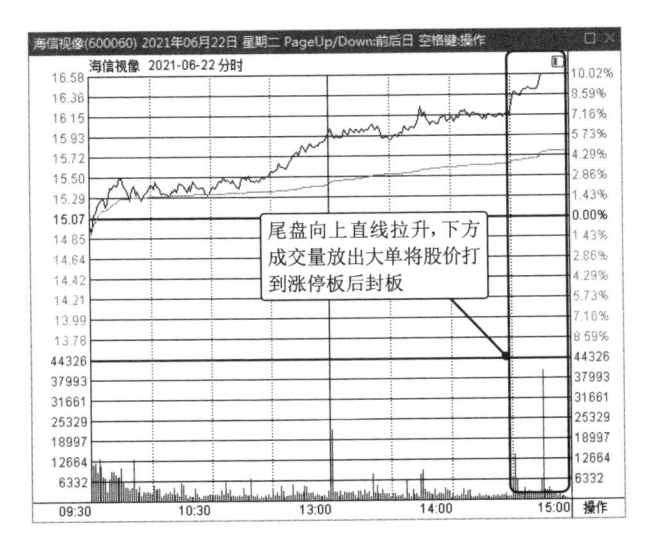

[图中标注:尾盘向上直线拉升,下方成交量放出大单将股价打到涨停板后封板]

图 2-7　海信视像 2021 年 6 月 22 日分时走势

从图 2-7 可以看到,海信视像当日开盘后,股价小幅拉升至 15.50 元价位线止涨,随后股价在 15.29 元至 15.50 元区间横盘窄幅波动。11:00 后,股价向上突破 15.50 元价位线,开始向上拉升,股价上涨至 15.93 元,涨幅达到 5.73%。

下午开盘后,该股在 15.93 元价位线附近止涨横盘。在 13:30,股价小幅拉升至 16.15 元价位线,涨幅达到 7.16% 后再次止涨横盘。

进入尾盘后,大单入场,股价突然一改之前的稳健风格,向上直线拉升,并在 14:45 以一笔巨量大单将股价拉升至涨停板后封板。

仔细观察分时走势图可以看到,股价在早盘拉升阶段成交量出现放量,盘中基本表现缩量,不时出现大单。尾盘涨停阶段,也没有明显的放量,一个巨额大单将股价直接拉至涨停,说明主力高度控盘。那么是不是说明主力看好该股的后市走向呢?再结合 K 线走势图进行分析。

图 2-8 所示为海信视像 2021 年 5 月至 9 月的 K 线走势。

从图 2-8 可以看到,海信视像处于上升趋势之中,股价从 11.00 元附近开始向上拉升,当股价上涨至 16.00 元附近时,涨幅达到 45%。而尾盘拉涨停出现在股价经过大幅拉升后的相对高位区,极有可能是主力出货的手段,为避免高位被套,投资者不应盲目追涨入场。

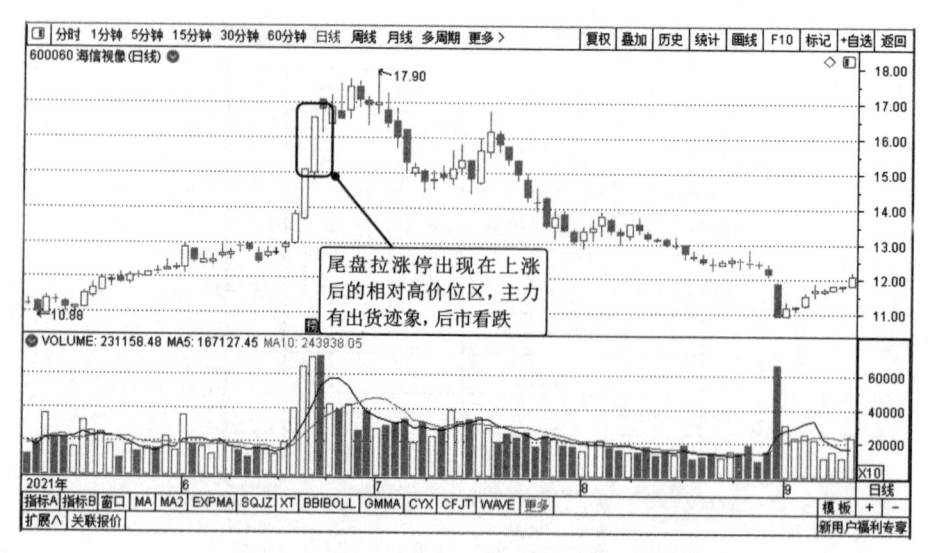

图 2-8　海信视像 2021 年 5 月至 9 月的 K 线走势

2.2　涨停方式分析

　　涨停往往不是一蹴而就的，股价需要在波动拉升的过程中，逐渐攀升至涨停板。不同的涨停方式可以看出主力的实力以及拉升的决心，进而帮助投资者进行决策分析。

2.2.1　波浪式拉升涨停

　　波浪式拉升是指股价像海浪一样一浪一浪向上推进，每次出现一波拉升后紧跟着就会出现一波幅度不大的回调浪。波浪式拉升涨停是一种温和、缓慢的拉升方式，说明主力实力强劲，拉升意图坚决。

　　根据波浪的数量不同，波浪式拉升可以分为一波涨停板、两波涨停板、三波涨停板和多波涨停板，具体如下所示。

（1）一波涨停板

一波涨停板是指当日开盘后，股价沿着某一角度上升，中途没有出现回档，直接拉升至涨停。图 2-9 所示为一波涨停板。

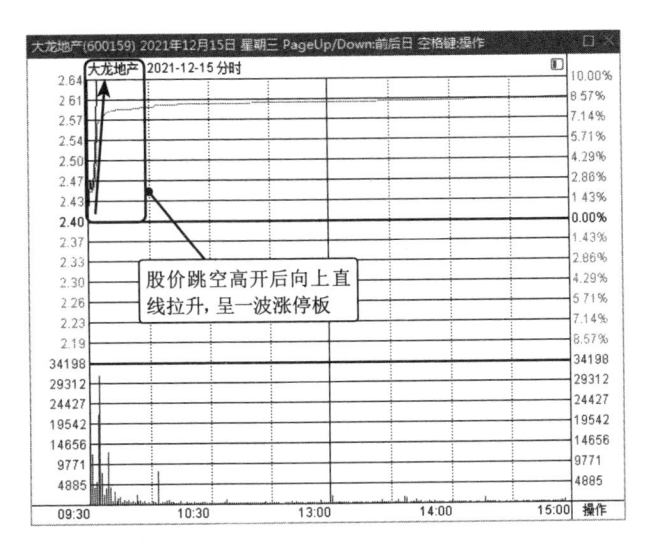

图 2-9　一波涨停板

一波涨停板主要存在以下 3 种情况。

①个股开盘后就是涨停板，分时走势轨迹非常简单，即一条水平直线。

②在上一个交易日收盘价附近开盘，然后向上拉升至涨停。从分时走势上看，形成一条向右上方倾斜的斜线。

③股价高开高走，不回档，形成一条向右上方倾斜的斜线。

一波涨停往往反映出多头强势，能量巨大，空头没有反抗的余地，只能任由股价向上攀升，是市场表现强势的特征。

（2）两波涨停板

两波涨停板是指当日开盘后，股价向上拉升后回档，获得支撑后再次沿着某一角度上升直至涨停，这样的拉升形成了两个明显的波段。图 2-10 所示为两波涨停板。

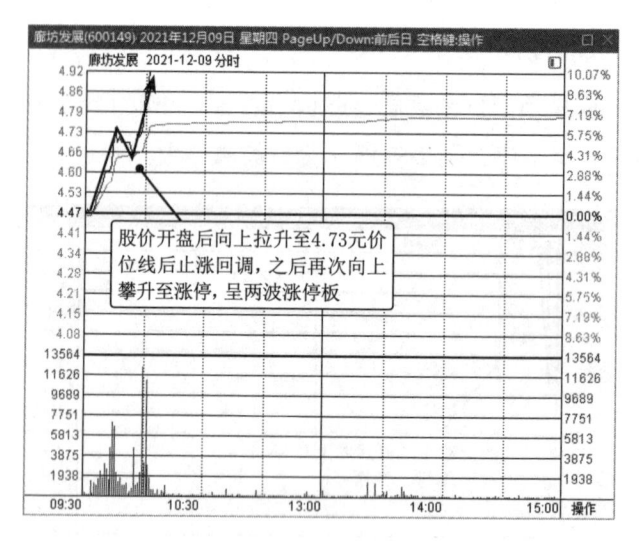

图 2-10　两波涨停板

两波涨停板相较于一波涨停板而言，更容易参与。因为一波涨停板通常拉升封涨停的时间太快，往往投资者还来不及反应就已经封涨停了，投资者参与的可能性较低。但是两波涨停则不同，在第一波拉升的过程中，就可以对股价的涨势情况进行分析确认，回档低点即为较好的买进时机。

（3）三波涨停板

三波涨停板是指当日开盘后，股价向上冲高回落，获得支撑后，再次沿着某一角度冲高后回落，再次获得支撑止跌回升，并上冲至涨停板。

两次的冲高回落，在分时走势中形成了 3 个明显的波段，具体过程如下。

股价开盘之后开始向上拉升出现上升走势，当股价达到一定涨幅后，由于短线获利盘的出现使得股价出现回落，当股价回调至当日开盘价或均价线附近时获得支撑，企稳后股价再度走强。当第二波上涨达到一定幅度后，新的获利盘再次出现，股价第二次回落，当股价再次遇到技术支撑而企稳时，出现第三波上涨，股价直拉涨停。

从三波涨停板形成的过程可以看到，三波涨停这种走势的盘面气势也非常强劲，但明显弱于前面两种形态。这种盘面后市仍有上升动力或冲高动作，投资者可以根据实际情况适时判断介入。图2-11所示为三波涨停板。

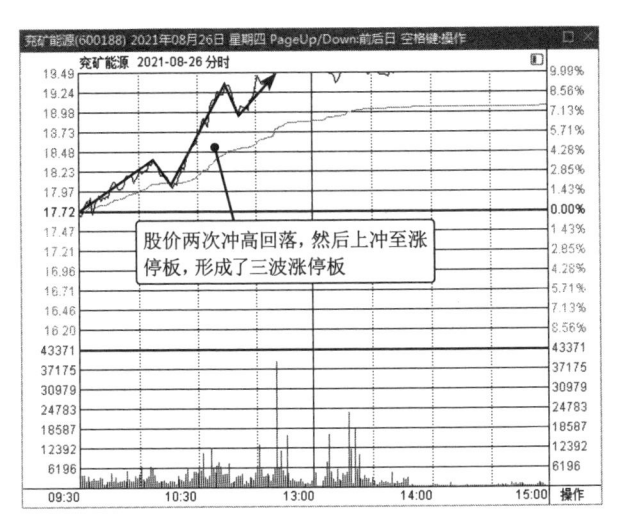

图 2-11 三波涨停板

（4）多波涨停板

多波涨停板指的是股价在上升过程中多次回调，分不出明显的浪形，但是整体上来看股价的低点越来越高，高点也越来越高，直至涨停。图2-12所示为多波涨停板。

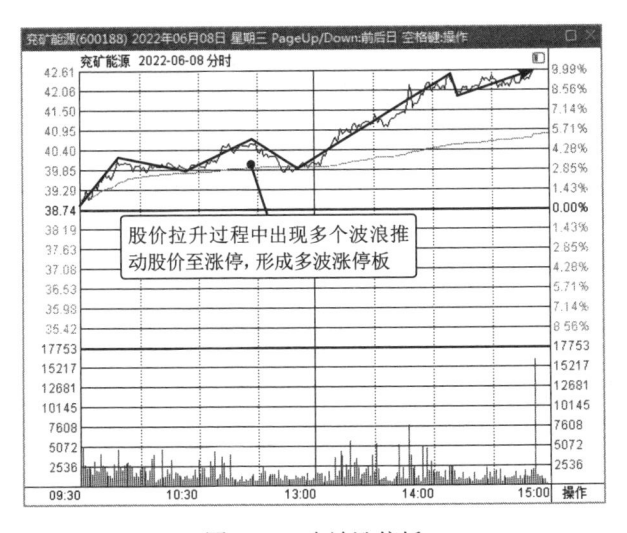

图 2-12 多波涨停板

多波涨停板是波浪式涨停中盘面气势最弱的一种，但主升浪一旦形成，其上升力度也比较可观，且上升所用的时间较长。

2.2.2 阶梯式拉升涨停

阶梯式拉升涨停是指股价上涨并非一步到位，而是像台阶一样，上行至某一位置后止涨横盘修整，然后再次向上拉升。股价在达到涨停板之前通常会出现至少一段的横盘整理阶段。

阶梯式拉升的目的在于利用不断抬高的平台，让市场充分换手，清理掉获利盘，引出套牢盘，进而达到垫高市场平均筹码的目的，为后面的冲击涨停板做好准备。

阶梯式涨停操盘需要注意以下3点。

①查看个股开盘时是否存在高开与上个交易日的收盘价横线形成缺口，有缺口的阶梯式涨停比没有缺口的阶梯式涨停，更具有操盘意义。这说明市场更为强势，短期上涨的可能性较大。

②在阶梯式拉升走势中，"阶梯"阶段不宜操作，投资者不要着急入场，等下方成交量放大，股价呈向上突破盘整形态，确定主力要冲击涨停板时，再积极跟进，获胜概率更大。

③在分时走势中，当股价线回调至接近均价线附近受到强大支撑而止跌时，可重点关注，并适时跟进。

实例分析

永泰能源（600157）阶梯式涨停分析

图2-13所示为永泰能源2021年7月30日的分时走势。

从图2-13可以看到，永泰能源当日股价高开，与上个交易日的收盘价横线形成明显的缺口，之后股价向上拉升，当上涨至1.55元上方后止涨，并在1.55元价位线上横盘整理。早盘结束后，成交量放量，股价再次向上拉升，股价上涨至1.60元附近后止涨，随后在1.58元至1.60元区间窄幅横盘波动。

两次横盘整理，形成了明显的阶梯拉升走势，说明主力利用不断抬高的平台，清除场内意志不坚定的浮筹。

早上10:45，下方成交量出现巨额大单，使得股价向上攀升，突破整理平台直冲涨停板。这说明主力拉升股价意志坚定，该股近期将迎来一波上涨行情。股价上行突破平台为投资者的买进机会。

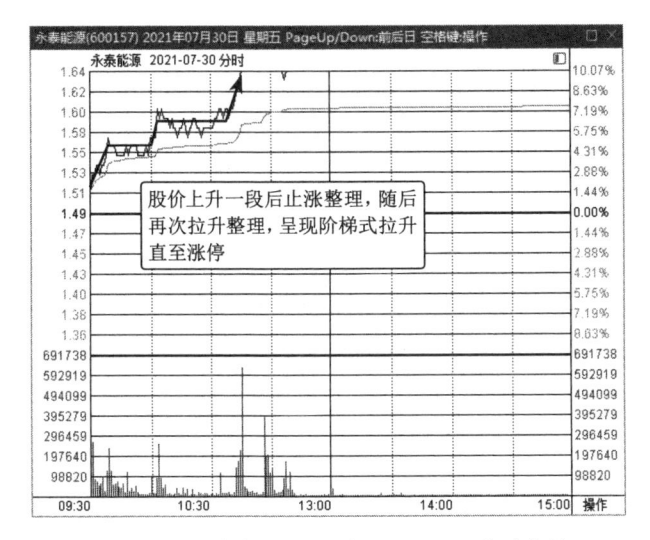

图2-13　永泰能源2021年7月30日分时走势

图2-14所示为永泰能源2021年5月至9月的K线走势。

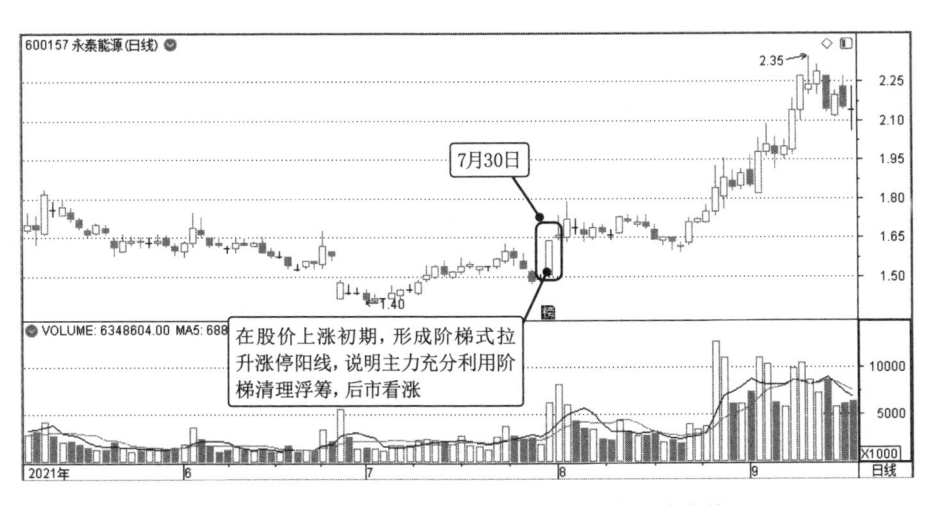

图2-14　永泰能源2021年5月至9月的K线走势

从图 2-14 可以看到，永泰能源经过一轮下跌行情后运行至 1.50 元价位线下方的低位区域，随后股价止跌回升，开始小幅向上拉升。7 月 30 日，成交量放出巨量，股价出现阶梯式拉升涨停阳线，说明主力做多意愿强烈，该股短期将迎来一波上涨行情，投资者可积极买进做多。

2.2.3 横盘脉冲式涨停

横盘脉冲式涨停是指股价前期表现平淡，在某一价位线上横盘整理，走势沉闷，然后突然拔地而起，股价像是受到巨大冲击，形成脉冲而冲击涨停板。此时，股价线几乎以 90° 垂直的方式冲向涨停板。

因为横盘脉冲式涨停前期股价在一个相对低位保持横盘整理，下方成交量表现缩量，很难引起投资者的注意。而涨势启动往往以脉冲的形式快速冲击涨停板，速度太快，涨势太急，投资者往往来不及挂单买进，便封住涨停板了。

对于这种分时走势，投资者需要确认其所在位置，如果横盘脉冲式涨停出现在上升初期，那么投资者可以在第二天集合竞价时积极挂单买进，因为脉冲式涨停说明主力向上拉升股价的意图，股价短期看涨，即便投资者在第二天买进同样能够享受上涨收益。

实例分析
天下秀（600556）横盘脉冲式涨停分析

图 2-15 所示为天下秀 2021 年 10 月 28 日的分时走势。

从图中可以看到，天下秀当日股价低开后小幅向上拉升，股价上涨至 8.85 元价位线附近后止涨回落，随后股价在 8.61 元至 8.85 元区间窄幅横盘波动运行，下方成交量呈缩量，股价走势沉闷。

11:06 以后，下方成交量明显放大，股价快速上涨呈脉冲式拉升，股价线几乎呈 90° 垂直拉升，可见股价涨势猛烈程度。下方成交量放量，股价上行突破平台为投资者的买进机会。如果投资者并未来得及反应,而股票已封住涨停板,可以在第二天集合竞价时买进。

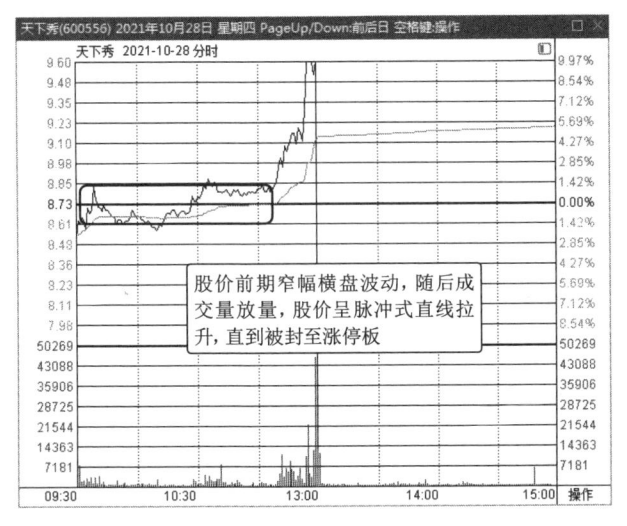

图 2-15　天下秀 2021 年 10 月 28 日的分时走势

图 2-16 所示为天下秀 2021 年 7 月至 11 月的 K 线走势。

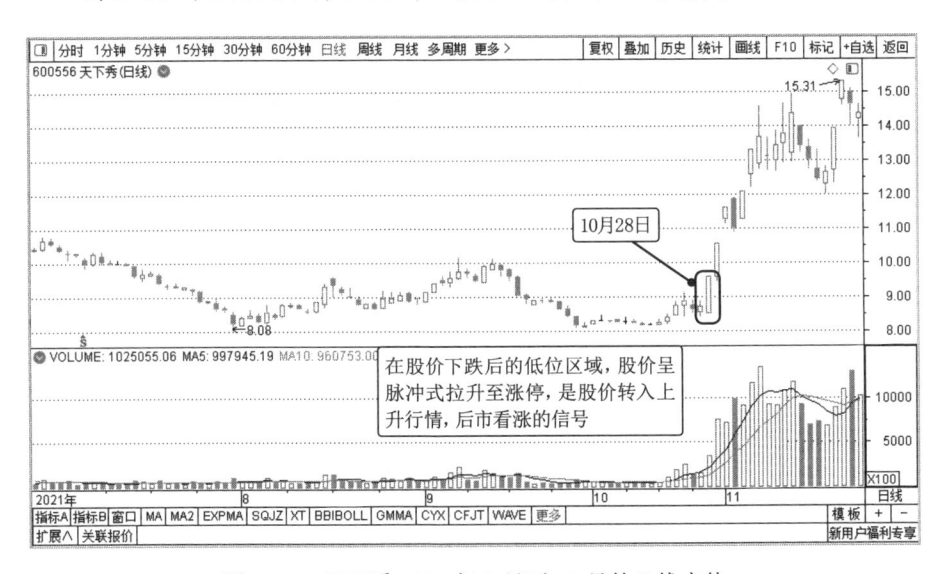

图 2-16　天下秀 2021 年 7 月至 11 月的 K 线走势

从图 2-16 可以看到，脉冲式涨停分时走势出现在股价经过一轮下跌行情后的低位区域，说明该股正处于上升初期，后市将迎来一波上涨行情。因此，即便投资者在脉冲式涨停当天没有买进股票，第二天买进股票也可以获得丰厚的投资回报。

2.2.4 斜推式涨停板

斜推式涨停板是指分时图中的股价线基本上以 45°角倾斜向右上方运行，中间没有出现明显的停顿，直接冲向涨停板，下方的成交量也表现出一个相对比较平稳的状态。

斜推式涨停板操盘可以绘制上升趋势线。当股价回调至上升趋势线获得支撑时投资者可积极买进，持股待涨。

实例分析
长虹华意（000404）斜推式拉升涨停分析

图 2-17 所示为长虹华意 2022 年 5 月 25 日的分时走势。

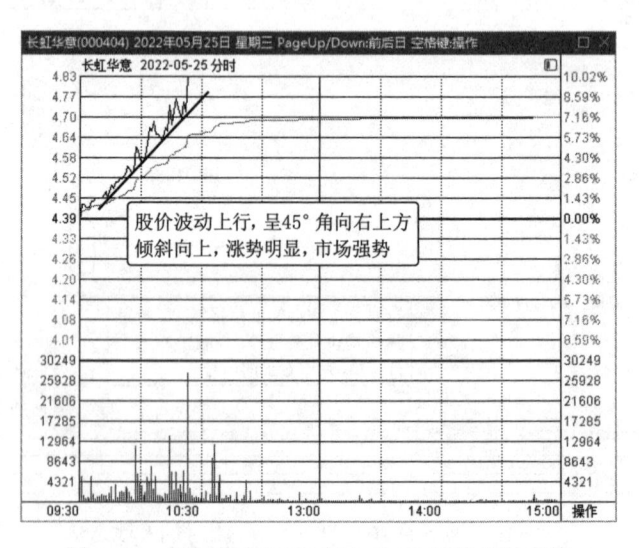

图 2-17　长虹华意 2022 年 5 月 25 日的分时走势

从图 2-17 可以看到，2022 年 5 月 25 日长虹华意小幅低开后，股价大致以 45°角向右上方稳定拉升，下方成交量表现相对稳定。股价一路向上攀升，没有出现明显的停顿现象。当股价涨幅超 3% 以上，趋势继续上行时，即可确认为市场的强势信号。根据股价走势情况绘制上升趋势线，当股价回调至趋势线上时就是投资者的买进时机。根据当天走势情况可以看到，股价斜推向上，涨势稳定，直至涨停。

2.3 涨停形态分析

股价在冲击涨停板的过程中，股价线在分时图中还会形成一些特殊的形态，不同的形态具有不同的含义。投资者读懂了它们的盘口信息，就能更精准地抓住市场中的投资机会。

2.3.1 凹字涨停

凹字涨停指的是股价冲高至涨停板后立即封涨停板，中途涨停板被打开一段时间，然后再次向上拉升，重新封住涨停板。这样的走势，在分时图中形成一个"凹"字形态，所以称为凹字涨停。

出现凹字涨停板的原因主要有两个：一是部分获利盘和套牢盘利用涨停趁机出局；二是主力可以撤掉涨停封单，以达到清理浮筹的目的，等清理浮筹任务结束后再次封上涨停板。

从凹字涨停的走势来看，似乎买点比较多，股价上冲至涨停板，似乎打开涨停板之后都是买点。但其实不然，因为此时涨停板被打开，往往难以确定股价还会不会回升上冲至涨停。如果一旦看到涨停板被打开便贸然跟进，则风险较大，与其说是投资，不如说是碰运气。

实际上，凹字涨停中最好的操盘机会应该是涨停板被打开，股价止跌回升向涨停板方向运行的途中。此时，投资者买进股票能够比较准确地确认盘口上涨信息。

实例分析

金圆股份（000546）凹字涨停分析

图 2-18 所示为金圆股份 2021 年 12 月 28 日的分时走势。

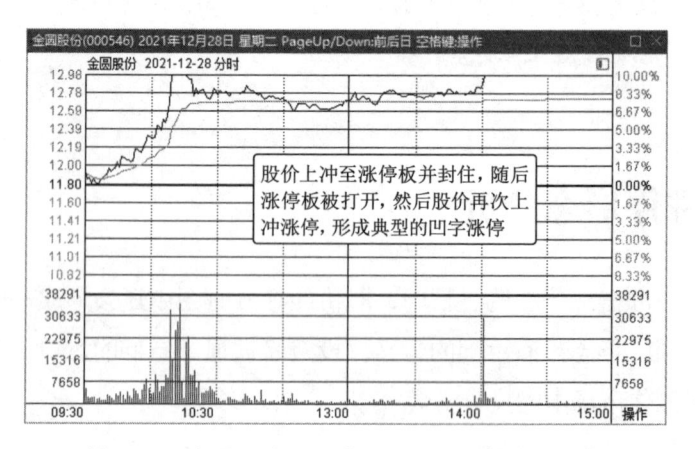

图 2-18　金圆股份 2021 年 12 月 28 日的分时走势

从图中可以看到，2021 年 12 月 28 日开盘后，金圆股份小幅回抽在上个交易日的收盘价横线位置获得支撑止跌，之后该股一路放量拉升股价直逼涨停板。10:09，一笔巨量大单将股价快速打到了涨停板并封板。

但是这波封板在仅仅持续了几分钟就被打开，股价震荡下行。11:03 左右，股价跌至 12.64 元价位线附近后止跌，之后该股在该价位线附近横盘整理直到早盘结束。下午开盘，股价出现波动上行的走势，说明股价向上拉升的意愿强烈，股价有再次冲击涨停板的趋势，后市继续表现强势上涨的可能性较大，此时投资者可以大胆地积极跟进。

根据当天走势来看，该股在 14:01 的时候在一笔巨量大单的拉升下冲至涨停，并封住涨停板。如果投资者在股价止跌，拐头向上回升附近买进，当天便可获得近 3% 的涨幅收益。

2.3.2　凸字涨停

凸字涨停是指股价向上攀升冲至涨停板，被封住后不久涨停板重新被打开，当天直至收盘股价都没有再次封上涨停板的一个分时走势。其走势形态看起来像一个"凸"字，所以被称为凸字涨停。

凸字涨停是因为主力控盘能力不强，无法控制涨停局面，使得股价下行无法重新封涨停导致的。因此，凸字涨停常常出现在股价经过一轮大幅拉升后的高位区域，是主力出货的一种手段，说明该股转势下行的可能性较大。所以场外的投资者不要借着涨停板被打开而匆忙入市，否则极有可能高位被套。

实例分析
东风科技（600081）凸字涨停分析

图 2-19 所示为东风科技 2020 年 12 月 31 日的分时走势。

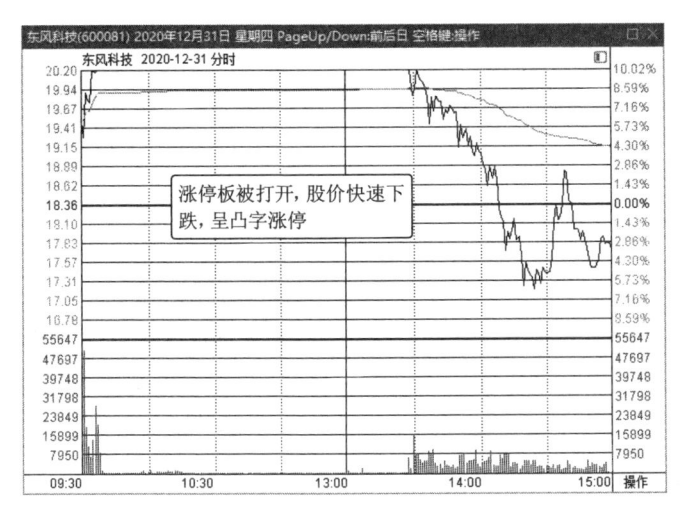

图 2-19 东风科技 2020 年 12 月 31 日的分时走势

从图中可以看到，2020 年 12 月 31 日东风科技开盘后，下方成交量放大，短短几分钟就将股价向上垂直拉升，股价上冲至涨停板并封住涨停板。

下午开盘后，股价继续封板。在 13:29 左右，股价被放量的成交量砸开，出现震荡快速下跌的走势，这样的分时走势呈典型的凸字涨停板，说明主力控盘能力较弱，无法抵挡空头的下跌，投资者不应着急入场。

随后，该股在 17.31 元价位线附近止跌震荡横盘。尾盘，股价再次出现急速拉升的走势，但是由于没有量能的支撑，股价在反弹到 18.89 元价位线下方受阻快速回落，当日以 3.49% 的跌幅收盘。

此时查看 K 线走势，图 2-20 所示为东风科技 2020 年 5 月至 2021 年 3 月的 K 线走势。

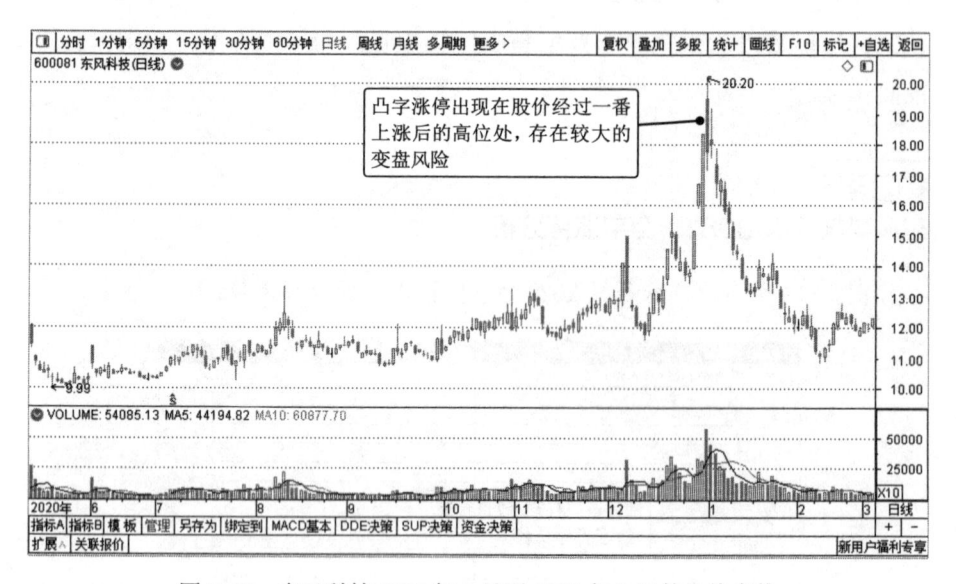

图 2-20　东风科技 2020 年 5 月至 2021 年 3 月的 K 线走势

从图 2-20 可以看到，东风科技从 10.00 元附近上涨，12 月 31 日的凸字涨停则出现在经过一轮上涨后的高位区域，且当日创出了 20.20 元的最高价。股价已经出现翻倍上涨行情，行情存在变盘风险。此时的凸字涨停更有可能是主力出货的手段，投资者不应入场，应持币观望。

第3章

K线狙击涨停板战法

　　K线走势图一直都是股市投资中重要的分析利器，当然在追击涨停板中也是如此。K线走势图蕴含着丰富的投资信息，能够帮助投资者精准捕捉市场中隐藏着的投资机会，提高投资获胜的概率。

3.1 单根K线抓涨停

单根K线指的是某个交易日形成的单根K线形态，不仅可以说明当天的股价的走势情况，还可以通过单根K线的形态和所在位置，对股价后市走向做准确地研判分析。

3.1.1 底部涨停大阳线

在股市投资中，无论何时大阳线始终都是股民最喜爱的，因为它的出现说明股价上涨，且实体长度越长，涨势就越猛烈，尤其是涨停大阳线。但是，涨停大阳线究竟代表的是主力的强烈拉升意愿，还是主力的出货意图呢？此时，我们需要结合涨停阳线所在的位置进行具体分析。

在股价经过一轮下跌后的底部区域出现涨停大阳线，通常是上升行情启动，市场由弱转强的信号，投资者可以择机跟进。

利用底部涨停大阳线追涨时，投资者应注意以下3点。

①底部涨停大阳线出现时，下方成交量明显放量，保持较高水平，至少应超越前期横盘期间的峰值。这说明买盘力量大，攻击力强，股价上升意图明显。

②均线系统中，5日均线、10日均线和20日均线纷纷拐头发散上行，显示个股形态整体向好。

③底部涨停大阳线出现后，主力通常不会立即拉高股价，而是选择震荡向上，逐渐推高股价，以便清理场内浮筹。

实例分析
常山北明（000158）低位涨停大阳线分析

图3-1所示为常山北明2020年11月至2021年4月的K线走势。

从图 3-1 可以看到，常山北明处于下跌行情之中，股价从高位处波动下行，重心不断下移。2021 年 2 月，股价创出 4.74 元的新低后，止跌小幅回升至 5.50 元价位线上方后止涨回落，随后在 5.00 元价位线上低位横盘。

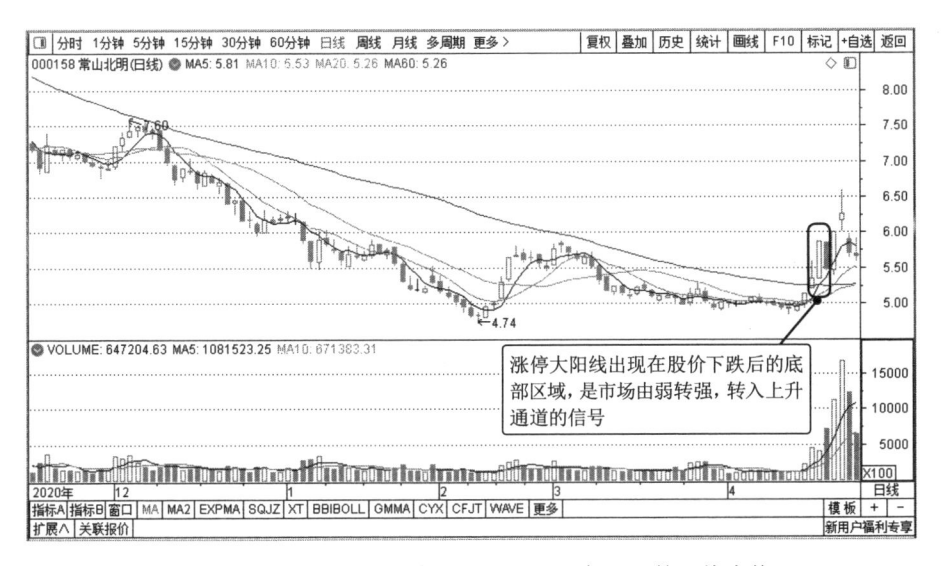

图 3-1　常山北明 2020 年 11 月至 2021 年 4 月的 K 线走势

2021 年 4 月 19 日，股价开始向上小幅拉升，4 月 20 日，股价平开高走收出一根涨停大阳线，下方成交量相对前期横盘来说明显放大，说明场内多头聚集，该股短期看涨。

此时查看均线系统发现，股价拐头上行，5 日均线、10 日均线和 20 日均线也纷纷拐头上行，呈发散走势，进一步说明该股趋势由弱转强，进入多头市场，投资者可以积极跟进，持股待涨。

图 3-2 所示为常山北明 2021 年 4 月至 6 月的 K 线走势。

从图 3-2 可以看到，收出涨停大阳线后，股票转入上升行情中，股价震荡上行，重心不断上移，涨势稳定且涨势猛烈，股价从 5.50 元附近最高上涨至 13.27 元，涨幅超 141%。如果投资者在发现底部涨停大阳线时积极买进，即可获得丰厚的投资回报。

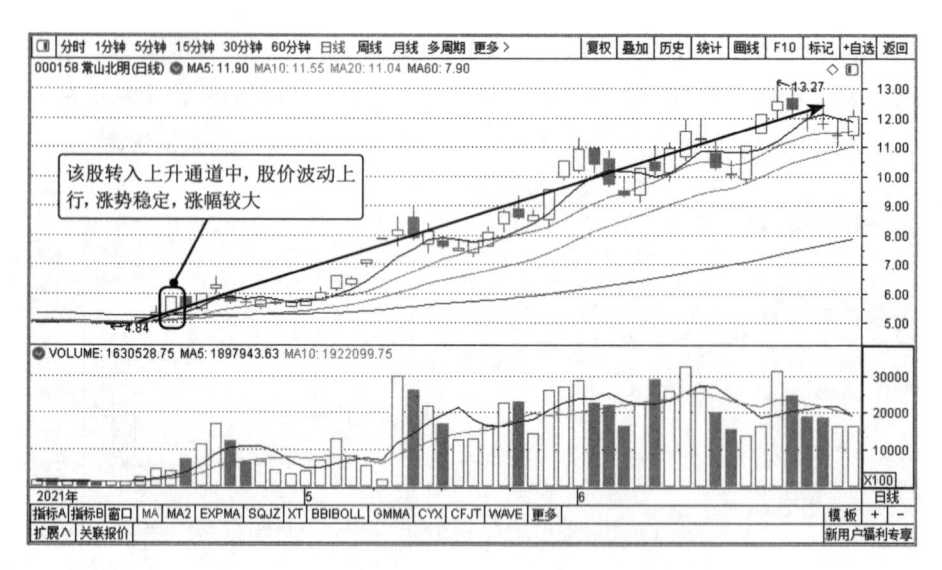

图 3-2　常山北明 2021 年 4 月至 6 月的 K 线走势

3.1.2　向上跳空涨停阳线

　　向上跳空涨停阳线指股价向上跳空，高开高走随后收出的一根涨停大阳线，且是一根光头光脚阳线。向上跳空涨停阳线通常出现在股价上涨初期，股价已经有了一定的涨幅，是主力对市场承接和抛压力度的试盘。如果市场抛压较大，则说明股价短期不会向上拉升；如果市场抛压较小，则主力回补缺口后能快速反转向上拉升。因此，投资者发现向上跳空涨停阳线时，应等待股价止跌回升，出现明显的上升走势后再择机跟进。

　　向上跳空涨停阳线通常具备以下 2 个特点。

　　①向上跳空涨停阳线出现在股价经过一轮下跌后的上涨初期，股价向上跳空高开高走，且突破或接近前期高点。

　　②向上跳空涨停阳线出现后，股价止涨回落，甚至连续多日收出阴线，回补跳空涨停阳线的缺口，下方成交量缩量。

　　下面以一个具体的例子进行说明。

实例分析

北清环能（000803）向上跳空涨停阳线分析

图3-3所示为北清环能2021年3月至6月的K线走势。

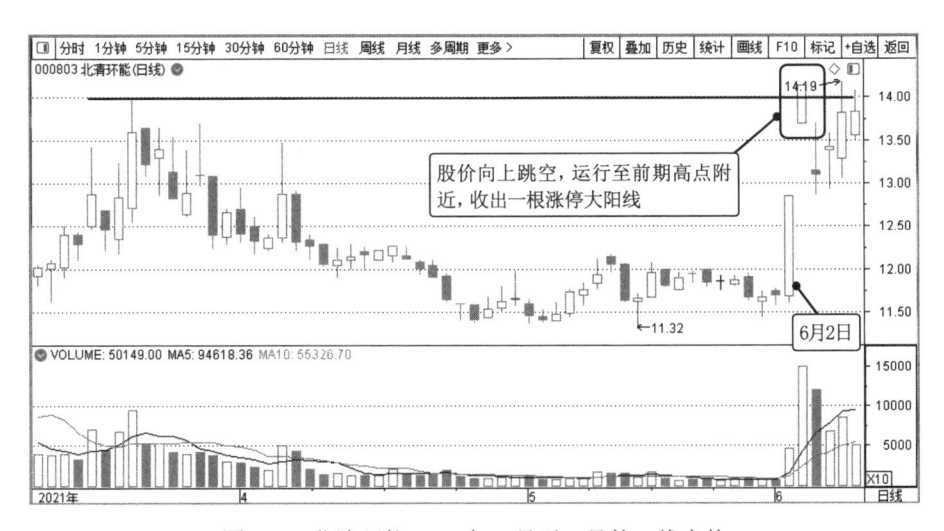

图3-3 北清环能2021年3月至6月的K线走势

从图3-3可以看到，该股票处于下跌趋势之中，当股价下跌至11.50元价位线附近时止跌，并在该价位线上横盘窄幅波动运行。6月2日，股价平开高走，K线收出一根涨停大阳线，将股价拉升至12.50元价位线上方。第二天，股价向上跳空高开高走，收出一根向上跳空涨停大阳线，将股价拉升至14.00元价位线上。

从股价走势来看，该股似乎转入上升的强势行情中，那事实是否如此呢？仔细查看发现，向上跳空涨停阳线将股价拉升至14.00元价位线附近时，接近前期高点，且向上跳空涨停阳线出现后的第二天，股价向下跳空，股价低走收出一根小阴线。这说明此时的向上跳空涨停阳线极有可能是主力的测盘行为，目的在于感受市场的承接和抛压力度。如果市场抛压小，则回补缺口后会再向上拉升。投资者不应贸然追涨入场，应该在股价回补缺口，止跌回升，走出明显上升走势后，再择机买进。

图3-4所示为北清环能2021年6月至12月的K线走势。

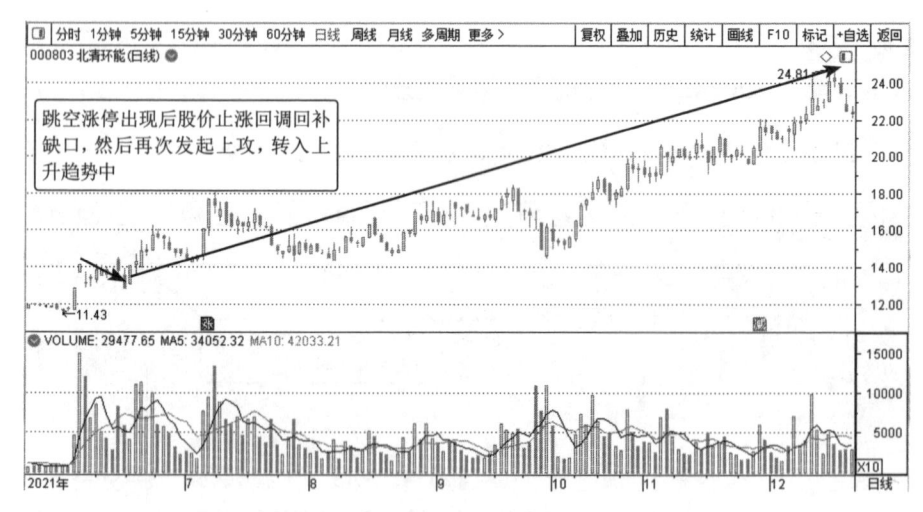

图 3-4　北清环能 2021 年 6 月至 12 月的 K 线走势

从图 3-4 可以看到，2021 年 6 月中旬，股价回补至缺口附近后止跌回升，K 线连续收阳，下方成交量相对于前期低位横盘来说明显放量。这说明主力拉升意图强烈，该股即将迎来一波上升行情。投资者可择机买进，持股待涨。

从该股后市走势来看，股价震荡上行，不断向上推高，最高上涨至 24.81 元，涨幅较大。

3.2　K 线组合狙击涨停

除了单根 K 线之外，多根 K 线还会形成 K 线组合。当涨停阳线与特殊 K 线形成 K 线组合后，对股价的后市走向具有较高的研判分析作用，同样可以帮助投资者进行准确的市场研判分析，以便抓住市场中的投资机会，提高自己投资收益。

3.2.1　上天入地

上天入地 K 线组合指的是股票在第一天收出一根放量涨停大阳线，第二天收出一根带长上影线的阴线，到了第三天向下跳空低开收出一根带长下影线的阴线，因为两根一上一下的长影线给人以上蹿下跳的感觉，所以被称为上天入地K线组合。

上天入地K线组合是市场强势，多头聚集，股价近期走强的信号，投资者发现上天入地这一K线组合后可积极跟进，持股待涨。

但是，投资者面对上天入地K线组合时要注意以下几点。

①上天入地K线组合中的涨停阳线不限制一天，它也可以是两天或者是三天。

②第二天的股价必须是冲高回落，带有长上影线的阴线。

③第三天的阴线必须是向下跳空低开，且带有长下影线的阴线。

④上天入地K线组合形成后，投资者可积极跟进持股待涨。

实例分析
广晟有色（600259）上天入地K线组合分析

图3-5所示为广晟有色2021年3月至7月的K线走势。

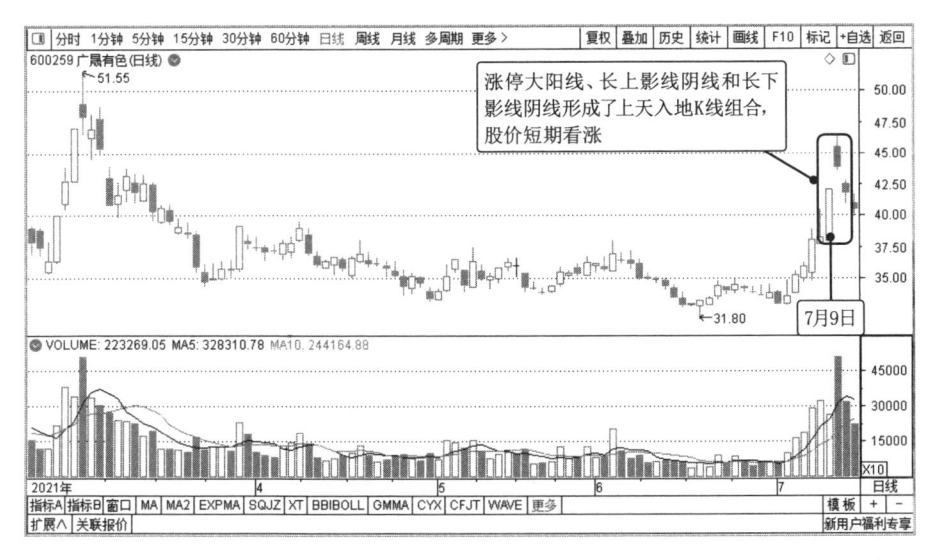

图3-5　广晟有色2021年3月至7月的K线走势

从图 3-5 可以看到，广晟有色经过一波下跌行情后股价围绕 35.00 元价位线上下横盘波动。2021 年 7 月初，股价开始小幅向上拉升，7 月 9 日是周五，股价开盘后表现强势，震荡上行，K 线收出一根涨停大阳线。下周一即 7 月 12 日，股价冲高后回落收出一根带长上影线的阴线。次日，股价向下跳空低开低走，K 线收出一根带长下影线的阴线。7 月 9 日、7 月 12 日和 7 月 13 日这连续 3 天的 K 线形成上天入地 K 线组合，是市场表现强势的特征，说明该股近期将上涨，投资者可以积极买进，持股待涨。

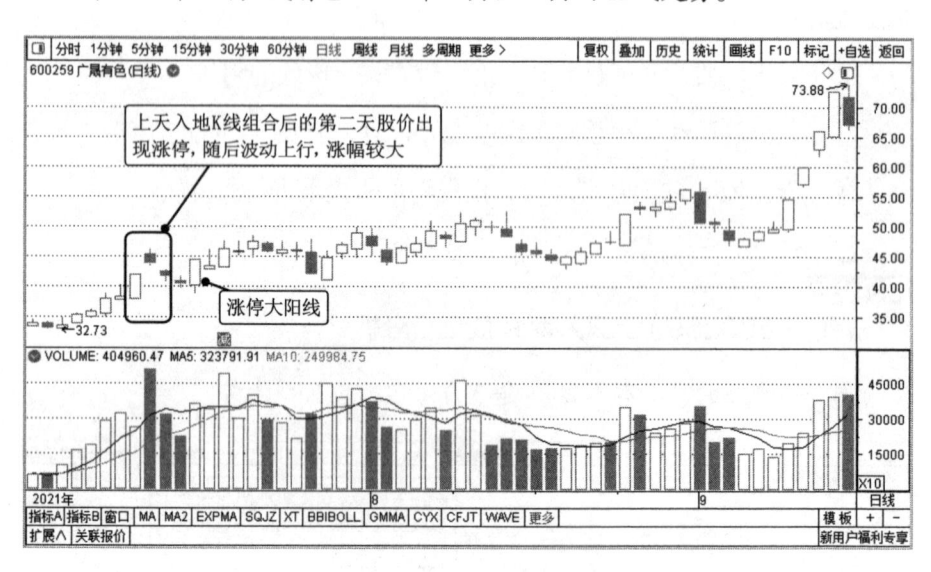

图 3-6 所示为广晟有色 2021 年 7 月至 9 月的 K 线走势。

图 3-6　广晟有色 2021 年 7 月至 9 月的 K 线走势

从图 3-6 可以看到，如果投资者根据上天入地 K 线组合发出的信号买进，第二天即可捕捉一根涨停大阳线。对于中长线投资者来说，该股步入上升趋势之中，股价波动上行，最高上涨至 73.88 元，涨幅达 84%，获利丰厚。

3.2.2　涨停回马枪

涨停回马枪形态是指在行情低位区出现涨停封板后，回调确认支撑有效的一个形态。当确认支撑之后，通常市场会出现连续强势拉升的主升浪行情，因此，投资者一旦发现涨停回马枪形态即可积极跟进。

涨停回马枪形态通常具备以下几个特点。

①涨停回马枪形态启动位置通常在股价底部位置，底部对应着低估值，后期股价向上拉升空间较大。

②首次出现涨停后，股价很快止涨回调，且回调不破涨停大阳线的实体下沿。一旦回调跌破前期低点，则说明主力做多意志不坚定，上涨乏力。

③股价回调至10日均线或13日均线附近时获得支撑止跌。

④当股价止跌回升放量拉升时为投资者的买进机会。

实例分析
大金重工（002487）涨停回马枪形态买进分析

图3-7所示为大金重工2021年3月至8月的K线走势。

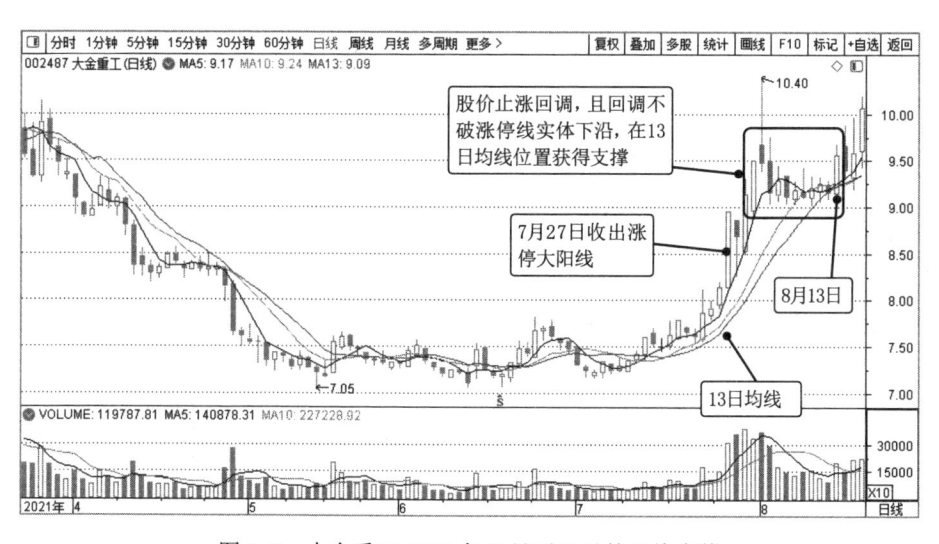

图3-7 大金重工2021年3月至8月的K线走势

从图3-7可以看到，该股经过一番下跌行情后，股价运行至低位区域，在创出7.05元的新低后止跌，随后股价在7.00元至7.50元区间做横盘窄幅波动。

2021年7月下旬，股价开始小幅攀升，7月27日，股价平开高走，短短几分钟就被达到涨停板，而后封板，期间涨停板被短暂打开后又快速封板，直到收盘，K线当日收出一根涨停大阳线，将股价拉升至9.00元价位线附近。

涨停线出现后，股价继续上行几个交易日后便止涨回调。当股价回调下跌至13日均线附近时获得支撑止跌，且股价回调时并未跌破涨停大阳线的实体下沿，下方成交量表现缩量，说明场内抛压较轻。

这样的K线走势形成了涨停回马枪组合，主力利用涨停清理场内浮筹，洗盘结束，大金重工即将转入主升浪行情中。8月13日，股价止跌回升，K线收出一根中阳线，下方成交量放大，说明调整结束，投资者可积极买进。

图3-8所示为大金重工2021年7月至11月的K线走势。

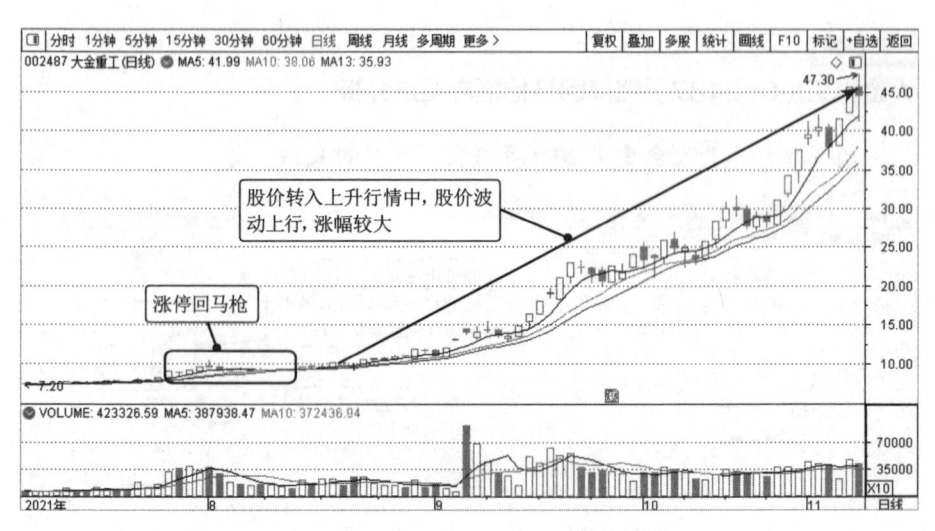

图3-8 大金重工2021年7月至11月的K线走势

从图3-8可以看到，涨停回马枪K线组合形成后，该股转入上升行情中，股价震荡上行，涨幅较大。投资者如果在股价回调结束，成交量放量时买进，可获得丰厚的投资回报。

3.2.3 小鸟依人

股价经过一番下跌行情后，空方量能释放完全，经过充分整理之后，突然向上发力,下方成交量放出巨量,推动股价攀升。当日 K 线收出一根涨停大阳线。第二天,股价平开低走或低开低走,市场流露出疲软走势,K 线收出一根缩量小阴线或小阳线。因为这根小阴线或小阳线往往依附于前一根阳线的上方,所以称为小鸟依人组合。

小鸟依人组合是股价开启拉升行情前,主力对市场进行试盘,目的在于观察市场中的抛压和跟风,震仓结束后,股价就会快速进入拉升通道中。

小鸟依人 K 线组合具备的技术特征如下。

①小鸟依人 K 线组合由两根 K 线组合而成,第一根是突破整理走势的涨停大阳线,第二根是依附在涨停线上方的缩量小阴线或小阳线,有时候甚至是十字星线。

②当下方成交量放量,股价再次发起上攻时,投资者可轻仓买进,持股待涨。当股价上行超越前期高点时,可重仓买进。

实例分析
海王生物(000078)小鸟依人 K 线组合分析

图 3-9 所示为海王生物 2019 年 4 月至 2020 年 1 月的 K 线走势。

从图 3-9 可以看到,该股经历了一波大幅下跌后在 2019 年 8 月运行到低价位区,在创出 3.04 元的最低价后止跌横盘。8 月中旬,股价温和放量逐步拉升股价,但是在短短几个交易日后,就在 3.80 元价位线下方受阻滞涨,之后经历一波横向整理后于 9 月上旬开始回落调整。整个回落过程中成交量不断缩量,最终股价在 3.20 元价位线上涨企稳回升。

12 月 31 日,股价跳空高开后震荡上行,成交量放出巨量,当日以涨停板收出一根大阳线,而且当日的成交量量能明显高于前期拉升的量能,说明拉升有望。2020 年 1 月 2 日,股价低开低走,给人以市场走弱的印象,但是很快股价便止跌回升,且每一次的直线拉升都伴随着成交量放量,当日最终收出一根小阳线,且小阳线依附于前一根涨停大阳线右上方,形成小鸟依人 K 线组合形态。这说明场内确实有主力入场拉升股价,此时的小阳线并非涨

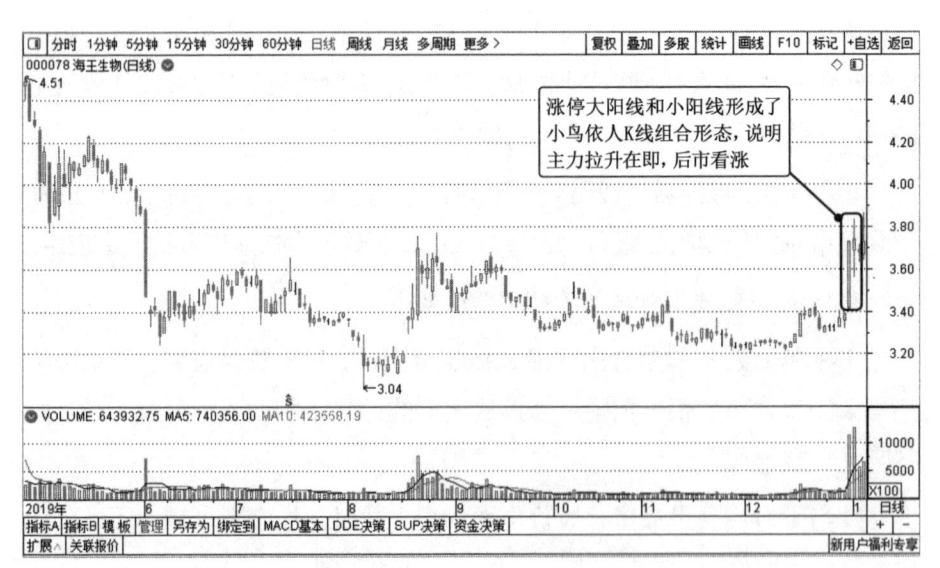

势疲软，而是主力试探抛压，故后市继续看涨。

图 3-9　海王生物 2019 年 4 月至 2020 年 1 月的 K 线走势

当下方成交量再次放量，推动股价向上拉升时，为投资者的买进机会，说明该股的大幅拉升行情即将启动。

图 3-10 所示为海王生物 2019 年 9 月至 2020 年 2 月的 K 线走势。

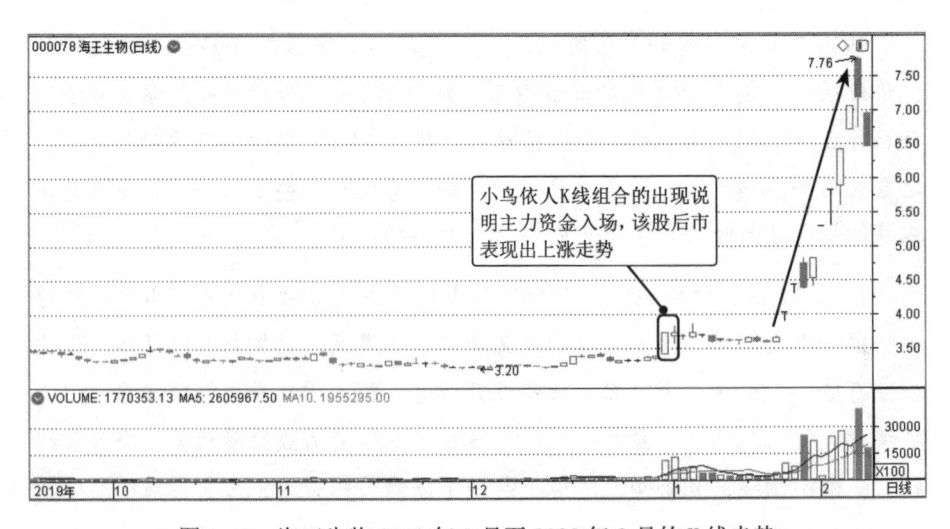

图 3-10　海王生物 2019 年 9 月至 2020 年 2 月的 K 线走势

从图 3-10 可以看到，小鸟依人 K 线组合出现后，股价短暂回调后向上快速拉升，表现上升行情，最高上涨至 7.76 元，涨幅较大。如果投资者前期利用小鸟依人 K 线组合信号积极买进，即可享受这一巨大的涨幅收益。

3.2.4　涨停上升三法

涨停上升三法是上升三法组合形态的升级版，该组合形态的第一天 K 线收出一根涨停大阳线，之后该股缩量收出 3 根或者多根小 K 线，且连续下跌的小 K 线不能跌破涨停大阳线的实体，接着 K 线再放量收出一根大阳线。涨停上升三法是比较常见的一种震荡清理浮筹的手法，是后市股价将加速上涨的信号。对于激进的投资者，可以在股价缩量调整至涨停板实体下部时逢低吸纳。

实例分析

云鼎科技（000409）涨停上升三法分析

图 3-11 所示为云鼎科技 2021 年 3 月至 6 月的 K 线走势。

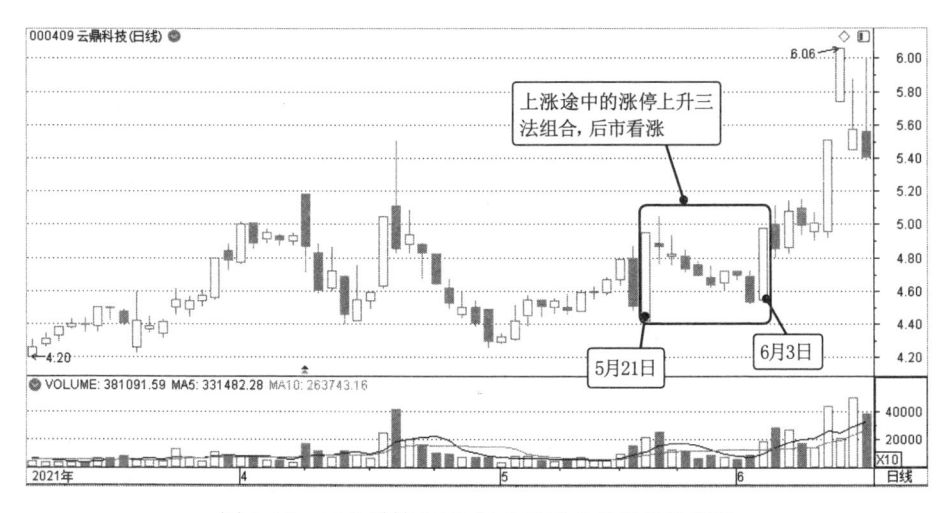

图 3-11　云鼎科技 2021 年 3 月至 6 月的 K 线走势

从图 3-11 可以看到，云鼎科技处于波动上行的过程中，该股在 4 月初上涨到 5.00 元价位线后出现滞涨，之后股价始终在 4.40 元至 5.00 元的价格区间波动震荡。5 月 21 日，股价低开后快速拉高打到涨停板，当日以涨停大阳线报收，拉高股价运行到 5.00 元价位线下方，表现强势上涨。但是第二天，股价却冲高回落一路下滑，K 线收出小阴线，之后 K 线连续多日收出小 K 线，且股价重心逐步下移，市场氛围低沉。

随后，股价在 4.60 元价位线止跌，6 月 3 日股价高开后以直线方式快速打到涨停后封板，当日再次收出涨停大阳线。这几天的 K 线形成典型的涨停上升三法形态，说明连续的下跌阴线为主力清理浮筹的行为，后市即将迎来一波快速上升行情，投资者可以在这根涨停大阳线的次日集合竞价时买进。

从图 3-11 可以看到，投资者在上升三法组合位置买进股票，随后即可享受上涨收益，股价后续也收出多根涨停线。

3.3 从 K 线走势位置抓涨停

涨停的出现并非毫无逻辑可寻的，在一些重要的、关键的 K 线走势位置，涨停线出现的概率较高，投资者想要抓涨停，获得高涨幅回报，就可以从这些 K 线走势的位置入手。

3.3.1 突破下降压力位的涨停板

下降压力线对股价起着压制作用，股价反弹至下降压力线附近时受阻回落，继续下跌。当股价运行至低位区域，跌势减缓，此时则容易出现涨停板向上有效突破下降压力线的压制，转而进入向上拉升行情。

因此，投资者可以借助下降压力线进行判断，当股价在压力线的压制下运行至低位底部区域，下方成交量明显放量，K 线收出涨停板向上突破下降压力线时则说明上涨行情启动，极有可能出现连续的涨停板。

实例分析
卧龙地产（600173）涨停大阳线向上突破下降压力线分析

图 3-12 所示为卧龙地产 2021 年 6 月至 12 月的 K 线走势。

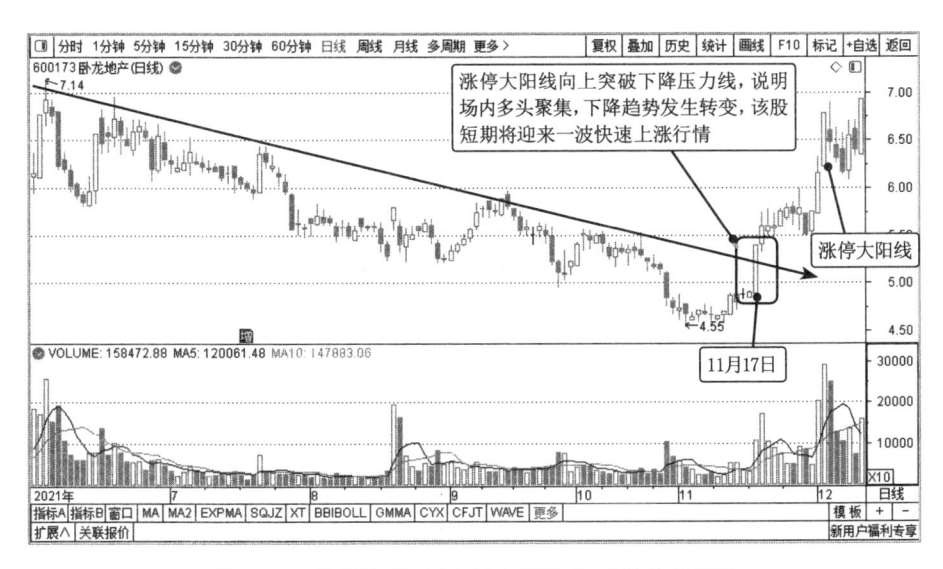

图 3-12　卧龙地产 2021 年 6 月至 12 月的 K 线走势

从图 3-12 可以看到，卧龙地产处于下跌趋势之中，根据 K 线波动下行时的波峰高点绘制下降压力线，可以看到股价在下降压力线的压制下波动下行，当股价反弹回升至下降压力线附近时受到压制而止涨回落。

2021 年 11 月初，股价跌至 4.50 元价位线附近后跌势减缓，随后出现横盘整理走势。2021 年 11 月 17 日股价低开高走，K 线收出一根放量涨停大阳线，涨停大阳线向上有效突破下降压力线的压制，运行至下降压力线上方。这说明该根下降压力线失效，场内多头聚集，短期看涨，股价即将展开一波快速拉升行情，投资者可以积极跟进。

从图 3-12 可以看到，涨停大阳线向上突破下降压力线后，股价在 5.50 元价位线上横盘整理数日后开始向上快速拉升，K 线收出上涨大阳线和涨停大阳线，涨幅较大，投资者前期积极跟进即可抓住这一涨幅。

3.3.2 突破重要压力位的涨停板

重要压力位指的是从前期历史行情来看，股价多次上行运行至前期压力位附近时便受到压力而止涨回落，说明该压力位为重要压力位，上方具有较大的压力，股价难以突破。一旦涨停大阳线向上有效突破该压力位，后市通常会出现连续的涨停线，进一步拉升股价，说明主力实力雄厚，控盘能力强，投资者可以在涨停线突破压力位时积极买进。

实例分析
长城电工（600192）涨停大阳线向上突破重要压力位分析

图 3-13 所示为长城电工 2021 年 2 月至 10 月的 K 线走势。

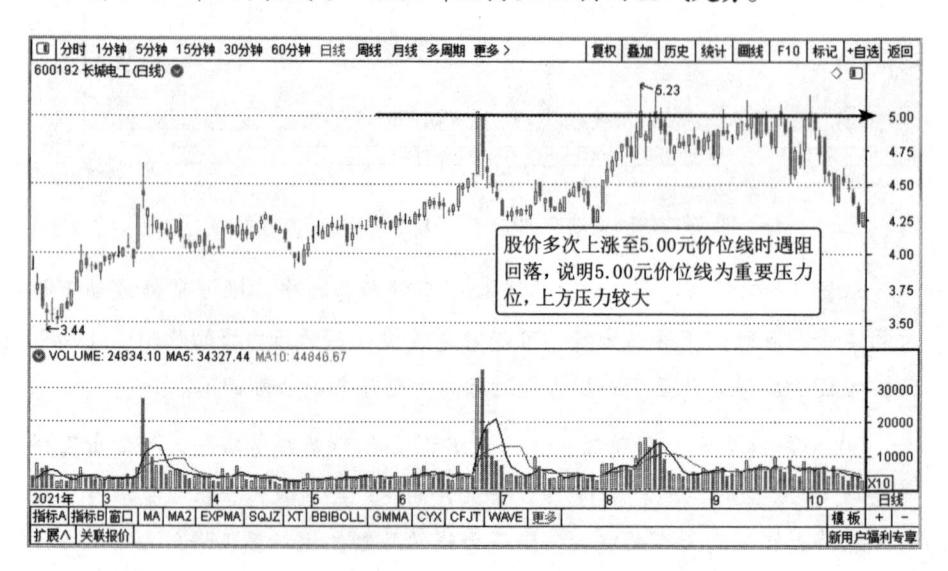

图 3-13　长城电工 2021 年 2 月至 10 月的 K 线走势

从图 3-13 可以看到，长城电工从 2021 年 2 月中旬的 3.44 元位置开始转入上升行情，股价波动上行运行至 5.00 元价位线后止涨回落。8 月初股价再次上冲，运行至 5.00 元附近后再次止涨，并在该价位线上横盘波动难以突破，10 月初股价止涨回落。这说明 5.00 元价位线为重要的压力位，该价位线上方具有较大的压力。

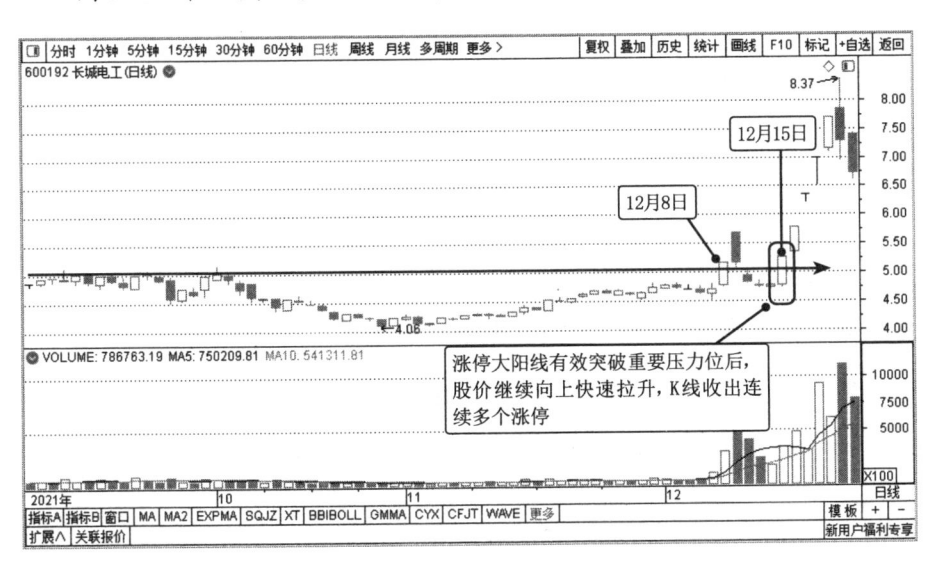

图 3-14 所示为长城电工 2021 年 10 月至 12 月的 K 线走势。

图 3-14　长城电工 2021 年 10 月至 12 月的 K 线走势

长城电工在 12 月上旬再次发起上攻，12 月 8 日股价运行至 5.00 元价位线后 K 线收出涨停阳线突破 5.00 元价位线，第二天股价却高开低走收出一根阴线，随后接连两天 K 线继续收出下跌阴线，使得股价回落至 5.00 元下方。这说明 5.00 元为重要压力位，当股价上涨至 5.00 元后，场内许多套牢盘纷纷抛售持股，抛压较大。

12 月 15 日，K 线收出一根涨停阳线，股价向上有效突破 5.00 元价位线，第二天股价继续高开高走，说明此时的突破为有效突破，投资者可以积极买进，持股待涨。

从后市走势来看，12 月 15 日的涨停大阳线有效突破 5.00 元价位线后，该股连续收出 4 个涨停，如果投资者前期积极买进，即可抓住这一波涨停。

3.3.3　突破上升通道上轨线的涨停板

在抓突破上升通道上轨线的涨停板前，投资者需要明确上升通道这一概念。上升通道实际上是对上升趋势的一个形象化的描述，它是由两条平行线构成，股价在两条平行线形成的通道内波动上行，当股价上涨至通道上轨线附近时受阻回落，当跌至通道下轨线附近时获得支撑止跌回升，由此形成了上升通道。

当K线收出涨停线向上有效突破上升通道上轨线时，说明该股股价即将进入加速向上的拉升行情。

实例分析
广晟有色（600259）向上突破上升通道上轨线

图3-15所示为广晟有色2021年6月至9月的K线走势。

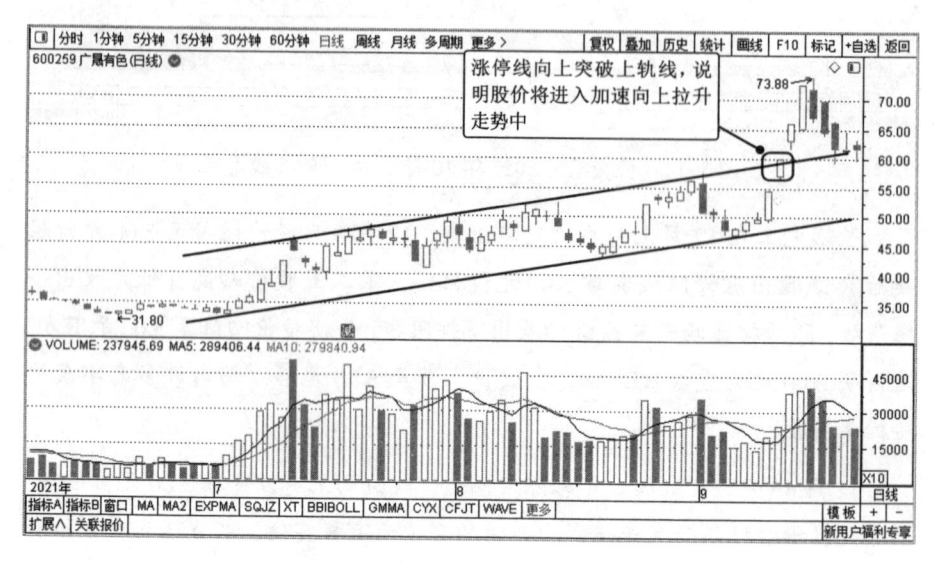

图3-15 广晟有色2021年6月至9月的K线走势

依据图3-15中广晟有色K线走势绘制的上升通道可以看到，股价在上升通道内波动上行，股价上行至上升通道上轨线附近时受到上轨线的压制而遇阻止涨回落，当股价下行至上升通道下轨线时获得支撑而止跌回升，涨势稳定。

2021年9月上旬，K线收出涨停阳线向上突破上轨线压制，说明广晟有色股价即将进入加速拉升阶段，投资者可以积极跟进，持股待涨。

从后市走势来看，涨停阳线向上突破上升通道上轨线后，股价继续向上加速运行，K线连续收出两个涨停，投资者如果能及时跟进即可抓住这两个涨停。需要注意，此时股价已上升至高位区域，追逐涨停也存在较大风险，投资者在抓住涨停后要随时观察后市，在投资获益后及时将收益落袋。

3.3.4 突破长期横盘箱体的涨停板

长期横盘箱体走势的股票是比较容易出现涨停的。横盘箱体突破型涨停指的是个股经历了长期的盘整走势之后，出现了一个突破性意味的涨停板形态。涨停板的出现意味着拉升在即，股价将开启一波连续上涨的快速拉升走势。

涨停板突破长期横盘箱体走势需要注意以下几点。

①股价需要在一个箱体内长期横盘波动。

②箱体的高度不能太高。

③股价在箱体内的量能分配均匀，没有异动的巨量出现。

④股价以放量涨停的方式突破箱体最高点。

⑤横盘时间最好能够在两个月以上，时间越长越好。

实例分析

中国医药（600056）涨停阳线向上突破横盘箱体

如图3-16所示为中国医药2021年7月至2022年3月的K线走势。

从图3-16可以看到，中国医药股票长期处于低位区域运行，股价在10.00元至12.50元区间做横盘窄幅箱体运动，下方成交量表现缩量，市场人气冷清，走势沉闷。

2022年3月初，下方成交量突然放量，K线收出涨停阳线向上突破长期横盘箱体，说明长久以来的横盘箱体平台被打破，后市即将展开一波快速拉升行情，投资者可以积极买入跟进。

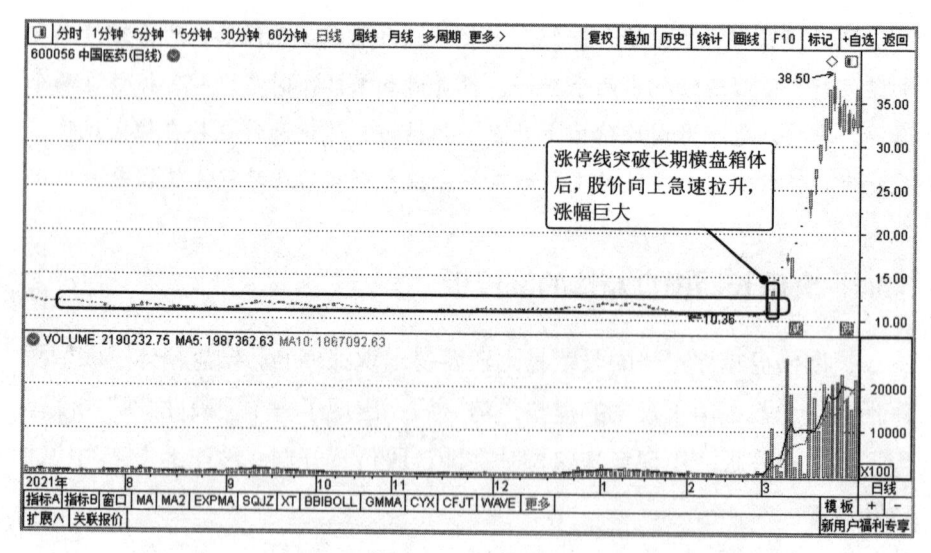

图3-16 中国医药2021年7月至2022年3月的K线走势

从该股的后市走势来看，涨停大阳线向上突破横盘箱体后继续向上快速拉升，K线连续收出涨停，一个月左右的时间将股价拉升至最高的38.50元，涨幅超280%。投资者在涨停板突破横盘箱体时跟进即可获得丰厚的投资收益。

第4章
看懂成交量轻松抓涨停

成交量反映了多空双方对当前价格的认同程度，也可以反映出个股交易的活跃程度。投资者如果能够顺着这些信息进行挖掘分析，就能够找到主力拉升股价的规律，进而擒获涨停。

4.1 从特殊量看涨停

成交量中存在着两种极端情况，即地量和天量，它们分别对应了无量涨停和放量涨停两种情况。虽然都是涨停板，但是它们代表的市场含义却有明显的不同。

4.1.1 无量涨停

无量涨停指的是股价在成交量非常少，即地量的情况下股价就达到了涨幅限制，出现涨停板。无量涨停预示着股票后期大概率会继续涨停或高开，投资者可以积极追涨。

无量涨停中的无量，要求涨停当日成交量非常小，日换手率低于5%，一般来说无量涨停中的换手率越小越好，低于1%是最佳状态。但是在实际操作中，通常低于5%也算"无量"，注意不能超过10%。

无量涨停的出现通常是由以下两个原因导致的。

①巨量资金入场后，主力已经高度控盘，且看好该股后市发展，导致股价快速上涨。

②利好消息出现，投资者看涨情绪非常高，投资者一致看好股票的后市发展，此时持股者不想卖出股票，而有的投资者想要买进股票却因为没有卖单而买不到，甚至场内持股者还会加仓，从而就出现了无量涨停的情况。

对投资者来说，股票出现无量涨停是一个不错的买入机会，无量涨停板出现后，第一个涨停板大多数情况下不是行情的结束，而是上涨行情的开始，第二天大概率会上涨。不过也有可能在当天无量涨停之后，第二天出现下跌的情况，但是这种概率非常小。

实例分析
福星股份（000926）无量涨停买进分析

图 4-1 所示为福星股份 2022 年 4 月至 5 月的 K 线走势。

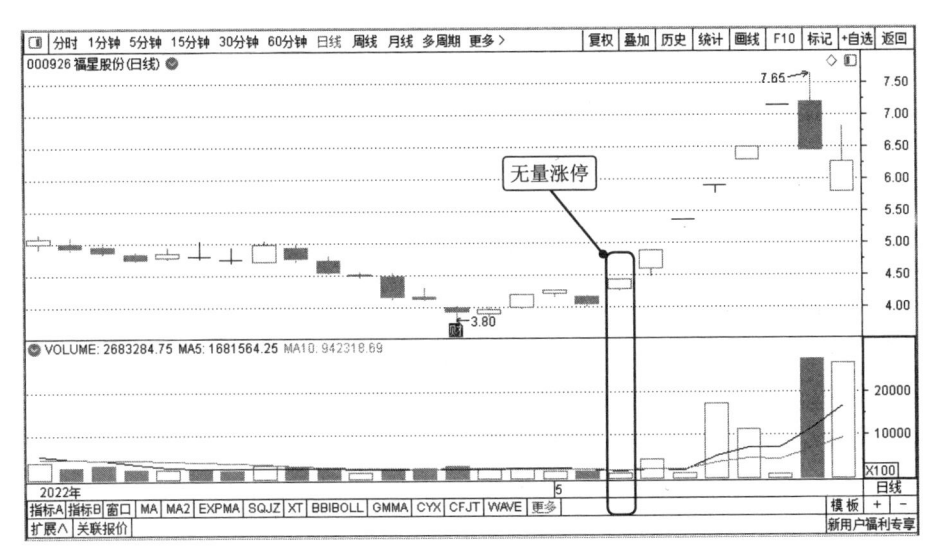

图 4-1 福星股份 2022 年 4 月至 5 月的 K 线走势

从图 4-1 可以看到，福星股份处于缓慢下行的下跌行情中，4 月下旬股价下行至 4.00 元价位线附近创下 3.80 元的新低后止跌，并在该价位线上横盘整理。

2022 年 5 月 9 日，市场开盘后股价瞬间就冲至涨停板，并封住涨停，K 线收出一根缩量涨停阳线。缩量涨停阳线的出现说明场内有主力资金入场拉升股价，且控盘能力较强，股价短期看涨。投资者可以在第二天集合竞价时积极买进，持股待涨。

从福星股份后市走势情况来看，无量涨停阳线出现后股价继续向上快速拉升，K 线连续收出 5 个涨停，将股价拉升至 7.00 元上方。如果投资者能够在发现无量涨停时积极买进，即可吃掉这 5 根涨停线，短期即可获得丰厚的投资收益。

4.1.2 放量涨停

放量涨停指的是股价涨停，成交量相较于前几个交易日出现明显放大的现象。放量涨停在实际投资中比较容易出现，但是在不同的市场位置中有着不同的市场含义。

当放量涨停出现在底部低位区域，说明该股人气回升，场内多头聚集。该股极有可能转入上升趋势，后市看涨。投资者可以追涨。

当放量涨停出现在经过一番上涨后的高位区域，则极有可能是主力的出货手段，因为此时底部筹码已经获利丰厚，随时准备了结出局，投资者高位接盘可能性较大。

实例分析
国网信通（600131）高位放量涨停

图 4-2 所示为国网信通 2021 年 7 月至 12 月的 K 线走势。

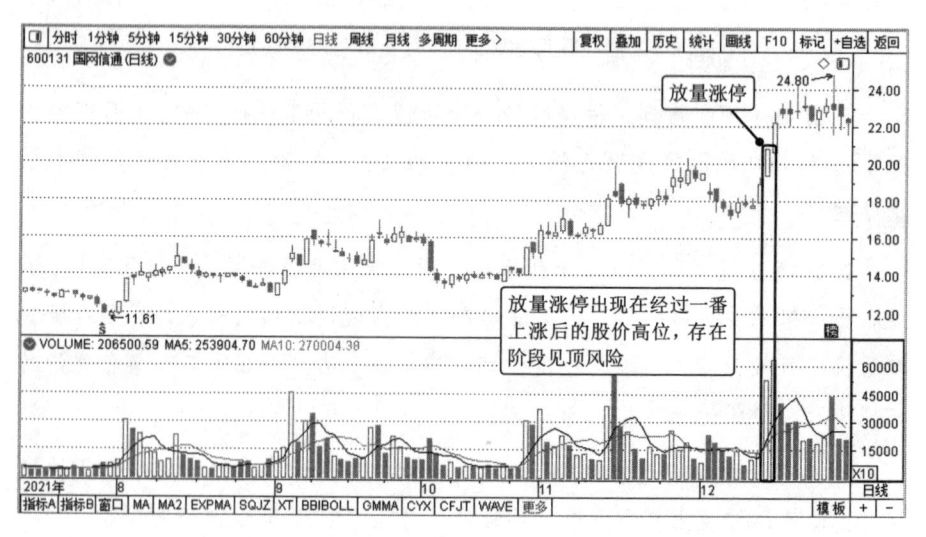

图 4-2　国网信通 2021 年 7 月至 12 月的 K 线走势

从上图可以看到，国网信通股票处于上升行情之中，股价波动上行，重心不断上移，涨势稳定。2021 年 12 月 14 日开盘后，股价快速拉升至涨停板，下方成交量出现明显放量。放量涨停通常是场内多头聚集，市场强势的信号，但是此时的放量涨停出现在股价经过一段上涨后的高位区域，股价有见顶风险，所以投资者不宜急于入市。

高位放量涨停出现后，第二天股价继续表现出上涨，将股价拉升至22.00元价位线上方后，股价止涨并在22.00元价位线上横盘，如果股价能够放量拉升突破横盘整理平台，则说明场内确实多头聚集；但如果股价止涨回落，则说明之前的放量涨停只是主力的诱多手段。

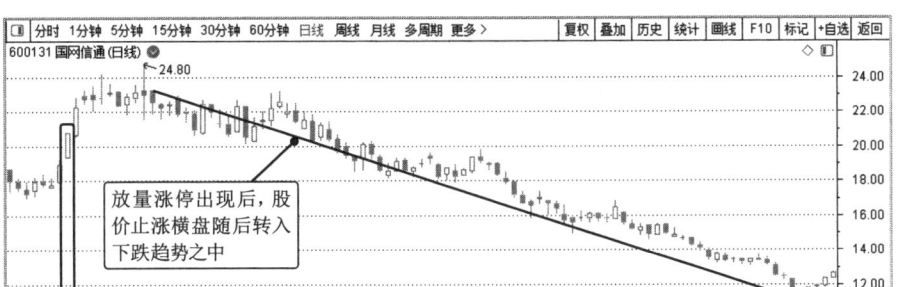

图4-3所示为国网信通2021年12月至2022年4月的K线走势。

图4-3 国网信通2021年12月至2022年4月的K线走势

从图4-3可以看到，国网信通股价在22.00元价位线横盘一段后转入下跌趋势，股价震荡下行，跌势明显，跌幅较大。如果投资者前期仅凭放量涨停信号而买进，则将遭受重大经济损失。

4.2 从量价关系抓涨停

股市常有"量价配合，量在价先"的说法，可见量价分析是股市中最常用，也是最重要的一种分析方法。通过对量价关系的分析，可以帮助投资者研判股市走向和个股趋势变化。

4.2.1 量增价涨

量增价涨是一种量价配合良好的量价关系，它指个股成交量表现增加的同时，个股股价表现出同步上涨的一种量价配合现象。量增价涨通常只出现在上升行情中，而且主要出现在上升行情初期，有时候也出现在上升行情途中。这说明买盘积极，市场中买卖情绪高涨，后市股价继续向上拉升的可能性较大。在这一阶段中出现的涨停，为股市走势良好，市场多头聚集的信号，投资者可以积极追涨，后市极有可能再次出现涨停。

实例分析
兴发集团（600141）量增价涨追涨停

图4-4所示为兴发集团2021年4月至8月的K线走势。

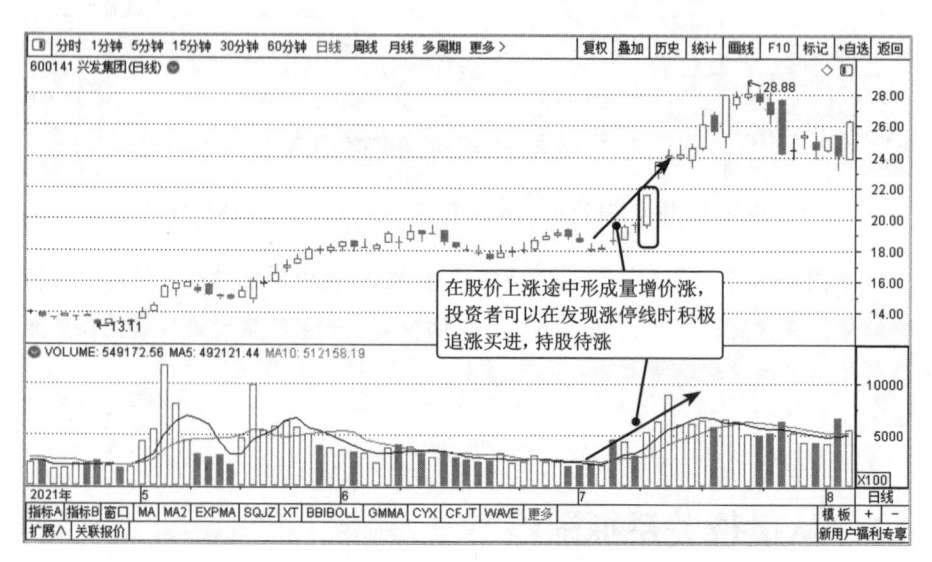

图4-4 兴发集团2021年4月至8月的K线走势

从上图可以看到，兴发集团处于上升行情中，股价从13.11元附近的低位处开始向上拉升，股价波动上行，涨势稳定。2021年6月，股价上涨至18.00元价位线附近后止涨横盘。7月上旬，股价向上突破横盘平台，K线收出涨停阳线，下方成交量配合放大，呈现出量增价涨的量价关系。

这说明兴发集团中的买方情绪高涨，市场做多意愿强烈，股价后市继续上涨的可能性较大，投资者可以积极买进追涨。

图4-5所示为兴发集团2021年7月至9月的K线走势。

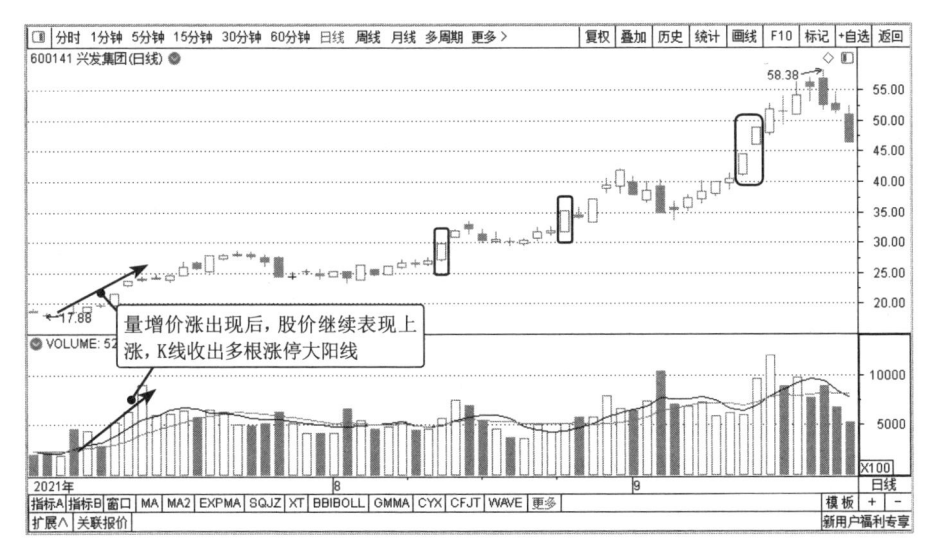

图4-5 兴发集团2021年7月至9月的K线走势

从图中K线走势可以看到，量增价涨出现后，兴发集团的上升趋势并未发生改变，股价继续表现上行，且K线收出多根涨停大阳线，最高上涨至58.38元，涨幅较大。如果投资者在量增价涨时积极买进追涨，即可抓住这些涨停，享受涨幅收益。

4.2.2 量增价减

量增价减指的是成交量与股价的一种背离现象，即当成交量在放大时，股价不仅没有配合上涨，反而表现为下跌的一种量价关系。量增价减通常出现在股价经过一番上涨后的高位区域，则视为转势信号。该阶段之前若出现的涨停线，则多为主力出货的诱多手段，投资者应场外持币观望，不宜入场。

实例分析
东阳光（600673）涨停后量缩价涨谨慎追涨停

图 4-6 所示为东阳光 2021 年 7 月至 12 月的 K 线走势。

经过一番上涨后的高位区域出现量增加减，此时的涨停大阳线不应视为市场强势信号

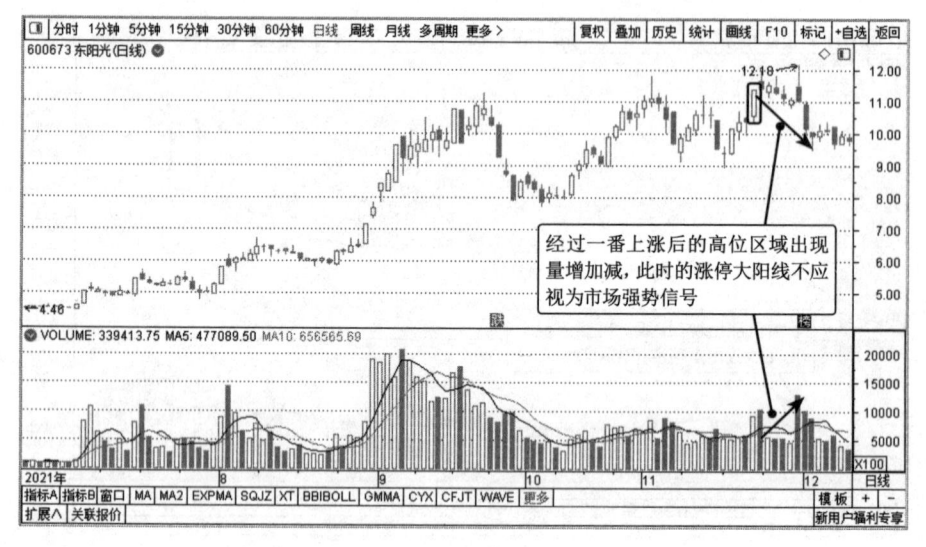

图 4-6　东阳光 2021 年 7 月至 12 月的 K 线走势

从图 4-6 可以看到，东阳光处于上升行情之中，股价震荡上行，重心不断上移。2021 年 9 月中旬，股价上涨至 11.00 元价位线附近后止涨回调至 8.00 元价位线后止跌横盘。

2021 年 10 月上旬，股价再次上冲至 11.00 元价位线附近受阻，小幅回调至 10.00 元价位线上整理运行。11 月 22 日，股价高开后短暂的回落，之后一路高走，当日 K 线收出一根涨停大阳线，将股价拉升至 11.00 元价位线上方，接着股价止涨并在 11.00 元价位线上横盘，几个交易日后股价小幅回落至 10.00 元价位线上。

此时查看下方的成交量发现，在股价下跌的过程中，成交量出现放大，与股价形成量增价减的量价关系。量增价减出现在股价经过一番上涨后的高

位横盘区域,是股价阶段性见顶转势的信号。此时的涨停大阳线不应视为市场强势的信号,投资者应以持币观望为主。

图 4-7 所示为东阳光 2021 年 11 月至 2022 年 5 月的 K 线走势。

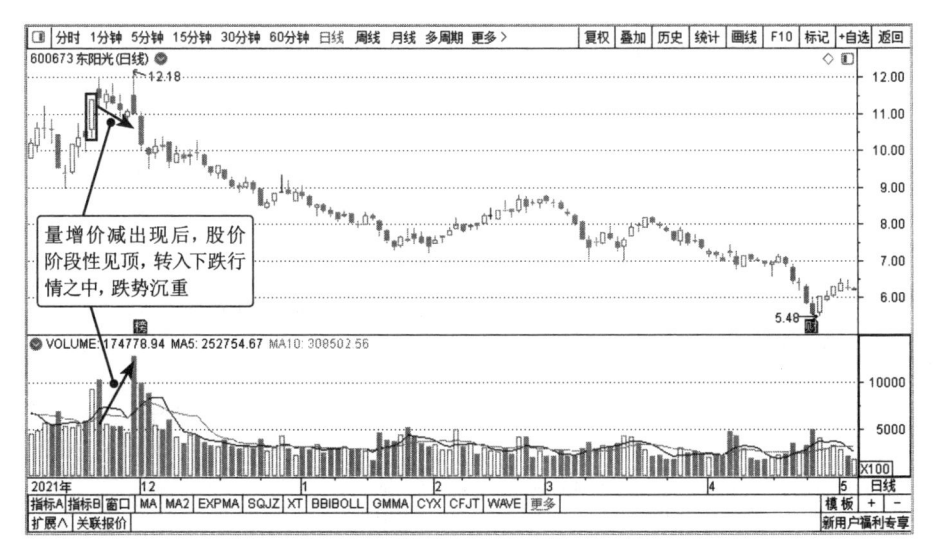

图 4-7　东阳光 2021 年 11 月至 2022 年 5 月的 K 线走势

从图中 K 线走势可以看到,量增价减出现后,东阳光个股股价在 11.00 元价位线附近见顶回落,转入下跌行情,股价波动下行,最低跌至 5.40 元,跌幅较大,跌势明显。

4.2.3　量减价升

量减价升也是量价背离的一种现象,是一种不健康的股价上涨情况。量减价升指的是下方成交量逐渐减少,但是上方的股价却出现上涨的反常情况。

量减价升通常出现在个股连续上涨后的高位区域,如果这个过程中出现涨停,投资者不能盲目追涨,应结合实际情况进行讨论。如果股价前期涨幅不大,说明该股还存在上涨空间,主力筹码锁定良好,投资者可以持股待涨;但是如果股价前期涨幅较大,则此时的量减价升则为转势信号,投资者不宜盲目追涨。

实例分析

长春一东（600148）高位量减价升谨慎追涨停

图 4-8 所示为长春一东 2021 年 10 月至 12 月的 K 线走势。

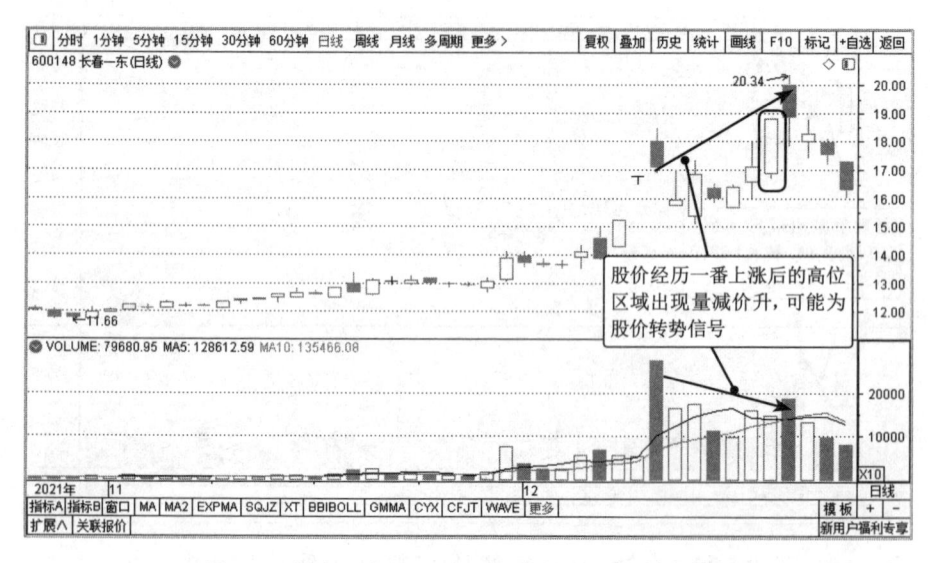

图 4-8　长春一东 2021 年 10 月至 12 月的 K 线走势

从图中可以看到，长春一东处于上升趋势之中，股价震荡上行。2021 年 12 月中旬，股价上涨至 18.00 元价位线附近后止涨回落至 16.00 元价位线上横盘，随后股价再次向上拉升，K 线收出一根涨停大阳线，将股价拉升至 18.00 元上方。第二天股价继续上行，创出 20.34 元的新高后止涨。与此同时，查看下方的成交量可以发现，在股价向上冲高的过程中，成交量并没有同步放大，反而呈缩量状态，形成量减价升的量价关系。

面对这一根涨停大阳线，我们应结合实际走势进行具体分析，不能盲目追涨。股价从 11.66 元上涨至 20.34 元，涨幅超 70%，说明股价已经运行至相对高位处，存在阶段性见顶风险，此时的量减价升可能是股价见顶回落的转势信号。

其次，我们查看长春一东历史 K 线走势。如图 4-9 所示为长春一东 2020 年 7 月至 2022 年 1 月的 K 线走势。

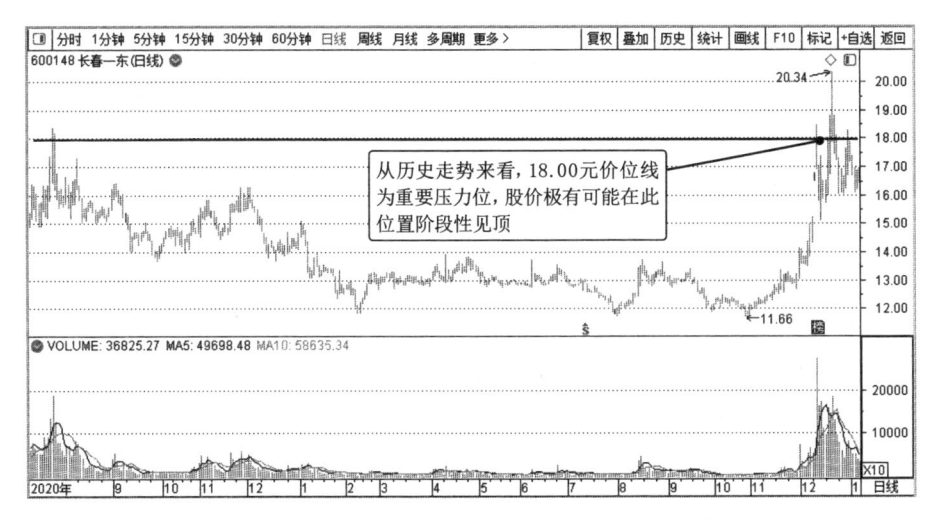

图 4-9　长春一东 2020 年 7 月至 2022 年 1 月的 K 线走势

从图 4-9 中可以看到，18.00 元价位线为重要的阻力位，如果股价不能有效向上突破该阻力位置，则极有可能见顶回落，转入下跌趋势。因此，投资者应场外观望。如果股价放量突破该阻力位置，则说明市场强势，投资者可以跟进。

如图 4-10 所示为长春一东 2021 年 12 月至 2022 年 5 月的 K 线走势。

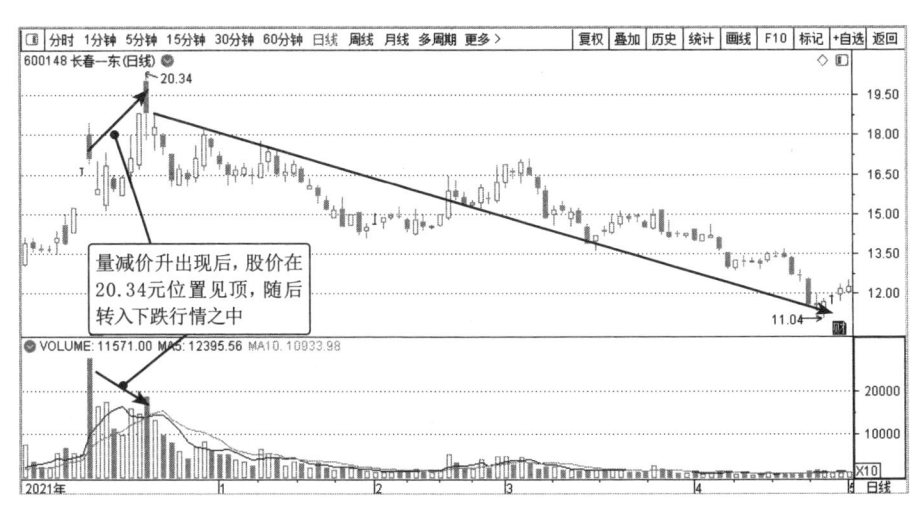

图 4-10　长春一东 2021 年 12 月至 2022 年 5 月的 K 线走势

从图 4-10 可以看到，量减价升出现后，长春一东个股股价在 20.34 元位置见顶，随后转入下跌行情，股价震荡下行最低跌至 11.04 元，跌幅很大。如果投资者仅凭涨停大阳线便匆匆追涨入市，则极有可能遭受重大损失。

4.2.4　量平价升

量平价升指的是个股股价表现出上涨行情，但下方的成交量变化却不大，此时可能是场外资金仍然驻足观望，跟进做多的力量不大。如果量平价升出现在筑底时间较短的上涨初期，那么此时的上涨可能只是昙花一现，所以即便出现涨停大阳线，投资者也不能盲目跟进。

但是，如果量平价升出现在股价长期筑底后，则说明主力持仓量较重，流通筹码稀少，主力的目标位置较高，个股后市可能会出现一波较大幅度的拉升行情。在这样的阶段走势中发现涨停阳线时，投资者可以积极跟进，在后市拉升中极有可能抓住更多的涨停板。

实例分析

泉阳泉（600189）量平价升涨停分析

图 4-11 所示为泉阳泉 2020 年 6 月至 9 月的 K 线走势。

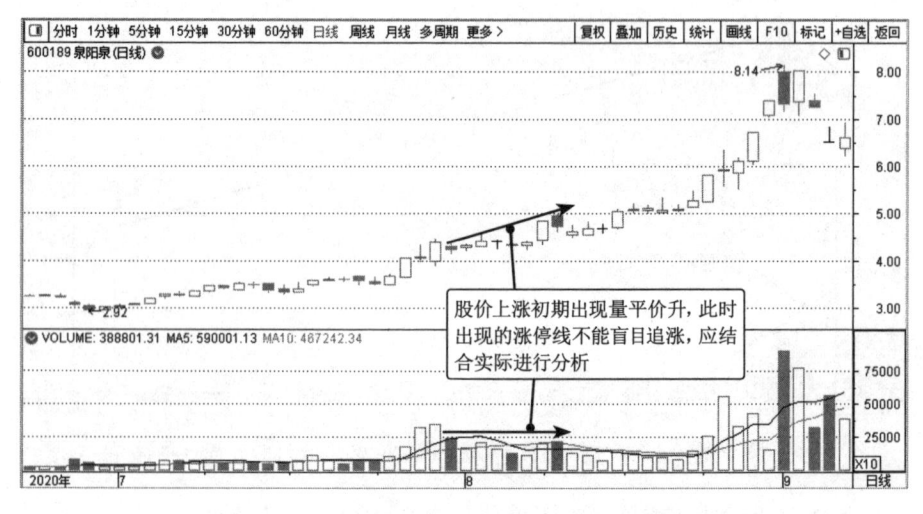

图 4-11　泉阳泉 2020 年 6 月至 9 月的 K 线走势

从图 4-11 可以看到，股价创出 2.92 元的低价后止跌开始向上缓慢攀升。7 月 28 日，股价放量拉升股价，当日以涨停板阳线报收快速拉升股价，之后两个交易日，股价继续放量拉升。但是之后股价涨势减缓，而在 8 月 10 日，该股再次收出一根涨停阳线拉高股价。此时是否能够积极追涨呢？

与此同时我们查看下方的成交量发现，虽然之后股价涨势减缓，但是整体仍然出现上涨走势，并且在 8 月 10 日再次出现涨停阳线，下方对应的成交量并未出现明显的放大迹象，而是一直稳定在均量线附近表现出平量，形成量平价升的量价关系。

我们再进一步查看泉阳泉的历史 K 线走势，如图 4-12 所示为泉阳泉 2019 年 7 月至 2020 年 9 月的 K 线走势。

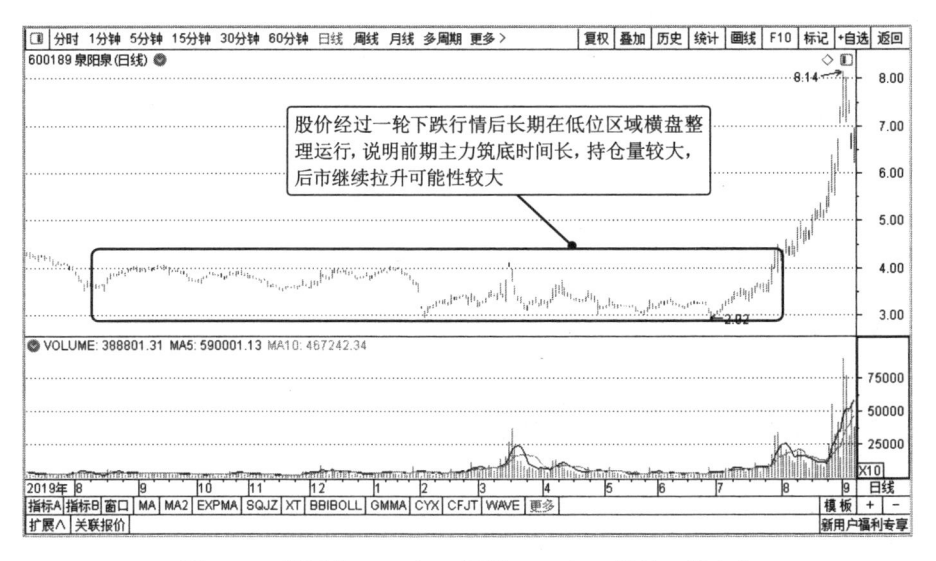

图 4-12　泉阳泉 2019 年 7 月至 2020 年 9 月的 K 线走势

从图 4-12 可以看到，泉阳泉股票前期经过一轮下跌行情后，股价长期在 4.00 元价位线下方横盘波动运行。说明主力前期筑底的时间比较长，持仓量比较重，所以在股价拉升初期出现了量平价升的量价关系，后市泉阳泉继续表现上涨的可能性较大，投资者可以逢低买进，持仓待涨。

图 4-13 所示为泉阳泉 2020 年 7 月至 2021 年 1 月的 K 线走势。

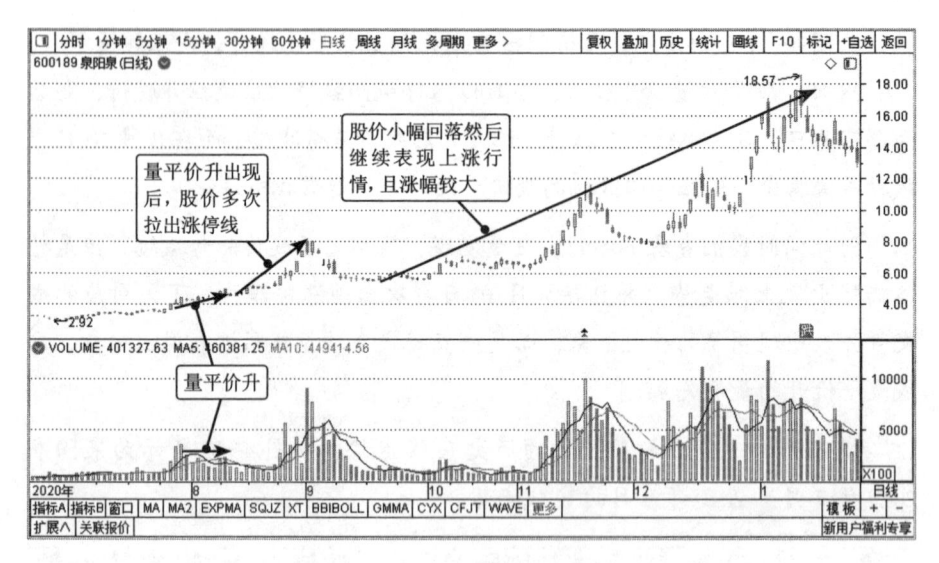

图 4-13　泉阳泉 2020 年 7 月至 2021 年 1 月的 K 线走势

从图中可以看到，上涨初期量平价升的量价关系出现后，股价出现了一波快速上涨行情，期间多次拉出涨停阳线，之后股价在 8.00 元止涨小幅回落后再次上冲，股价震荡上行，K 线收出多根涨停线，将股价最高拉升至 18.57 元，涨幅较大。如果投资者在量平价升后逢低买进，即可享受这一涨幅收益。

4.3　成交量异常变化捕捉涨停

成交量是股票成交情况最真实的反映。透过成交量变化，我们能够从中捕捉到更多的重要信息，尤其是当成交量出现一些异常变化时，股价的波动也会受到影响。因此，我们如果能够把握其中异常变化的信号，同样可以帮助捕捉涨停。

4.3.1　低位温和放量

温和放量指的是个股经过一轮下跌行情运行至低位区域表现低迷走

势，成交量表现萎靡，随后成交量突然出现小幅增长，形态上看像"山"一样的连续温和的放量形态。当个股在低位区域出现这样的成交量形态，说明市场中有主力资金介入，后市价格会随量上升，表现为上涨，量缩时股价会小幅回调，但调整期结束后，股价会加速上扬，此时极有可能出现涨停。

实例分析
海南椰岛（600238）低位温和放量买进分析

图4-14所示为海南椰岛2020年9月至2021年4月的K线走势。

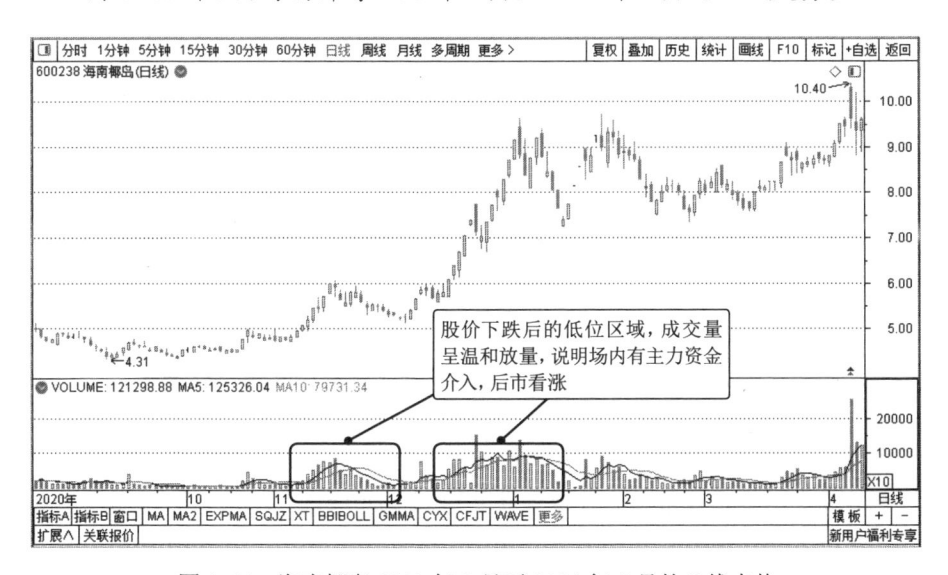

图4-14 海南椰岛2020年9月至2021年4月的K线走势

从图4-14可以看到，海南椰岛经过一轮下跌行情后，股价下行至5.00元下方的低位区域，并在该价位线下横盘波动运行，成交量表现缩量。2020年11月，股价开始向上小幅攀升，当股价上至6.00元价位线后止涨回落，然后再次向上攀升，股价上行至9.00元价位线附近。

与此同时，查看下方的成交量发现，股价从低位处向上快速攀升，成交量并未出现突然异常的放量，而是温和放量形成了一个一个的小山堆。这说明场内有主力资金入场，推动股价向上拉升，海南椰岛转入上升趋势之中，表现为上涨行情。回调结束后，股价将迎来加速上升行情，投资者可以在股价止跌横盘整理结束后再次发起上攻时买进。

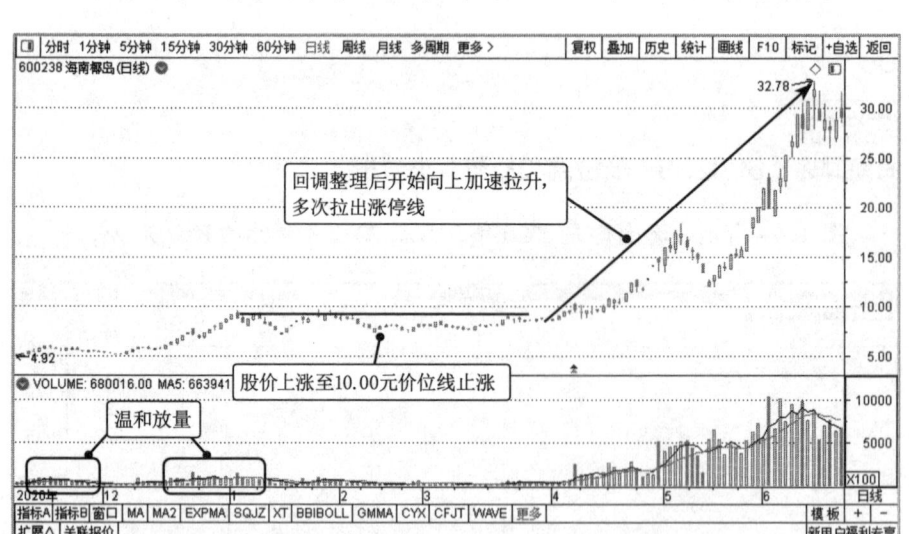

图4-15所示为海南椰岛2020年11月至2021年6月的K线走势。

图4-15 海南椰岛2020年11月至2021年6月的K线走势

从图4-15可以看到，低位温和放量出现后，股价上涨至10.00元价位线附近止涨回落，跌至8.00元价位线后止跌横盘整理。2021年4月初，股价横盘整理结束，股价放量上攻，进入加速拉升行情，股价向上快速拉升，K线收出多根涨停线，股价最高上涨至32.78元，涨幅巨大。如果投资者在股价横盘结束时，积极跟进，即可获得这一波涨幅收益。

4.3.2 成交量低位异常放量

低位异常放量指的是当股价在低位运行时，成交量突然出现异常的放大，相比前几日成交量形态放量明显。低位放量根据股价的变化情况分为低位放量上涨和低位放量下跌。

低位放量上涨是指股价经过长时间的下跌或横盘整理后，成交量突然异常放大，这往往是市场主力入场，做多意愿强烈，股价拉升在即的信号，K线极有可能收出连续的涨停大阳线快速拉升股价。

低位放量下跌则是指由于上市公司出现重大利空消息引发的低位放量，短期股价继续下跌，直到利空消息消化完全，恐慌情绪完全释放，股价才有可能回升。

这里我们主要介绍低位放量上涨，这是我们抓涨停的一个重要方法。

实例分析
信雅达（600571）低位异常放量涨停分析

图 4-16 所示为信雅达 2020 年 12 月至 2021 年 9 月的 K 线走势。

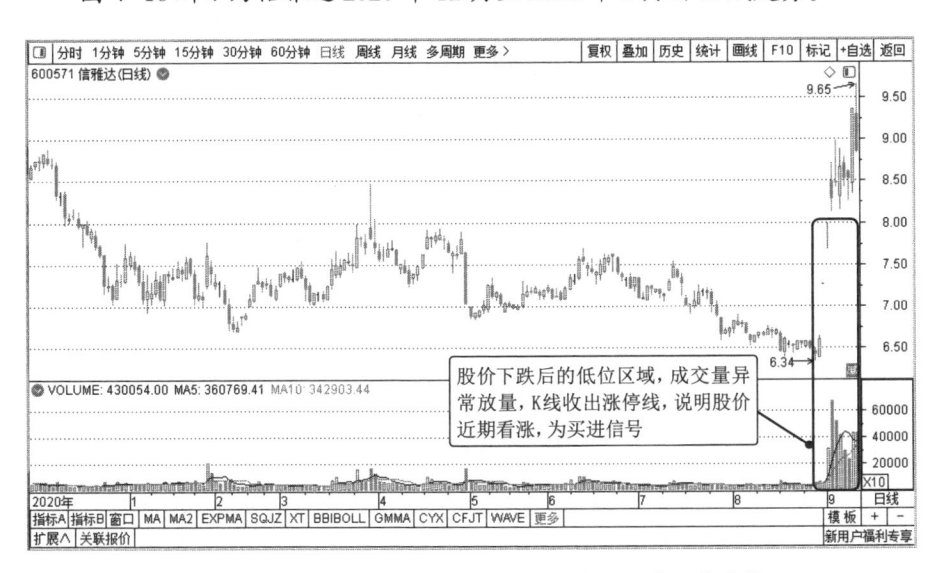

图 4-16 信雅达 2020 年 12 月至 2021 年 9 月的 K 线走势

从图 4-16 可以看到，信雅达处于下跌行情中，股价从相对高位处向下滑落，当股价跌至 7.00 元价位线后跌势减缓，股价在 7.00 元至 8.00 元区间窄幅波动运行，下方的成交量表现缩量。

2021 年 7 月底，股价进一步下跌并跌破 7.00 元价位线，运行至 6.50 元价位线下方，创下 6.34 元的新低后止跌。在股价下跌过程中，成交量依然表现为极度缩量。

随后成交量突然异常放出巨量，K 线收出涨停线，股价大幅向上攀升，有效突破前期波动平台，运行至 8.00 元价位线上方。在股价经过一番下跌后的低位区域，成交量异常放量，带动股价向上快速拉升，说明场内有主力资金介入，全力拉升股价，故该股短期看涨，极有可能迎来一波大幅拉升行情，且再次拉出涨停线的概率很高。投资者可以在异常放量后择机入场，积极追涨。

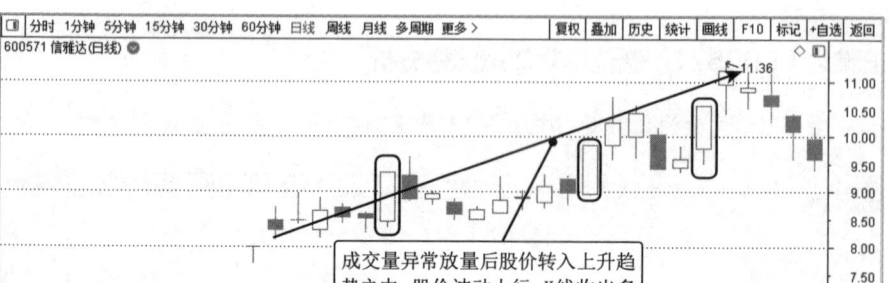

图 4-17 所示为信雅达 2021 年 8 月至 10 月的 K 线走势。

图 4-17 信雅达 2021 年 8 月至 10 月的 K 线走势

从图 4-17 可以看到，成交量低位异常放量带动股价向上拉升后，信雅达股票转入上升行情，股价波动上行涨势猛烈，K 线收出多根涨停线。如果投资者前期利用成交量异常放大这一信号积极买进追涨，即可捕获涨停，获得投资收益。

4.3.3 脉冲式放量涨停分析

脉冲式放量是成交量的一种形态，它指的是个股当日量能明显放大且高于之前的均量水平，但是这种巨量水平无法持续，所以第二天就会出现相对缩量，脉冲式放量通常会引起涨停板，那此时能否追涨呢？

首先我们要明确脉冲式放量形成的原因，它主要是由于主力对倒导致，所以很大程度上可以将其视为主力出货离场的一种手段，一般出现在下跌途中或者经过一番上涨后的高位区域，是一种诱多手段。因此，面对这种脉冲式放量涨停，场外的投资者坚决不能追涨，而场内的投资者在发现脉冲式放量涨停时应立即离场。

最好的离场时机应该是涨停板当日。如果投资者能够判断这种脉冲式的量能无法持续，则上涨无法维持，可以离场。但如果无法判断也可以从在第二天量能骤然缩小时确认脉冲放量涨停板，从而及时离场。

实例分析
祥龙电业（600769）脉冲式放量涨停分析

图 4-18 所示为祥龙电业 2021 年 10 月至 2022 年 3 月的 K 线走势。

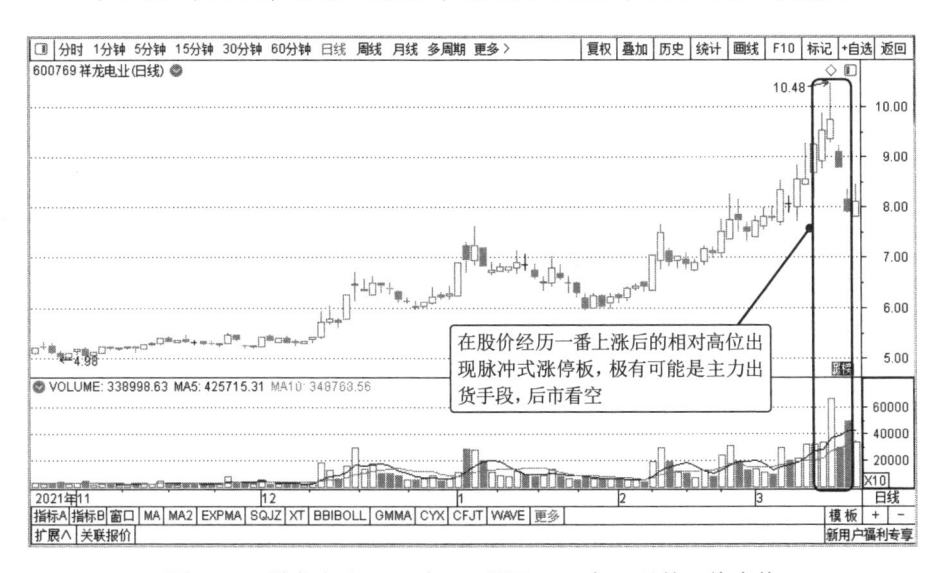

图 4-18　祥龙电业 2021 年 10 月至 2022 年 3 月的 K 线走势

从图 4-18 可以看到，祥龙电业处于上升行情之中，股价从 5.00 元价位线附近的低位区域向上震荡上行，下方成交量没有出现明显的放大迹象。

2022年3月14日，成交量突然出现脉冲式放量，成交量放大至前期两倍以上，我们查看当日分时走势，如图4-19所示为3月14日分时走势。

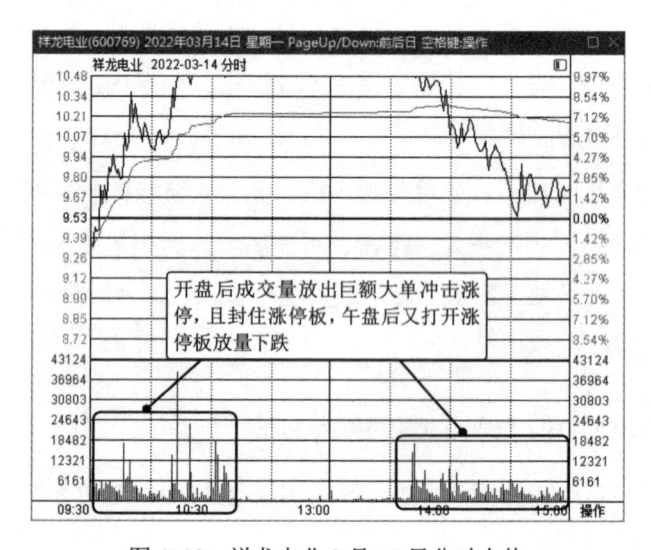

图4-19 祥龙电业3月14日分时走势

从图4-19可以看到，当日开盘后成交量放出巨额大单推动股价快速冲板，10:30左右股价涨至涨停板，并封住涨停板。但午盘结束后，涨停板被打开，股价开始放量下跌。

由此可见，当日的脉冲式放量极有可能是主力的对倒行为，目的在于拉高股价吸引投资者高位接盘，以便主力出货离场。所以，祥龙电业短期看跌，投资者不应盲目追涨。

图4-20所示为祥龙电业2022年3月至4月的K线走势。

从图4-20可以看到，脉冲式放量出现的第二天成交量回到前期均量水平附近，脉冲式放量难以维持，祥龙电业个股股价也止涨回落，转入下跌行情，短短1个月左右的时间，股价最低跌至6.02元，跌幅较大，跌势明显。如果投资者在发现涨停板时匆忙追涨，则将遭受这一经济损失。

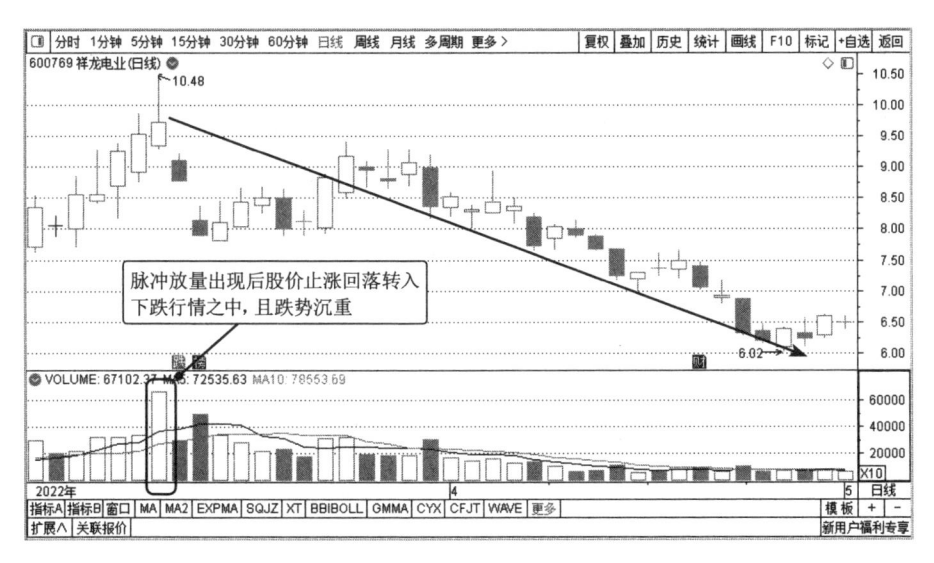

图 4-20　祥龙电业 2022 年 3 月至 4 月的 K 线走势

4.4　均量线异动盯涨停

成交量中还有一种比较特殊的技术指标——均量线，它是将一定时期内的成交量相加后平均得到的。在成交量柱形图中形成的平滑曲线，能够反映一定时期内市场中的平均交易情况。

均量线也和均价线一样，不同的时间周期代表了不同的市场含义，进而发出不同的交易指示信号，一般来说炒股软件会默认设置 5 日均量线和 10 日均量线，但投资者也可以根据自己的实际需要设置均量线的时间周期参数，例如 15 日均量线或 30 日均量线等。

均量线可以释放出市场信号，帮助我们查看股价波动变化，同时我们也可以利用均量线的异常变化情况来捕捉涨停信号，以便投资获利，享受涨停收益。

4.4.1　5日均量线和10日均量线拐头上行

均量线的波动变化可以准确地反映出个股股价的行情变化。在上涨行情中，通常均量线会先于股价的上涨而升高，当股价上涨到一定程度止涨后，均量线会呈拐头向下的走势，发出顶部信号，说明行情转势在即。同样，在下跌行情中，均量线也会先于股价的下跌而下跌，当股价下跌到一定程度止跌后，均量线会呈拐头向上或横向走平，说明此时股价下跌已经跌至底部，跌无可跌，随时可能企稳反弹。

因此，如果股价经过一轮下跌行情后，5日均量线和10日均量线纷均拐头向上运行，则说明个股本轮上攻行情刚刚启动，如果出现涨停线可以积极买进，大胆追涨。

实例分析

新华百货（600785）5日均量线和10日均量线拐头上行抓涨停分析

图4-21所示为新华百货2021年11月至2022年5月的K线走势。

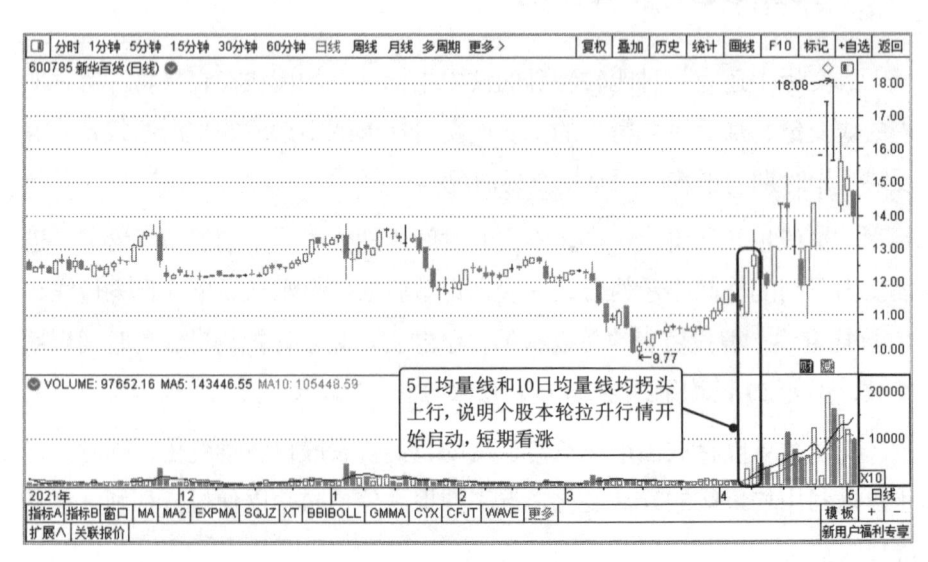

图4-21　新华百货2021年11月至2022年5月的K线走势

从图 4-21 可以看到，新华百货经过一轮下跌行情后，股价从高位跌至 12.00 元价位线附近，并在 12.00 元至 14.00 元区间做横盘窄幅波动，下方成交量表现极度缩量，5 日均量线和 10 日均量线横向走平，没有明显的上下波动变化。

2022 年 3 月中旬，股价进一步下跌至 10.00 元价位线下方，创出 9.77 元的新低后止跌并小幅回升。4 月 11 日，股价放量上冲封至涨停板，K 线收出一根涨停大阳线。此时，查看下方的均量线发现，5 日均线和 10 日均线纷纷拐头上行，成交量放量。这说明场内有主力资金介入，拉升股价，股价短期看涨，投资者可以大胆买进。

从后市走势情况来看，涨停大阳线出现后，股价继续向上快速拉升，K 线收出多个涨停板，如果投资者能够积极买进则可享受涨停收益。

4.4.2 5 日均量线在 10 日均量线上方持续上行

个股处于上升行情之中，股价从相对低点位置开始向上攀升，下方成交量呈现出逐渐放大的态势，此时成交量通常在 5 日均量线和 10 日均量线的上方运行，且 5 日均量线在 10 日均量线上方持续上行。

如果 5 日均量线在 10 日均量线上方持续上行，则说明市场内有资金不断流入，股价上涨的行情将继续保持。随着均量线的不断上扬，表示市场人气聚集，股价可能加速涨停上涨，投资者可积极买进。

实例分析

重庆燃气（600917）5 日均量线在 10 日均量线上方持续上行抓涨停分析

图 4-22 所示为重庆燃气 2021 年 2 月至 4 月的 K 线走势。

从图 4-22 可以看到，重庆燃气前期经过一番下跌行情后股价运行至 7.00 元下方的低位区域，并在 7.00 元价位线下横盘窄幅波动，下方成交量表现缩量，5 日均量线和 10 日均量线呈黏合横向运行状态。

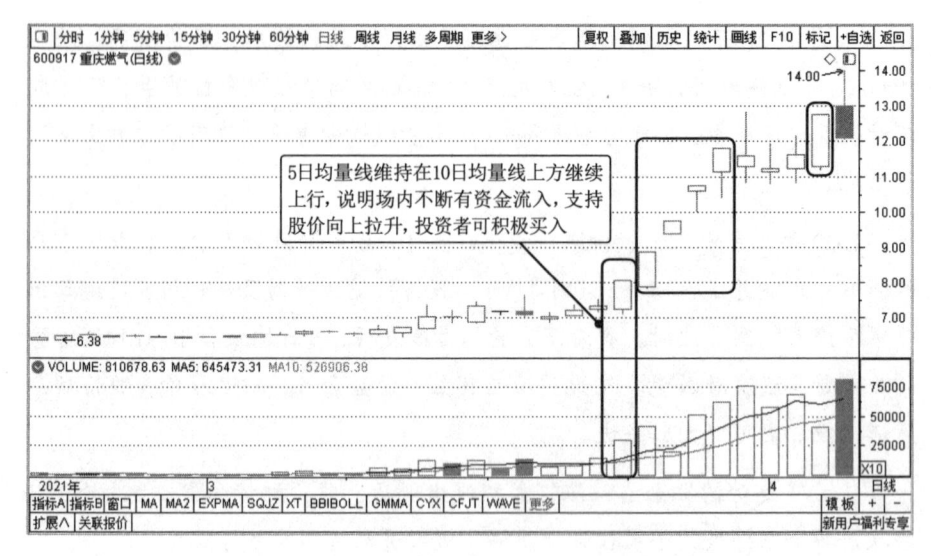

图 4-22　重庆燃气 2021 年 2 月至 4 月的 K 线走势

2021 年 3 月，股价开始向上小幅攀升，并在 3 月中旬向上有效突破 7.00 元价位线的阻碍，运行至 7.00 元价位线上方。3 月 24 日，股价盘中直线拉升，冲击涨停板，并封住涨停板，涨势猛烈。

此时查看下方的均量线发现，在股价缓慢拉升的过程中，成交量逐渐放大，5 日均量线运行至 10 日均量线上方，并在 10 日均量线上方持续上行，说明场内不断有资金流入，支持股价向上拉升，个股短期看涨，投资者可以在此位置积极追涨。

从重庆燃气的后市走势来看，下方成交量持续放量，5 日均量线维持在 10 日均量线上方且继续上行，股价上涨，且涨速较快，K 线连续收出多根涨停线，几个交易日便将股价拉升至 12.00 元价位线附近。

4.4.3　均量线走平、朝下与股价发生背离

股价处于上升行情中，已经运行至相对高位区域，此时股价继续上升不断创出新高，但是成交量却回落到均量线以下，5 日均量线走平或朝下运行，与股价发生背离现象。

这一现象说明市场中的追涨意愿发生改变，股价可能出现阶段性见顶，变盘下跌的可能性较大，即便出现涨停线也不能轻易追涨。场外的投资者应以持币观望为主，场内的持股投资者在发现背离现象时应及时做好卖出准备。

实例分析
川能动力（000155）股价继续上涨均量线拐头下行谨慎追涨分析

图4-23所示为川能动力2021年6月至9月的K线走势。

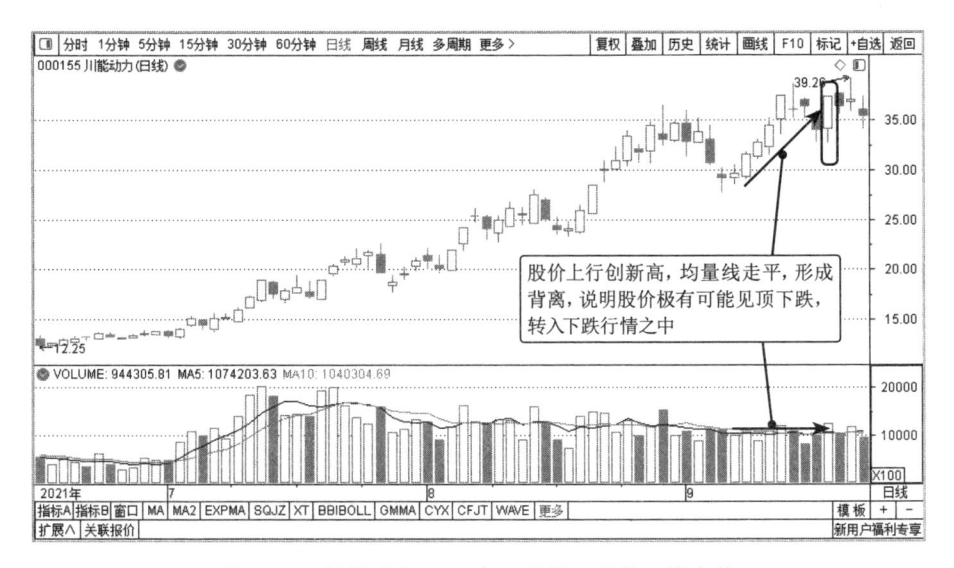

图4-23　川能动力2021年6月至9月的K线走势

从图4-23可以看到，川能动力处于上升行情之中，股价波动上行不断创出新高。2021年8月底，股价上涨至35.00元价位线附近后止涨，并在33.00元价位线上横盘，小幅回落至30.00元价位线上，然后再次发起上攻，运行至35.00元价位线上方，并在该价位线上横盘。在横盘过程中，9月17日股价盘中直线拉升冲击涨停板，并封住涨停板，K线收出一根涨停线。此时能否果断追涨呢？

我们仔细查看K线走势发现，在股价从30.00元价位线冲击35.00元价位线，不断创出新高的这一阶段中，下方的成交量并未放量，均量线持续走平，与股价形成背离。这说明场内投资者对于股价后市发展产生了不同意愿，没有持续的资金流入作支撑，股价在此位置出现阶段性见顶，变盘下跌的可能性较大，所以投资者不应盲目追涨，应以观望为主。

图4-24所示为川能动力2021年9月至2022年4月的K线走势。

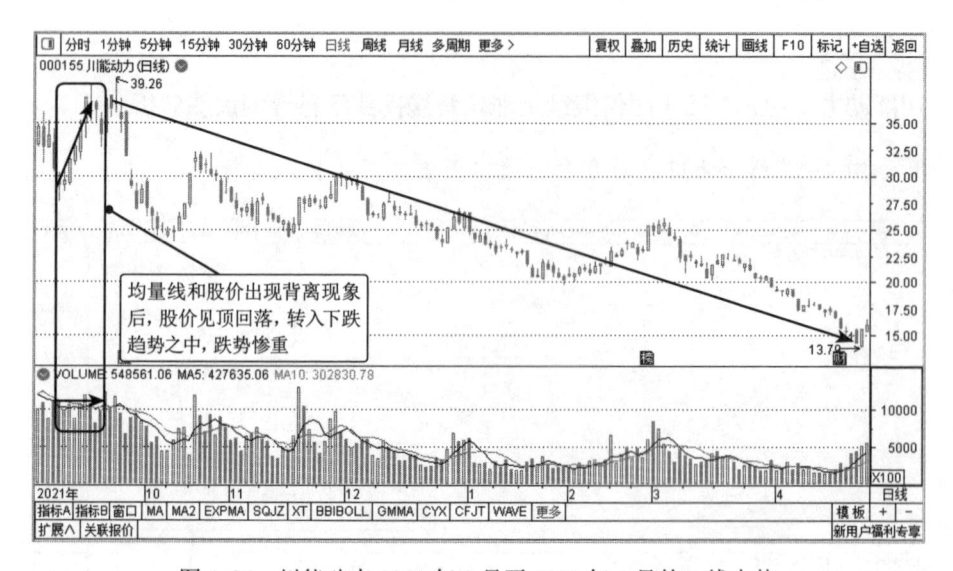

图4-24 川能动力2021年9月至2022年4月的K线走势

从图4-24可以看到，均量线和股价出现背离现象后，川能动力股价在35.00元价位线上见顶回落，转入下跌趋势之中，股价震荡下行，最低跌至13.79元，跌势很猛，跌幅较大。如果投资者前期看到涨停线便盲目追涨，将面临这一损失。

4.4.4　5日均量线由上升趋势转向下跌

当个股股价在涨停线的推动下经过一番连续上涨后运行至高位区，成交量不能同步放大继续创新高，反而低于5日均量线和10日均量线。此时，5日均量线由原本的上升趋势转向下跌，且下穿10日均量线形成死叉，则说明股价见顶，行情转势在即，为卖出信号。持股投资者应立即离场，场外投资者应持币观望。

需要注意的是，在股价震荡上行的过程中，股价回调时也可能出现5日均量线由上升趋势转向下跌，与 10 日均量线发生死叉的情况。此时就需要根据股价运行的位置来进行判断，只有在经历过一番上涨后的高位区域发生 5 日均量线由上升趋势转向下跌，且下穿 10 日均量线出现死叉，信号才可靠。

实例分析
奥美园谷（000615）涨停出现时 5 日均量线拐头下行行情见顶分析

图 4-25 所示为奥美园谷 2020 年 12 月至 2021 年 5 月的 K 线走势。

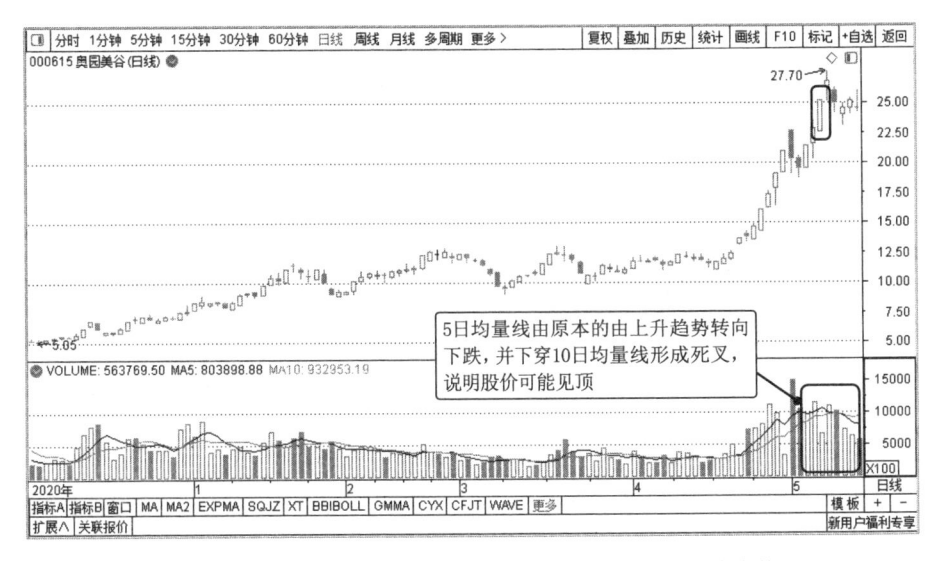

图 4-25　奥美园谷 2020 年 12 月至 2021 年 5 月的 K 线走势

从图 4-25 可以看到，奥美园谷处于上升行情之中，股价从 5.05 元的低位处开始向上运行，当股价运行至 12.50 元价位线附近后止涨，并在 10.00 元至 12.50 元区间横盘窄幅波动。2021 年 4 月，K 线连续收出放量涨停线将股价拉升至 20.00 元价位线上方，下方成交量同步放量，均量线向上运行。

2021 年 5 月 12 日，K 线再次收出涨停阳线将股价拉升至 25.00 元价位线附近。这一涨停线的出现是否意味着新一波上升开启，能否积极追涨呢？

此时我们查看下方的成交量发现，在股价进一步向上攀升的过程中，成交量并未同步放大，反而低于 5 日均量线和 10 日均量线，且 5 日均量线由原本的上升趋势转向下跌，并下穿 10 日均量线形成死叉。这说明多头动能衰竭，股价继续上涨乏力，该股极有可能在此位置见顶，转入下跌趋势。场内的投资者应立即离场，场外的投资者应以持币观望为主。

图4-26所示为奥美圆谷2021年5月至12月的K线走势。

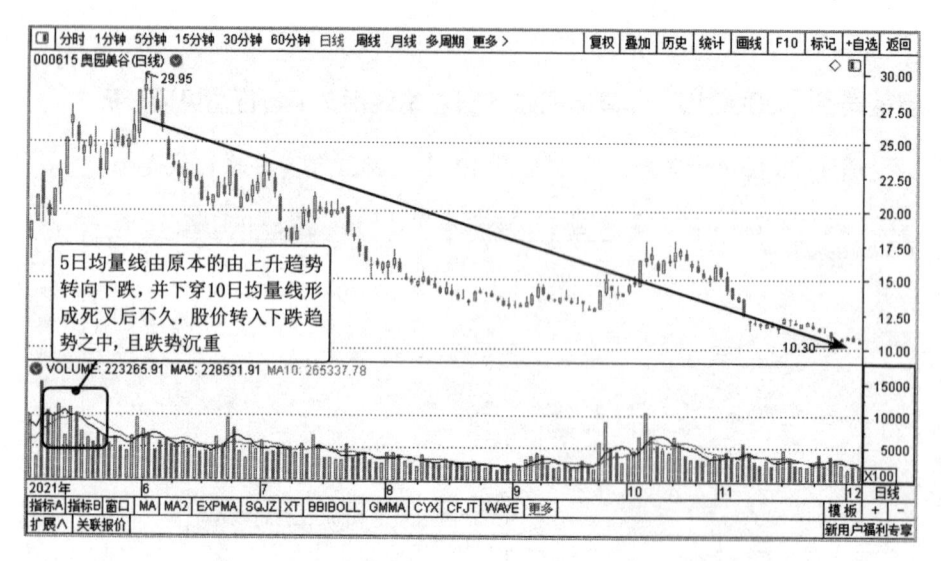

图4-26　奥美圆谷2021年5月至12月的K线走势

从图4-26可以看到，5日均量线由上升趋势转向下跌，并下穿10日均量线形成死叉后，奥美园谷股价在25.00元价位线上短暂横盘再次冲高，创出29.95元的新高后止涨回落，转入下跌行情之中，股价波动下行，最低跌至10.30元，跌幅较大，跌势沉重。

第5章
追踪筹码移动变化寻涨停机会

　　筹码分布是股市投资分析中的一大利器，它也被称为成本分布，能够清晰地反映出不同价位的持仓数量。通过对筹码移动变化情况进行查看分析，同样可以帮助投资者快速捕捉市场中的涨停机会。

5.1 筹码分布的基本形态

筹码分布是通过计算一定时间范围内股票的最高价、最低价、成交量，输出对应价格成交数占整个流通盘比值的分布图，所以说筹码分析也就是成本分析，透过筹码分布图可以清晰地看到各个价位上的筹码分布情况，进而有效识别主力动向，抓住拉升行情。看懂筹码分布，首先需要了解筹码的基本形态。

5.1.1 认识筹码分布

筹码分布也可以称为股票移动成本分布，它反映了交易日所有股票持有人的成本分布。当大部分投资者在某一个价格上持有筹码时，该筹码密集的地方就会形成筹码峰。如图5-1所示为炒股软件中的筹码分布图效果。

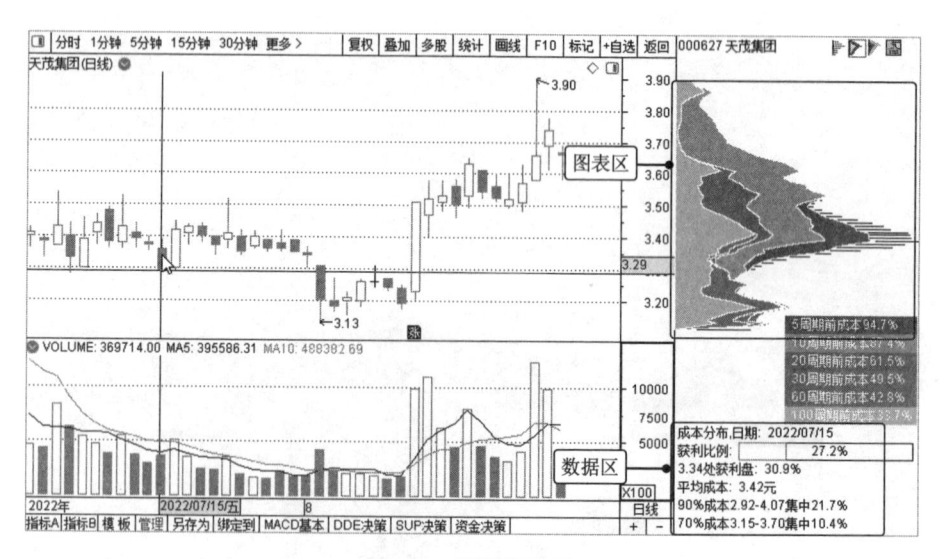

图 5-1 筹码分布图

从图5-1可以看到，筹码分布图包括两个部分，即上方的图表区（俗称"火焰山"）和下方的数据区，下面分别来认识这两个区域。

◆ 图表区

在这个分布图中,通过不同的颜色代表指明了不同时期的筹码分布结构,各种颜色代表的意义如下。

①金黄色:100周期前的成本分布。

②暗黄色:60周期前的成本分布。

③橙色:30周期前的成本分布。

④紫红色:20周期前的成本分布。

⑤粉红色:10周期前的成本分布。

⑥大红色:5周期前的成本分布。

◆ 数据区

数据区中包含了多项数据,是筹码分析的重要内容,各项的意义如下。

①成本分布日期。用于显示当前鼠标光标停留的K线日期。

②获利比例。以当前价位(指鼠标光标停留处的K线价位)为基准,市场中获利盘的比例。获利比例越小,说明市场中处于亏损状态的投资者越多;反之,则说明市场中大多数投资者处于盈利状态。

③获利盘。以当前价位(指鼠标光标停留处的K线价位)卖出,可以获利的股票数量。在这里的获利盘数据为百分比数据,表示该价位获利股票数量占该股票总流通股本的比例。

④平均成本。在当前价位(指鼠标光标停留处的K线价位)下,该股中筹码的平均买入成本。

⑤90%(或70%)成本。不同持股成本的投资者中,90%(或70%)的筹码所集中的价格区间,这代表了多数投资者的持股成本,可以作为后市操作的依据。

⑥集中。筹码在某个价格区间的密集程度,它可以反映出投资者的持股成本究竟在哪些价位,是发现股票潜在支撑位和压力位的重要指标。

5.1.2 筹码密集和筹码发散

筹码密集和筹码发散是筹码两种基础的形态，下面我们来分别介绍。

（1）筹码密集

筹码密集指的是筹码在非常接近的价格空间内持仓成本相差不大，所有的可流通股份持仓成本高度集中。图5-2所示为筹码密集。

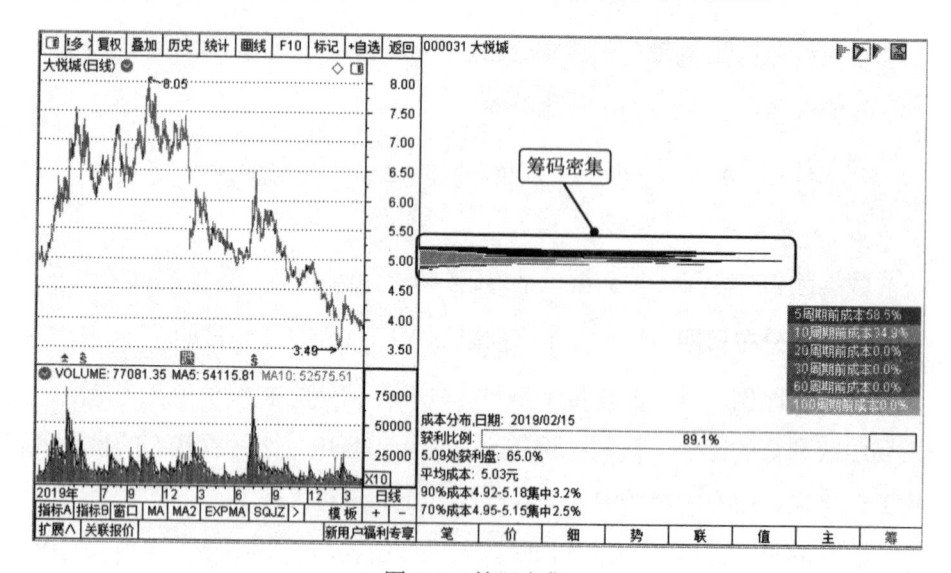

图5-2 筹码密集

从图5-2可以看到，所谓筹码密集指的就是所有的可流通股份持仓成本高度重合，市场内所有的持股投资者的持仓成本相差不大，都处于一个非常接近的价格区间内。

（2）筹码发散

筹码发散则与筹码密集相反，它指的是场内持股投资者的持仓成本分布比较散，彼此价格差距比较大，形成的价格成本差也比较大。图5-3所示为筹码发散。

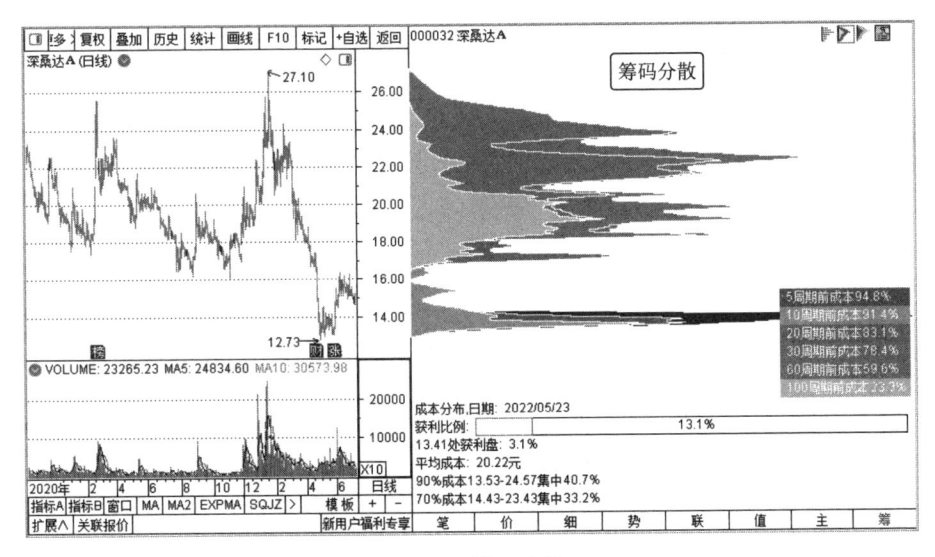

图 5-3　筹码发散

从图 5-3 可以看到，筹码发散时在多个价格范围内都有不同的投资者，且形成差异较大的价格差。

在筹码分布图的下方，有两个表达筹码集中程度的指标，90% 筹码集中度和 70% 筹码集中度。90% 筹码集中度表示该股 90% 的可流通股份集中在某一个数值高度的相对价格空间里，70% 筹码集中度表示该股 70% 的可流通股份集中在某一个数值高度的相对价格空间里。

5.1.3　筹码峰和筹码谷

在应用筹码做技术分析之前，投资者还要明确两个概念，即筹码峰和筹码谷。

筹码峰和筹码谷是在筹码密集和筹码发散的基础上形成的。当筹码密集或者是局部密集时，筹码就会形成一个横向的尖峰，我们将其称为筹码峰。如果筹码处于发散状态，就会形成多个筹码峰。而在这些筹码峰之间的相对无筹码区域就是筹码谷。图 5-4 所示为筹码峰和筹码谷。

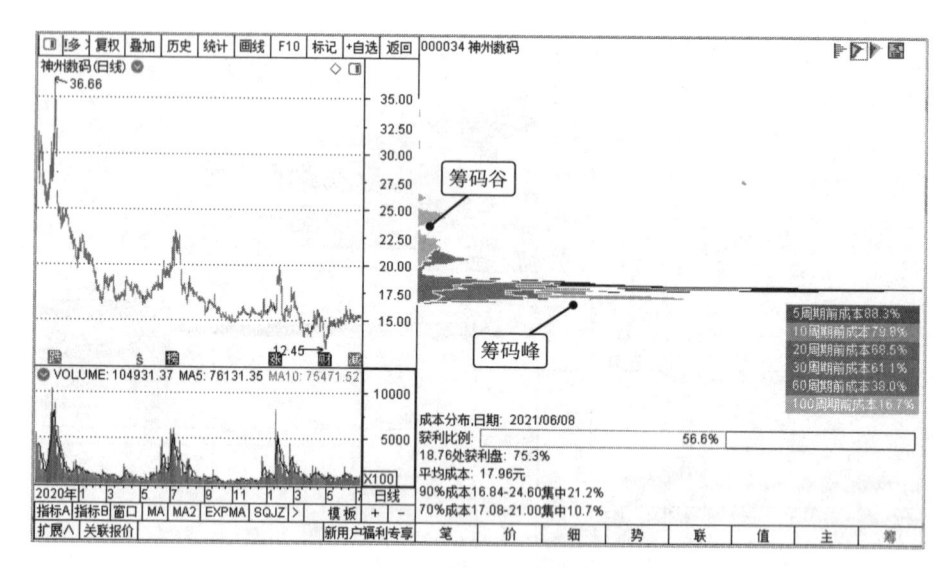

图 5-4　筹码峰和筹码谷

5.2　应用筹码基础形态轻松捕获涨停

筹码分布中存在几种基础形态，即低位密集、高位密集、低位锁定和双峰形态。在实际投资中，投资者可以借助这些形态进行投资决策判断。

5.2.1　筹码低位密集

股价经历一番大幅下跌行情后，运行至低位区域止跌企稳，同时伴随着成交量的逐渐放大，筹码在低位区域逐渐大量聚集，筹码峰值表现密集，呈尖峰状态。这说明随着股价的持续下跌，前期高位被套的筹码无法继续坚持，开始在下跌趋势中的反弹或低位"割肉"出局，使得筹码从高位向低位大规模转移，形成了筹码的低位密集状态。

当大部分套牢筹码从高位转移到低位后，上方阻力被大幅度减弱，同时底部多方动能逐渐增强，股价接下来有较大可能出现一波涨停或上涨行情。

实例分析

中润资源（000506）低位单峰密集追涨停分析

图 5-5 所示为中润资源 2021 年 3 月至 7 月的 K 线走势。

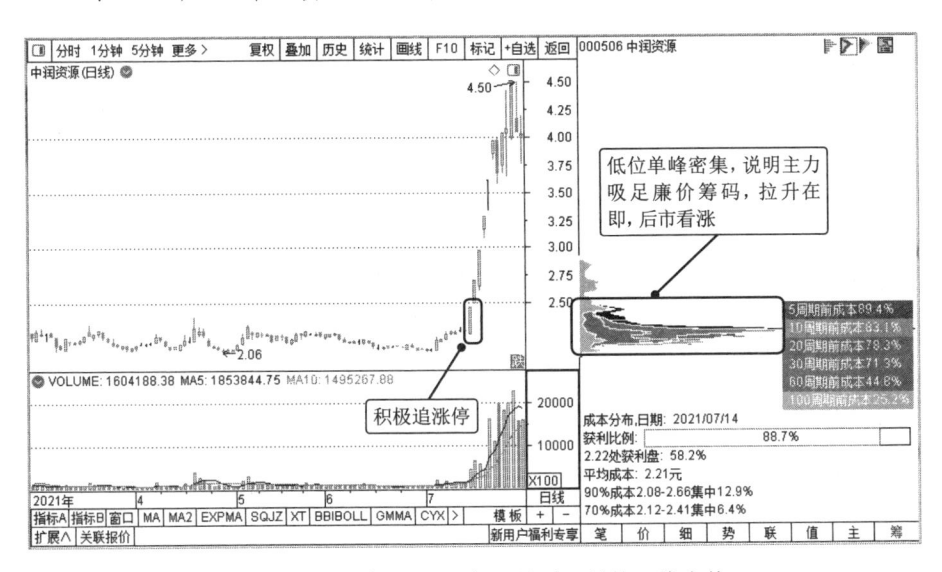

图 5-5　中润资源 2021 年 3 月至 7 月的 K 线走势

从图 5-5 可以看到，中润资源前期经过一波下跌行情后，股价从相对高位处滑落至 20.50 元下方的低位区域，并在 2.00 元价位线上横盘波动运行，市场冷淡。2021 年 7 月 14 日，股价一路高涨直冲涨停板，K 线收出涨停大阳线，将股价拉升至 2.50 元价位线附近。

此时查看右侧的筹码分布图发现，筹码在 2.50 元价位下方的低位区域形成了单峰密集，说明中润资源前期长时间的横盘走势，让场内投资者失去了信心，难以坚持，纷纷割肉，主力趁机入场吸进大量廉价筹码，形成了密集单峰。后市股价向上拉升，进入加速上涨的可能性较大，投资者可以在涨停线位置积极跟进追涨。

从后市走势来看，7 月 14 日 K 线收出涨停大阳线后，股价继续上涨，K 线连续收出多根涨停线，如果投资者在第一根涨停线出现时积极跟进，即可抓到这些涨停板，享受丰厚的投资回报。

5.2.2 筹码高位密集

筹码高位密集是指随着股价的大幅上涨，下方低位筹码上移到高位形成密集区域。若股价向上突破筹码密集区，之后股价回落或横盘获得筹码峰的支撑，则说明股价涨势未尽，后市短期看涨。若股价向上突破筹码密集区后快速回落跌破密集峰，即使此时是以涨停线突破，投资者也要积极逢高卖出，因为此时股价跌破高位筹码密集峰是行情进入下跌通道的标志。

实例分析

珠海港（000507）以涨停线向上突破高位密集峰后获得支撑追涨分析

图 5-6 所示为珠海港 2021 年 2 月至 7 月的 K 线走势。

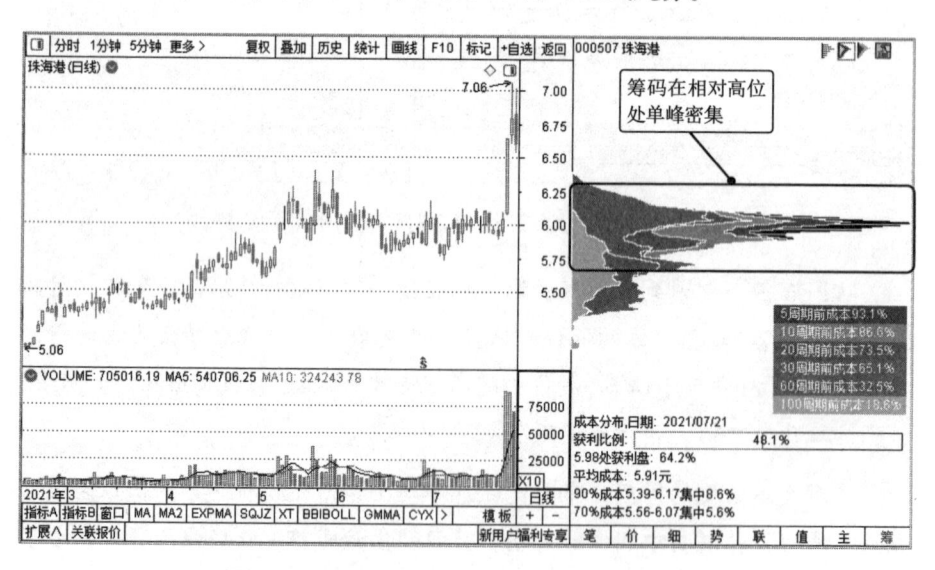

图 5-6　珠海港 2021 年 2 月至 7 月的 K 线走势

从图 5-6 可以看到，珠海港股票处于上升行情之中，股价从 5.06 元的低位处开始向上攀升。2021 年 5 月，当股价上涨至 6.25 元价位线附近后止涨，小幅回落，并在 6.00 元价位线附近横盘整理。

此时查看筹码分布情况可以看到，随着股价的上涨，筹码也移动至 6.00 元价位区域的相对高位处，形成高位密集峰。

第5章 追踪筹码移动变化寻涨停机会

7月23日,股价高开高走,K线收出一根涨停大阳线,向上突破整理平台,将股价拉升至6.50元价位线上方。因为此时筹码处于一个高位密集状态,股价极有可能见顶回落,所以不应匆忙追涨,应以观望为主。

涨停大阳线出现后,股价止涨并在6.50元价位线上横盘整理,此时查看筹码分布图发现,筹码向上突破前期高位密集的最上沿,并受到该密集峰支撑横向整理说明珠海港的这一波上涨尚未结束,后市继续向上拉升的可能性较大,投资者可以在此位置积极买进。

图5-7所示为珠海港2021年4月至9月的K线走势。

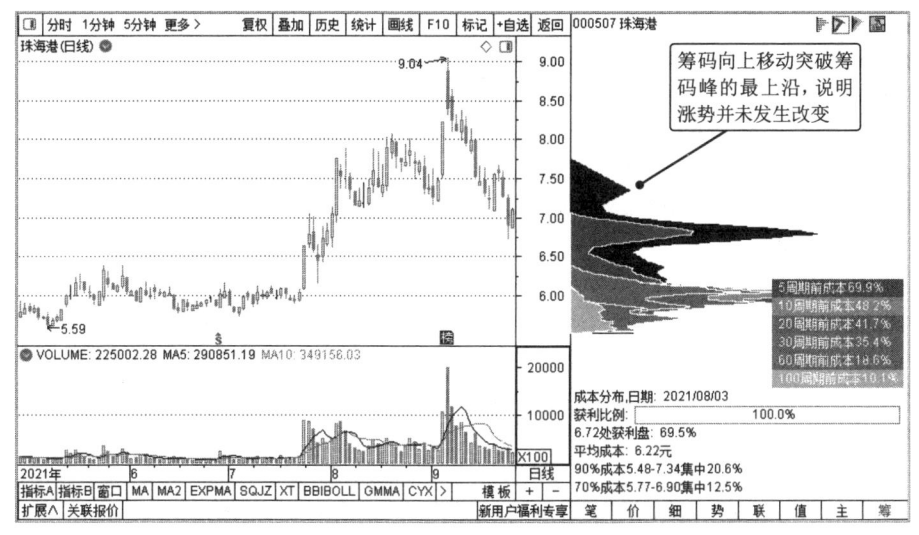

图5-7 珠海港2021年4月至9月的K线走势

从图5-7可以看到,股价在6.50元价位线上方短暂横盘整理后继续向上攀升,且涨速较快,K线收出多根涨停线,股价最高上涨至9.04元。投资者根据筹码向上突破高位密集峰而买进,即可获得这一收益。

实例分析

金浦钛业(000545)以涨停线向上突破高位密集峰后快速回落到密集峰下方卖出分析

图5-8所示为金浦钛业2021年4月至9月的K线走势。

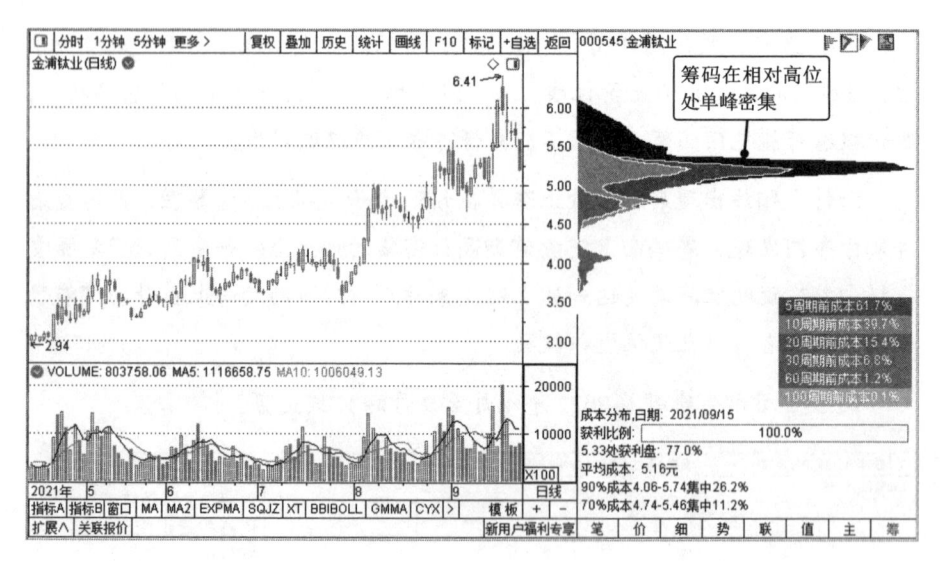

图 5-8　金浦钛业 2021 年 4 月至 9 月的 K 线走势

从图 5-8 可以看到，金浦钛业处于上升行情之中，股价从 3.00 元价位线下方的低位处开始向上攀升。

2021 年 8 月底，当股价上涨至 5.50 元价位线附近后止涨，并在 5.00 元至 5.50 元区间做横盘窄幅波动。2021 年 9 月 15 日，当日开盘后股价向上直线拉升，冲击涨停板，并封住涨停板，说明市场多头动能强劲，能否积极追涨呢？

此时查看右侧的筹码分布图可以看到，筹码随着股价的上涨，也同步上移至 5.50 元附近的高位区域，呈密集状态，高位密集是低位获利盘大规模在高位获利了结造成的，所以有阶段性见顶回落风险，投资者不应盲目追涨。

图 5-9 所示为金浦钛业 2021 年 9 月至 2022 年 2 月的 K 线走势。

从图 5-9 可以看到，2021 年 9 月 15 日，金浦钛业 K 线收出涨停大阳线后，第二天股价高开低走，K 线收出带长上影线的下跌阴线。该股创出 6.41 元的新高后止涨回落，股价快速下滑到前期高位筹码密集峰下方，行情转入下跌。如果投资者在涨停线向上突破高位密集峰后匆忙追涨，则必然会遭受重大的经济损失。

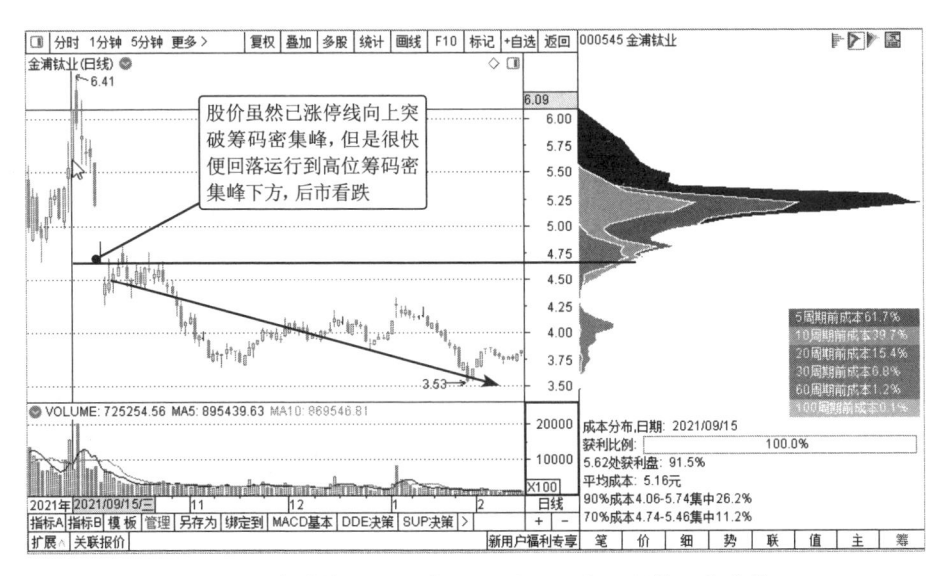

图 5-9　金浦钛业 2021 年 9 月至 2022 年 2 月的 K 线走势

5.2.3　筹码低位锁定

筹码低位锁定指的是个股股价在经历了一番大幅下跌行情，或者是长期低位盘整行情后开始上升，但是仍然有一部分低位筹码始终保持在低位区域，不随着股价上涨而上行的现象。

筹码低位锁定通常是由于主力在低位吸筹充分导致，它是主力资金介入的重要信号。说明该股后市仍然存在上涨空间，投资者在发现涨停线时可以适时追涨。

实例分析

深圳能源（000027）筹码低位锁定后涨停线买进分析

图 5-10 所示为深圳能源 2020 年 5 月至 2021 年 3 月的 K 线走势。从下图可以看到，深圳能源前期经过一轮下跌行情后运行至 4.00 元价位线，并长期在该区域低位横盘运行。2020 年 7 月，成交量开始放大，呈现堆量，推动股价上行，该股转入上升行情之中。在股价上涨到 5.50 元价位线时便阶段见

顶回落，之后股价进入长时间的横盘整理阶段，查看右侧筹码发现，在股价低位横盘阶段，筹码集中于4.00至5.50元价位区间，呈低位密集状态。

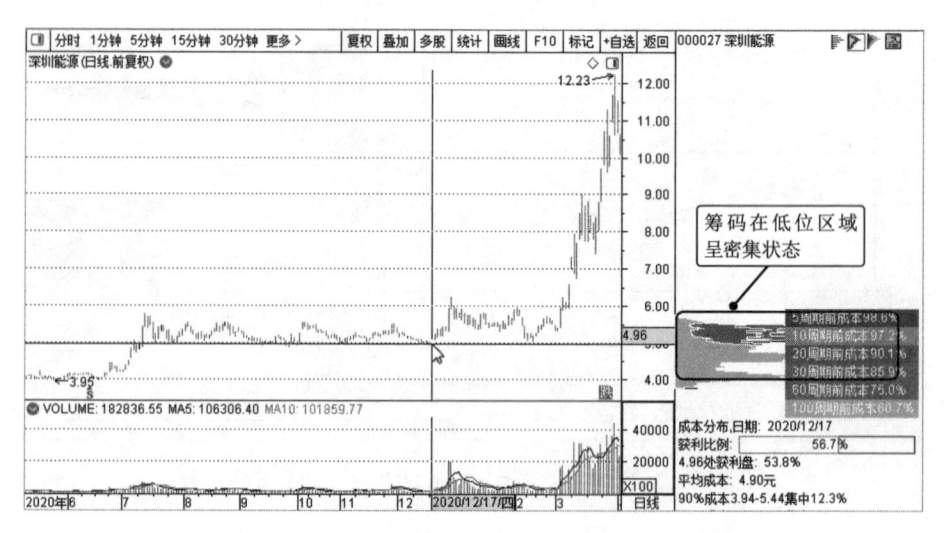

图5-10　深圳能源2020年5月至2021年3月的K线走势

2020年12月下旬，股价有一波放量向上拉升的上涨行情，但是拉升仅仅维持较短时间，股价上涨至6.00元价位线附近后止涨小幅回落至5.50元价位线上后上下波动横盘。

2021年3月2日，股价高开高走收出一根涨停大阳线，将股价拉升至6.00元价位线附近，说明行情整理即将结束。之后股价在6.00元价位线上短暂停留两个交易日后，在3月5日小幅低开后一路高走，当日以涨停大阳线收盘，股价突破6.00元价位线的阻力后出现一波急速拉升行情，但是股价拉升到7.00元价位线后出现滞涨，此时能否追涨呢？下面继续分析。

图5-11所示为深圳能源2020年11月至2021年3月的K线走势。

从图中可以看到，股价虽然急速拉升后在7.00元价位线滞涨，但是在3月10日，该股再次低开后短短几分钟被拉升至涨停，并封板直至收盘。观察对应的筹码分布图可以发现，此时虽然随着股价的拉升上涨，部分筹码由低位密集逐渐向上移动，但是低位区域仍然存在许多的低位筹码，没有随着股价上涨而表现上行，存在筹码锁定现象，由此说明该股后市仍然存在上涨。

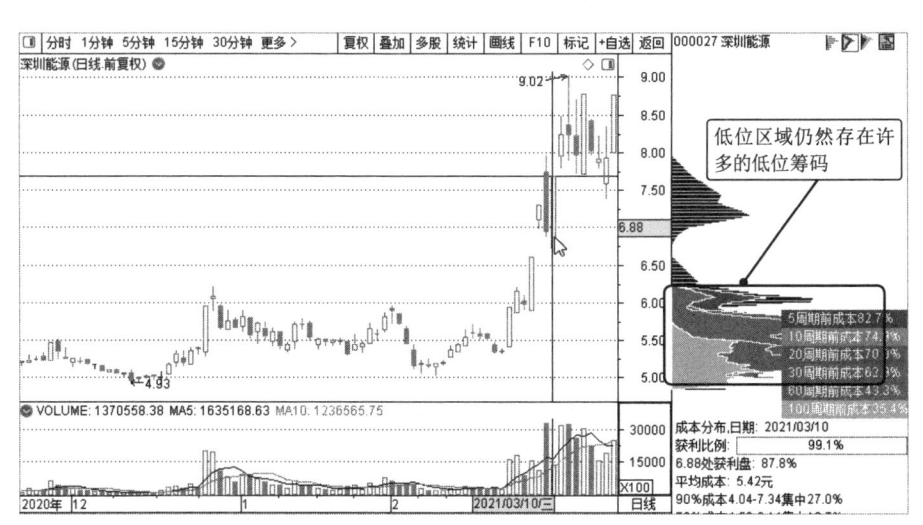

空间，涨停线的出现就是下一波拉升的开始，投资者可以积极追涨买进。

图 5-11　深圳能源 2020 年 11 月至 2021 年 3 月的 K 线走势

图 5-12 所示为深圳能源 2020 年 12 月至 2021 年 4 月的 K 线走势。

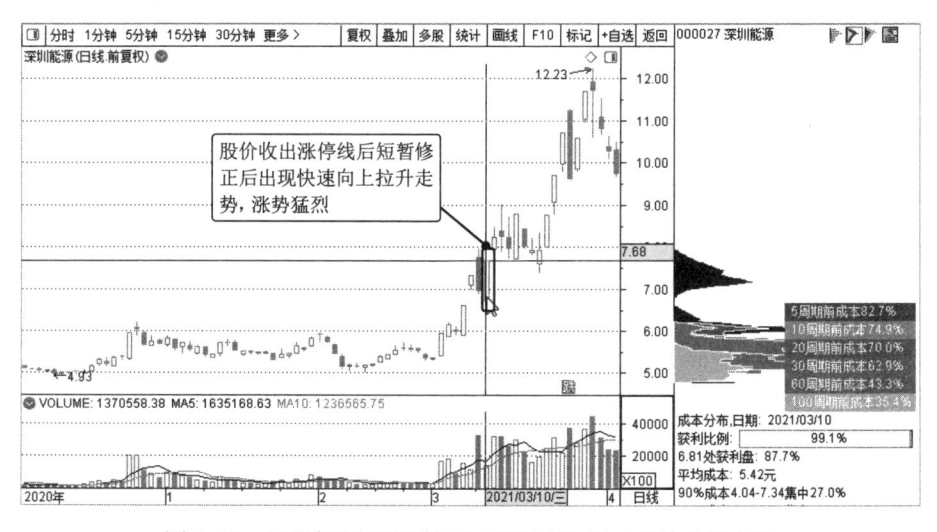

图 5-12　深圳能源 2020 年 12 月至 2021 年 4 月的 K 线走势

从图 5-12 可以看到，2021 年 3 月 10 日 K 线收出涨停阳线后，股价有过一波短暂的横盘整理走势，通过分析，后市继续上涨空间较大，因此，在涨停线当日未及时买进的投资者在之后的短暂调整就是很好追涨的机会。随后股价继续快速拉涨，收出多个涨停板，股价最高上涨至12.23元，涨幅巨大，涨势猛烈。投资者前期追涨可以获得丰厚的投资回报。

5.2.4　筹码双峰形态

筹码的双峰形态比较容易理解，就是指在筹码分布图中，筹码形成的筹码峰为两个明显的密集山峰，其中处于高位的密集峰称为高位峰，而处于低位的密集峰则称为低位峰。

高位峰通常对股价具有阻力作用，而低位峰则通常会对股价形成明显的支撑作用。两个筹码峰之间筹码严重缺失处就是双峰筹码形态的底部。当股价在波动变化过程中逐渐填满两个筹码峰之间的筹码区域，股价在双峰之间不断换手的过程就是单峰密集形成的过程。而一旦单峰密集形成则说明股价行情的转折点即将来临。

筹码的双峰形态出现在市场的不同位置中，具有不同的市场意义，分别如下。

①在股价经历过一番下跌后的低位横盘区域，筹码形成一个低位密集峰，随后股价开始攀升，部分股票的筹码峰开始上移，此时会在新区域中形成一个新的筹码峰，如果低位筹码峰仍然存在，就会形成双峰形态。该双峰形态往往预示着上涨行情还未结束，后市继续看涨。

②股价经过一番拉升后运行至高位区域，通常会形成一个高位筹码密集峰。如果此时股价启动下跌行情，部分股票的顶部筹码峰会随着股价的下跌而下移，但顶部仍然会存在部分筹码峰保持不动。当股价下跌一段时间后出现震荡反弹时，该股的筹码会在反弹整理区域形成一个新的筹码峰。如果这个时候高位筹码峰仍然存在，那么就会跟新形成的筹码峰形成双峰形态。这种双峰形态，预示着股价的下跌行情还没有结束，之后还将有一波下跌行情。

③股价在上涨或者下跌的过程中形成双峰形态之后，有时候并不会直接向上或者向下运动，而是反复在两个筹码峰之间震荡运行。当股价波动上行至高位筹码峰附近时，因为受到高位筹码峰的阻碍而止涨回落；当股价下跌回调至低位筹码峰附近时，又受到低位筹码峰的支撑而止跌回升。如此反复震荡，使得双峰之间的低谷被填平，形成一个更大的筹码峰。此时股价的波动范围也在不断收缩，当股价向上突破时，则说明该股趋势走强，后市看涨，若以涨停线向上突破，则后市涨势更强；当股价向下跌破时，则说明该股趋势走弱，后市看跌。

实例分析

ST 红太阳（000525）连续涨停强势突破筹码双峰的高位峰买进分析

图 5-13 所示为 ST 红太阳 2021 年 5 月至 12 月的 K 线走势。

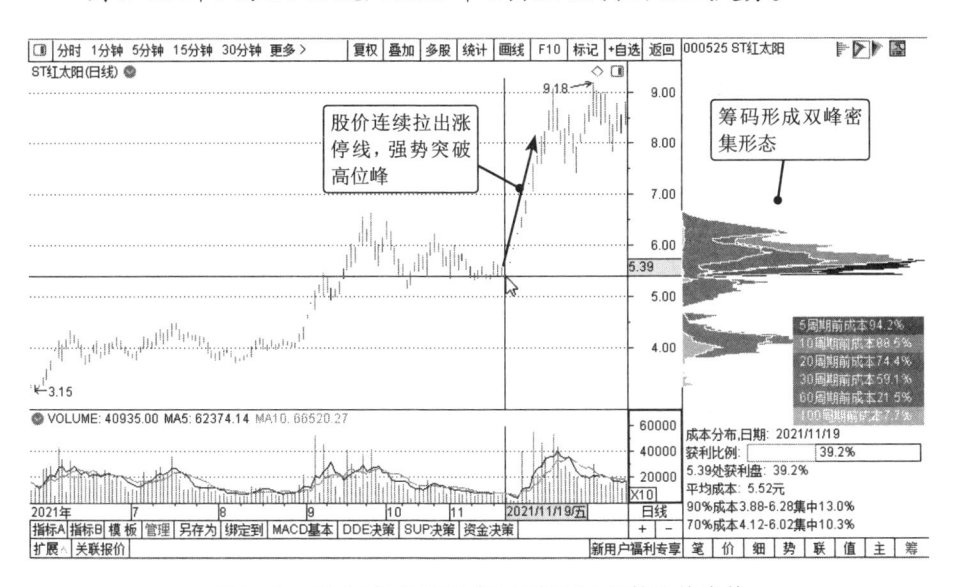

图 5-13　ST 红太阳 2021 年 5 月至 12 月的 K 线走势

从图 5-13 可以看到，ST 红太阳在上涨越过 4.00 元价位线后出现横盘整理走势，整个横盘调整持续了近 3 个月，使得股价在 3.75 元至 4.50 元价位区间形成一个低位密集峰。

2021年9月份，股份在不断放量的推动开始向上拉升，当股份上涨至6.50元价位线附近后止涨，短暂横盘后该股出现回落走势，股价最终在5.50元价位线附近止跌。

我们查看右侧筹码分布图可以看到，随着股价的震荡回落，股价在5.00元至6.50元的价位区间形成了明显的新的筹码密集峰，该密集峰与前期低位形成的密集峰形成上涨双峰形态。

并且，观察整个震荡过程中的成交量可以发现，成交量不断缩小到地量，紧接着出现的连续涨停强势拉升股价，而成交量更是缩小到极度地量，更说明了主力的高度控盘，后市大概率会上涨，投资者可以逢低吸纳追涨。

图5-14所示为ST红太阳2021年5月至2022年8月的K线走势。

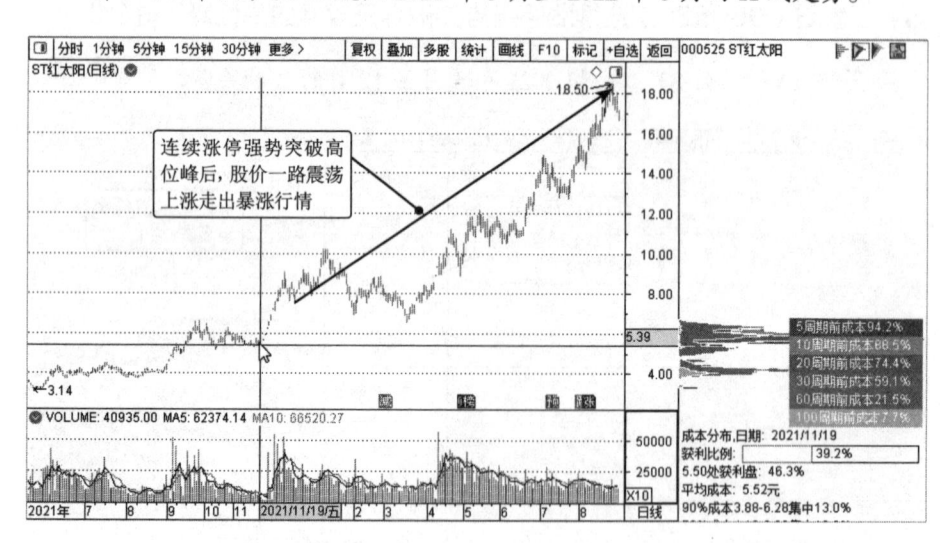

图5-14　ST红太阳2021年5月至2022年8月的K线走势

从图中可以看到，股价在连续涨停强势突破双峰形态的高位峰后继续上涨，股价从8.00元左右上涨到18.50元，涨幅超过131%。

5.3　筹码实战把握涨停使用技巧

在筹码技术分析中，想要精准地把握市场行情走势变化，需要投资者掌握相应的一些技巧，才能提升自己的实战技巧技能。这里介绍一些筹码分析中的常用方法。

5.3.1 上峰不移，下跌不止

当股价运行至高位止涨横盘一段时间后，筹码便会在高位区聚集起来，形成高位密集区。如果股价见顶回落转入下跌行情，此时的高位密集筹码就会变成套牢盘，成为未来股价上涨的压力。在股价下跌的趋势中，如果上方的筹码没有被转移，股价就会持续表现下行，即使此时出现涨停线拉升，股价最终反弹到上峰也会受阻结束，这就是"上峰不移，下跌不止"。

实例分析

永安林业（000663）上峰不移，涨停拉升好景不长

图 5-15 所示为永安林业 2020 年 12 月至 2021 年 12 月的 K 线走势。

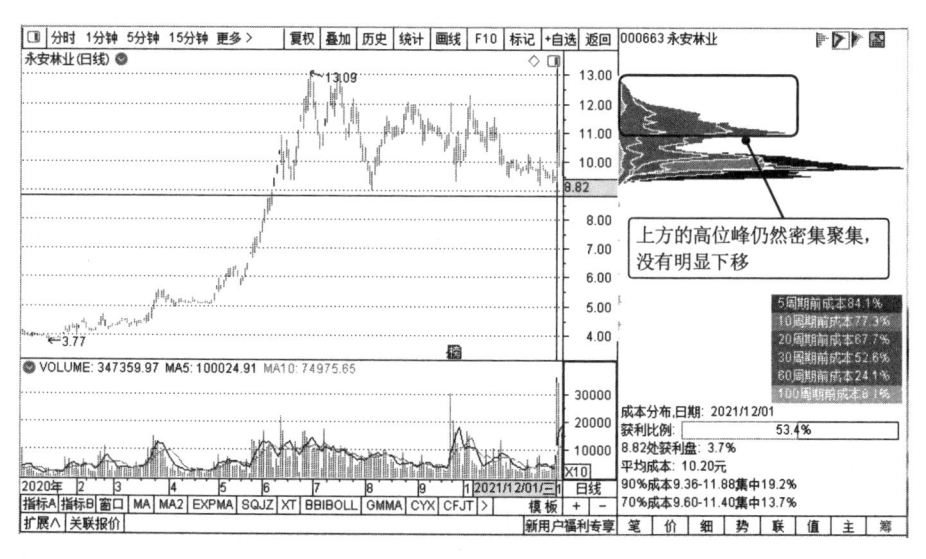

图 5-15　永安林业 2020 年 12 月至 2021 年 12 月的 K 线走势

从图中可以看到，永安林业前期处于上升行情之中，股价从 4.00 元下方的低位处开始波动上行，当股价上涨至 13.00 元价位线上方创出 13.09 元的新高后止涨横盘,随后小幅震荡下行。筹码也随着股价的上涨而运行至高位区域,形成高位密集区。

2021年11月初,股价运行下跌至10.00元价位线附近后止跌企稳,随后横盘整理。12月1日,股价盘中快速向上拉升,直冲涨停板,K线收出一根涨停大阳线,出现止跌回升的反弹迹象。此时能否积极追涨呢?

我们查看右侧的筹码分布图可以看到,尽管股价止跌企稳出现反弹上涨迹象,但是上方的高位峰仍然密集聚集,没有明显下移。这说明上方压力较重,股价难以向上突破,后市股价继续下行表现下跌的可能性较大,所以投资者应以持币观望为主。

图5-16所示为永安林业2021年7月至2022年5月的K线走势。

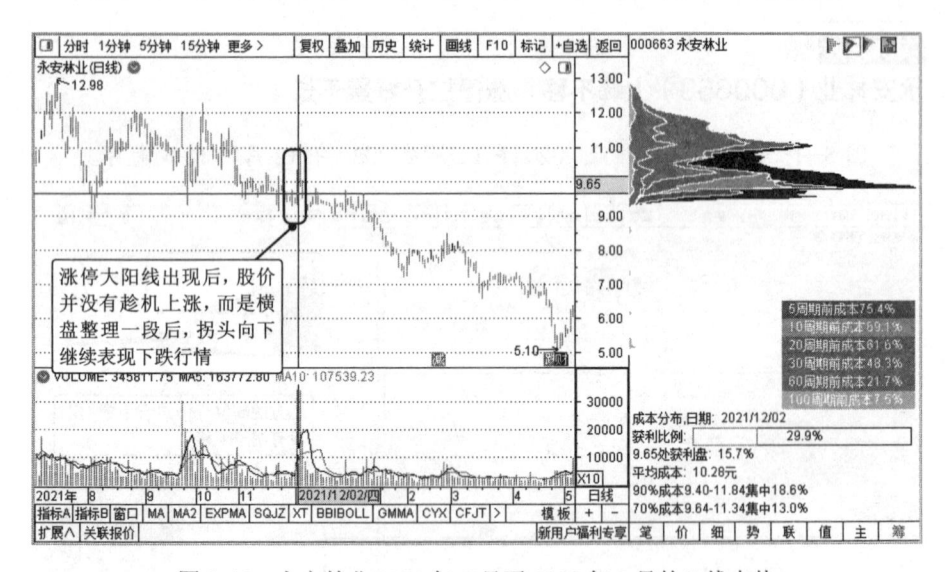

图5-16　永安林业2021年7月至2022年5月的K线走势

从图中可以看到,涨停大阳线出现后,股价并没有趁机上涨,而是在10.00元价位线附近横盘整理一段后,拐头向下继续下跌,且最低跌至5.10元,跌幅较大,跌势沉重。如果投资者前期发现涨停大阳线后止跌回升走强而匆忙追涨,则将遭受重大损失。

5.3.2 双峰滚动上升

双峰滚动上升指个股处于上升行情之中，筹码由低位单峰转为双峰密集，随后出现向上移动的现象。双峰滚动上升是股价不断上升，投资者不断追高买进，市场人气高涨的信号，说明市场处于强势上涨的行情中，近期股价将继续上涨。若股价以涨停线形成双峰，则后市涨势更值得期待。

实例分析
国新健康（000503）涨停线形成双峰滚动上移形态，行情暴涨

图 5-17 所示为国新健康 2021 年 8 月至 12 月的 K 线走势。

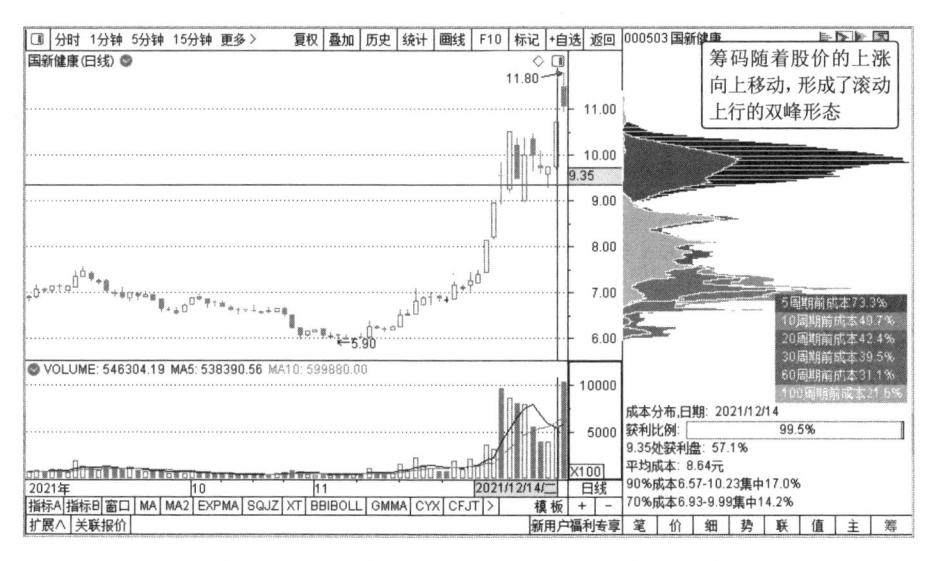

图 5-17 国新健康 2021 年 8 月至 12 月的 K 线走势

从图中可以看到，国新健康股票前期经过一轮下跌行情后，股价向下运行至 7.00 元价位线附近后止跌横盘。2021 年 9 月底，股价再次向下缓慢下行，跌至 6.00 元价位线上创出 5.90 元的新低后止跌回升，股价转入上升走势。

此后股价开始向上攀升，下方成交量呈放大形态。2021 年 12 月，股价上涨至 10.00 元价位线附近后止涨横盘，12 月 14 日股价高开高走，K 线收出一根涨停大阳线，因为此时股价涨幅超 60%，存在见顶风险，所以不能盲目追涨。

此时我们查看右侧的筹码分布图可以看到，筹码随着股价的上涨向上移动，形成了滚动上行的双峰形态。这说明国新健康股票在市场中人气高涨，不断有投资者买进股票，看好个股后市发展，可见国新健康个股股价仍然处于强势上涨的行情之中，后市继续看涨，投资者可以大胆买进追涨。

图5-18所示为国新健康2021年11月至2022年1月的K线走势。

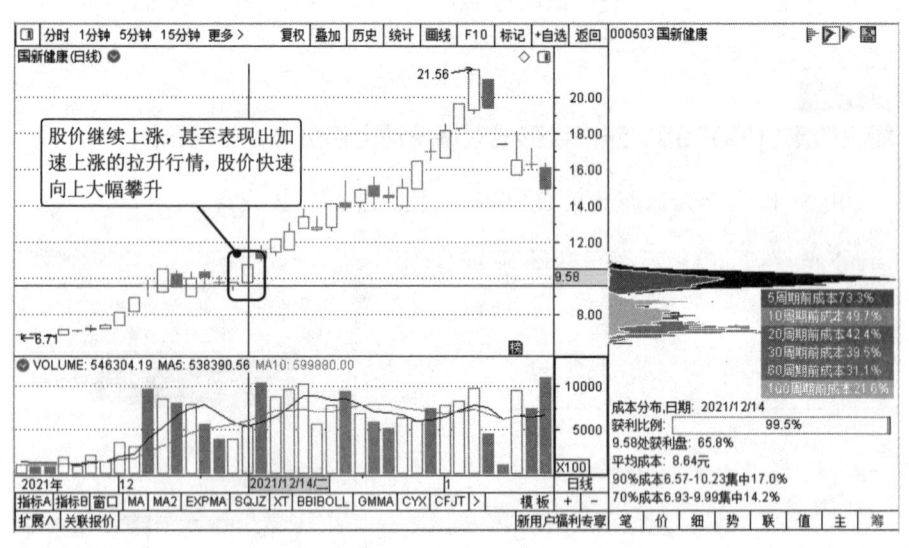

图5-18　国新健康2021年11月至2022年1月的K线走势

从图中可以看到，双峰滚动上移出现后，股价继续上涨，甚至表现出加速上涨的拉升行情，股价快速向上大幅攀升，K线收出多个涨停板，股价最高上涨至21.56元，涨幅巨大。如果投资者在确认双滚动上移的信号后，积极追涨买进，则能享受涨幅收益。

双峰滚动上升时，投资者还需要注意以下几点。

①双峰滚动上升形态出现时，筹码必须呈密集的形态，若筹码较分散，则说明股票的跟风盘有分歧，那么后市出现股价震荡的可能性将加大，投资者应谨慎介入。

②双峰滚动上升形态出现时，投资者还需要结合其他技术指标的情况综合判断，从而确认操作。

③双峰滚动上升形态出现时，如果筹码位于顶部高位区域，往往筹码呈分散的状态，此时下方筹码若是出现减少甚至是消失的情况时，说明主力正在出逃，投资者应在发现股价上行无力时果断离场。

5.3.3 上涨出现多峰密集

当股票流通筹码主要分布在两个或两个以上的密集价位区域时，就形成了两个或两个以上的多峰密集峰形状。筹码多峰密集时，每个密集峰的筹码量通常只能占到流通筹码的一小部分。上方的密集峰称为上密集峰，下方的密集峰称为下密集峰，中间的密集峰称为中密集峰。

股价经过下跌行情之后开始向上发动上攻行情，筹码在股价震荡拉升的过程中，筹码逐渐形成了多峰密集形态，这是因为短期内股价出现快速上涨导致筹码分布图中的筹码出现了多峰密集。多峰密集形态说明筹码比较分散，说明股价大概率会继续之前的运行轨迹，表现为上涨行情。

在面对筹码上涨多峰形态时，也需要注意以下几点。

①上涨多峰密集形态，说明了市场交易比较活跃，多空双方对股价后市走向存在分歧，所以投资者要注意多空双方的力量变化。

②在股价上涨的过程中，筹码峰通常也会随着股价的上涨而向上移动，此时还需要关注低位筹码峰，如果下方低位筹码峰仍然存在，涨势继续上涨的可能性较大。

③股价的上涨通常不是一蹴而就的，因此在上涨一段时间后往往会出现横盘震荡走势，此时筹码很有可能会快速上移至横盘区域形成聚集。如果一旦筹码形成单峰筹码密集，那么股价极有可能要重新选择方向突破。如果股价向上突破，那么此时横盘位置就为上涨的半山腰，后市继续表现上涨。若此时以涨停板向上突破，则后市涨势更值得期待。如果股价向下突破，那么此时横盘位置就为阶段性顶部，股价转跌进入下跌行情中。

> **实例分析**

广宇发展（000537）涨停阳线突破上涨多峰的上密集峰买入分析

图 5-19 所示为广宇发展 2021 年 7 月至 11 月的 K 线走势。

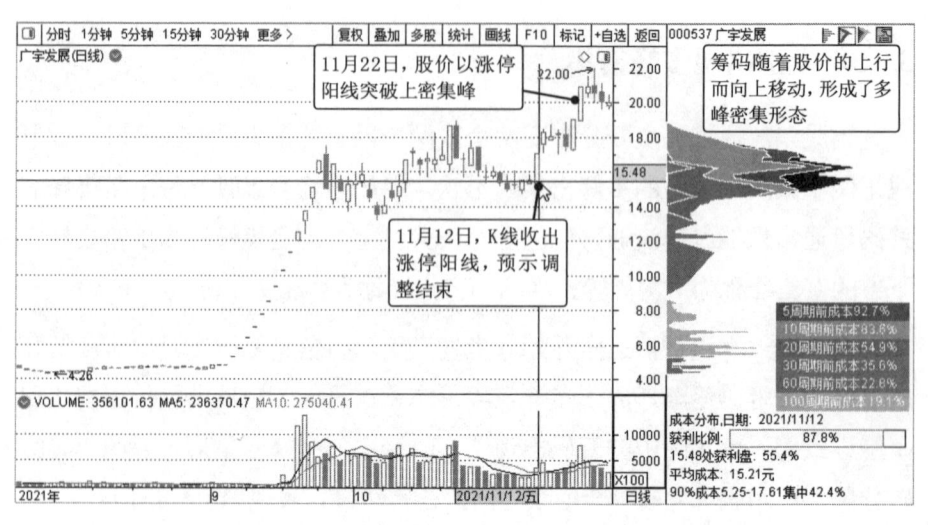

图中标注：
- 11月22日，股价以涨停阳线突破上密集峰
- 11月12日，K线收出涨停阳线，预示调整结束
- 筹码随着股价的上行而向上移动，形成了多峰密集形态

图 5-19　广宇发展 2021 年 7 月至 11 月的 K 线走势

从图中可以看到，该股在 9 月经过连续 9 个一字涨停和 4 根涨停阳线的强势推动下，股价从 5.00 元附近上涨到 16.50 元左右，涨幅达到 230%。之后股价小幅回落至 14.00 元价位线后止跌回升，在越过 18.00 元价位线后短暂横盘两个交易日便继续回落。之后股价在 15.00 元价位线上下窄幅波动运行。

2021 年 11 月 12 日，股价微微低开后一路高走，午后被一笔巨量直接推到涨停后封板，直至收盘，K 线收出一根涨停大阳线，将股价拉升至 17.00 元价位线上方，可以看出上涨势头猛烈。那么此时可以追涨买进吗？

我们查看右侧的筹码分布图，发现筹码随着股价的上行而向上移动，形成了多峰密集形态，尤其在股价连续涨停后的滞涨震荡行情中，更是新增了大量的筹码，此时筹码分布比较分散，下方低位仍然存在不少的筹码，说明后市股价继续上涨的可能性较大，该股存在较大的上涨空间，后市继续上涨的可能性大，11 月 12 日出现的涨停线是调整结束的表现，激进的投资者可以追涨。之后股价震荡拉升，并在 11 月 22 日再次以涨停阳线拉高股价突破上涨多峰的上密集峰，更加确定涨势继续，投资者可以积极买入。

图 5-20 所示为广宇发展 2021 年 8 月至 12 月的 K 线走势。

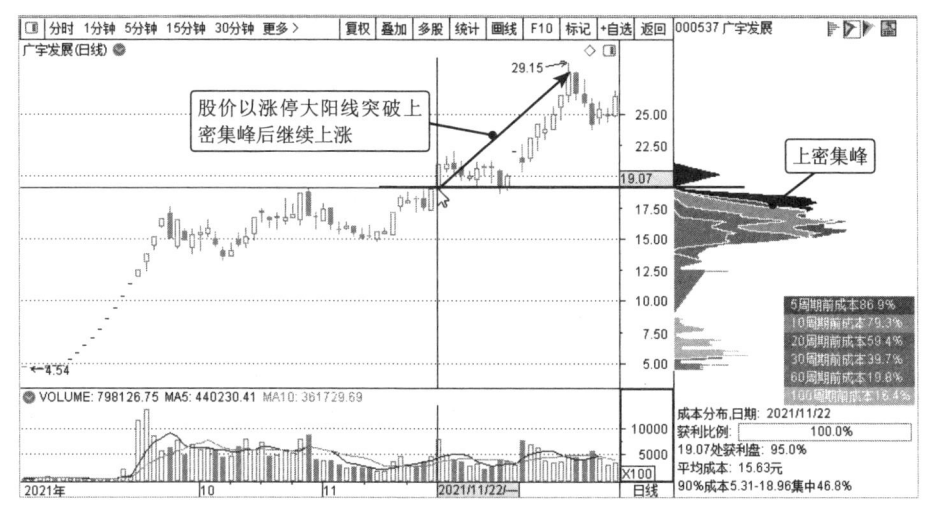

图 5-20　广宇发展 2021 年 8 月至 12 月的 K 线走势

从图中可以看到，11 月 22 日该股以涨停大阳线突破上密集峰后一路震荡拉升，期间 K 线也收出多根涨停线，股价最高上涨至 29.15 元。如果投资者在前期借助上涨多峰密集筹码形态积极追涨即可获得这一涨幅收益。

5.3.4　高位密集峰未消失

在股价下跌的行情中，筹码也会随着股价的下跌而下行，但是，如果在下跌行情中，高位密集峰没有被充分消耗，但是在股价下跌的相对低位形成新的单峰密集，即使之后股价企稳回升，甚至是以涨停线拉升股价，后市股价继续表现下跌或横盘的可能性较大。

股价要发起上攻形成新的行情，其中一个重要条件就是上方没有大量的套牢盘。若上方存在大量的套牢盘，即高位密集峰并没有向下转移，则该密集峰必然对股价的继续上涨形成强有力的阻力。通常股价反弹上涨至高位密集峰都会结束。

在下跌趋势中，上方的密集峰成本越高，说明该股被套的越深，这对于后续股价的上涨就会有越大的阻力；相反的，如果上方密集峰的成本较低，那么就说明前期没有卖出的投资者被套的并不深，而之后对于股价上涨的阻力也就越小。

实例分析
*ST 沈机（000410）高位密集峰未消失，借涨停板出逃

图 5-21 所示为 *ST 沈机 2018 年 3 月至 2019 年 2 月的 K 线走势。

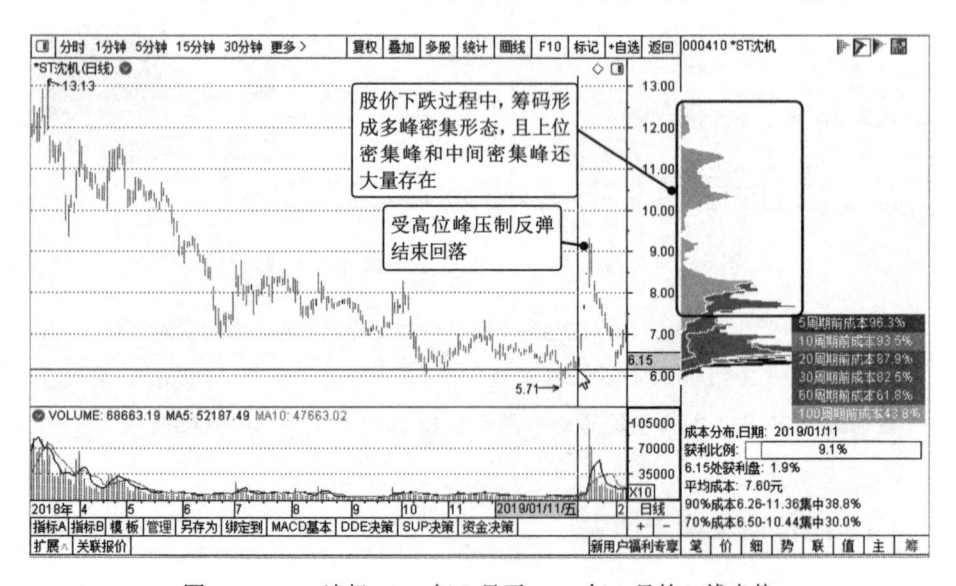

图 5-21　*ST 沈机 2018 年 3 月至 2019 年 2 月的 K 线走势

从图中可以看到，*ST 沈机大幅下跌到 7.00 元后出现跌势减缓，之后股价在 7.00 元至 9.00 元价格区间横向震荡 3 个多月。

在 2018 年 9 月底，股价跌破 7.00 元价位线后继续在 6.00 元至 7.00 元价位区间横向波动，最终在创出 5.71 元的低价后企稳回升，此时行情是否见底回升了呢？

观察对应的筹码分布图可以发现，此时股价虽然在 6.00 元至 7.00 元价位区间横向波动时产生了低位筹码密集区，但是整个筹码分布相对分散，形

成多峰密集形态，且上位密集峰和中间密集峰还大量存在，这些密集峰对股价的上涨会起到强力的压制，后市仍然看跌。

因此，在之后股价企稳回升，在连续涨停线的推动下展开了一轮强势的反弹行情，分析后市仍然看跌后，场内投资者就要借涨停板逢高卖出。最终股价在反弹越过 9.00 元价位线后便快速回落。

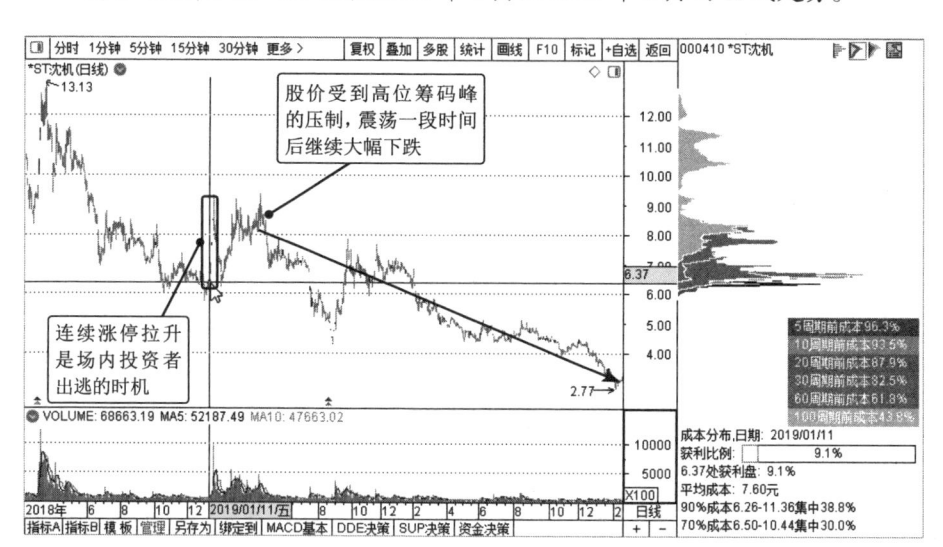

图 5-22 所示为 *ST 沈机 2018 年 1 月至 2021 年 2 月的 K 线走势。

图 5-22　*ST 沈机 2018 年 1 月至 2021 年 2 月的 K 线走势

从图中可以看到，股价快速回落到前期止跌位附近后再次止跌，但是最终还是在 9.00 元附近横盘一段时间后转入下跌，且股价跌势沉重，跌幅较大。如果前期投资者盲目追涨停板，则必然遭受严重的经济损失。

5.3.5　回调后筹码重新回升至单峰密集并涨停突破

在上涨过程中筹码呈多峰密集，当股价上涨至某一高位处止涨，经过较长时间的整理筹码再次形成新的单峰密集，随后股价跌穿该单峰密集，且股价回落时新形成的密集峰没有减少的迹象，成交量表现缩量，股价回调幅度不大。

这样的筹码形态是比较常见的一种主力清理浮筹手段，通过打压一波股价测试清洗效果，成交量在股价下跌过程中往往呈现缩量。当清理浮筹回调后回升至新形成的单峰密集处，然后放量突破该密集单峰，将股价进一步推高至更高位置。若以涨停放量突破该密集峰，则说明上涨动力更强。对于投资者来说这是一个较好的追涨买进位置，能够享受到股价进一步快速拉升的涨幅收益。

实例分析

许继电气（000400）回调后筹码重新回升至单峰密集并涨停突破

图 5-23 所示为许继电气 2021 年 6 月至 11 月的 K 线走势。

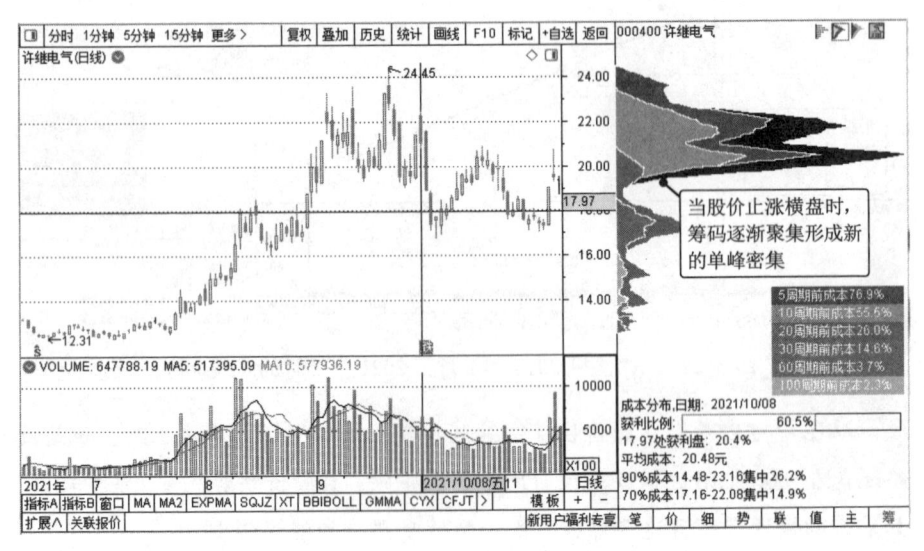

图 5-23　许继电气 2021 年 6 月至 11 月的 K 线走势

从图中可以看到，许继电气股价处于上升行情之中，股价从 12.31 元的低位处开始向上攀升，当股价上行至 22.00 元价位线上方时止涨，股价在 20.00 至 22.50 元之间横盘。10 月 11 日，该股收出大阳线，股价跌破 20.00 元价位线，最终股价在 17.00 元价位线上方止跌小幅回升，上涨至 20.00 元价位线后再次止涨回落，跌至 17.00 元价位线上方时又一次止跌横盘，并且在 11 月 12 日，股价盘中大幅向上拉升直冲涨停板，且封住涨停板，K 线收出一根涨停大阳线。这一根涨停大阳线能否积极追涨买进呢？

我们查看许继电气上涨过程中的筹码分布图发现，在股价拉升上涨的过程中，筹码峰随着股价的上涨而上移，当股价上涨到22.00元价位线上方止涨横盘时，筹码逐渐聚集形成新的单峰密集。接着股价继续下行向下跌破密集单峰，但跌幅不深约10%，随后止跌回升，并且在股价下行的过程中成交量表现缩量。这说明主力资金没有离场。

此时的回调极有可能是主力清理浮筹的手段，以便后市更好地拉升股价。涨停大阳线的出现，说明主力洗盘结束，激进的投资者可以追涨。

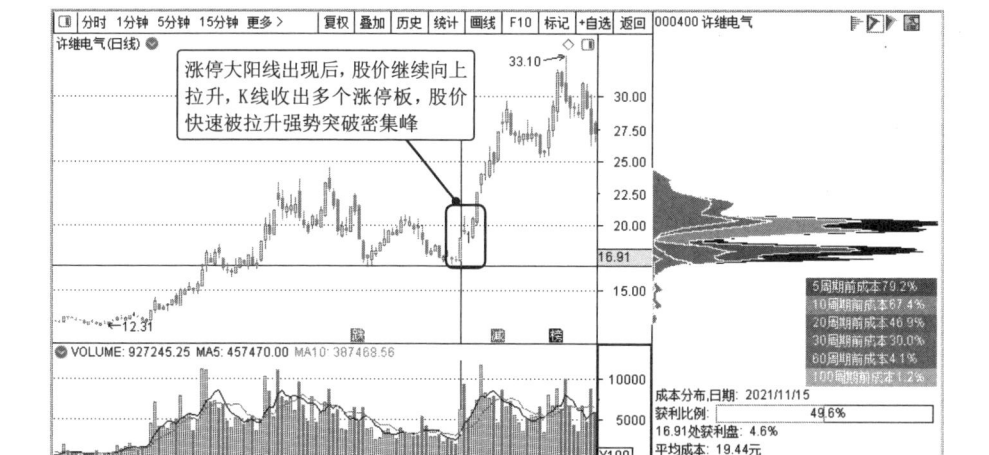

图5-24所示为许继电气2021年7月至12月的K线走势。

图5-24　许继电气2021年7月至12月的K线走势

从图中可以看到，涨停大阳线出现后，股价继续向上拉升，K线收出多个涨停板强势突破密集峰，稳健的投资者可买进，之后股价快速被拉升至30.00元价位线上方，并创出33.10元的高价，势头猛烈，涨幅巨大。如果投资者前期根据涨停线突破密集峰积极追涨，即可吃掉这一波涨幅收益。

5.3.6 两个密集峰重叠

两个密集峰重叠指的是筹码在低位形成了一个密集峰之后，股价经过一波上涨走势后回调，如果股价再次回落到第一个密集峰的地方形成了第二个密集，并且第二个密集峰和第一个密集峰相重叠，说明股价上涨的动能正在聚集，当股价以涨停线拉升时，说明该股将迎来一波新的上涨行情，投资者可积极买入。

实例分析
士兰微（600460）双峰重叠后涨停线拉升买进分析

图 5-25 所示为士兰微 2018 年 2 月至 11 月的 K 线走势。

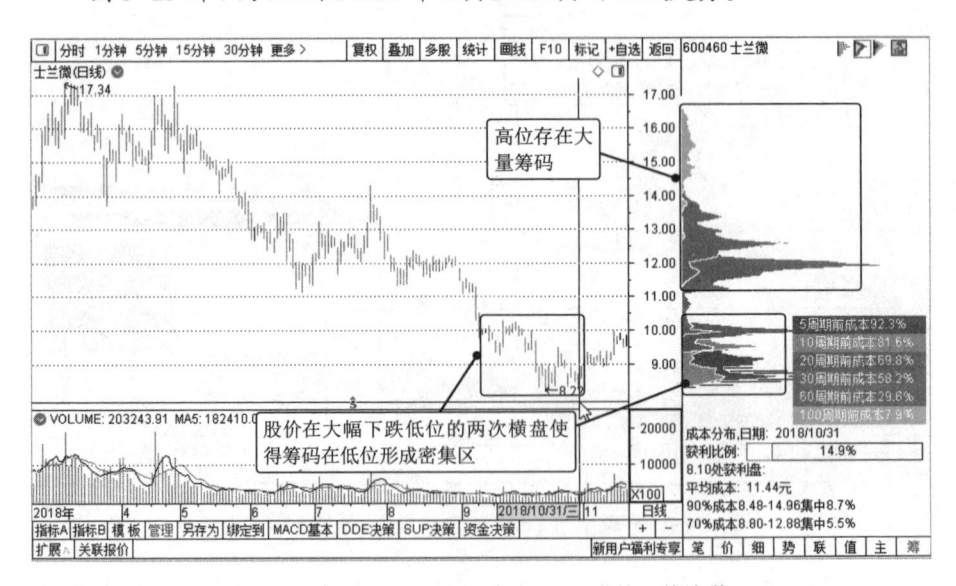

图 5-25　士兰微 2018 年 2 月至 11 月的 K 线走势

从图中可以看到，该股在创出 17.34 元的价格见顶，之后一路震荡下跌。在 2018 年 9 月初的急速下跌后，股价被压低到 10.00 元价位线上横盘整理一段时间后，股价被继续压低在 2018 年 10 月 16 日以 4.25% 的跌幅创出 8.22 元的低价后止跌。随后该股在 9.00 元价位线附近又窄幅横盘近一个月后企稳回升。

股价从 17.34 元下跌到 8.22 元，跌幅约 53%。此时股价止跌企稳是否说明行情见底了呢？

观察此时对应的筹码分布图可以发现，股价被压低到 10.00 元价位线后的横盘整理以及创出 8.22 元低价后的横盘整理期间，股价在 8.00 元至 10.00 元的低价位区间形成了密集峰。而 11.00 元价位线上方仍然存在大量的高位筹码，因此注定该股后市拉升幅度不高。

图 5-26 所示为士兰微 2018 年 7 月至 2019 年 1 月的 K 线走势。

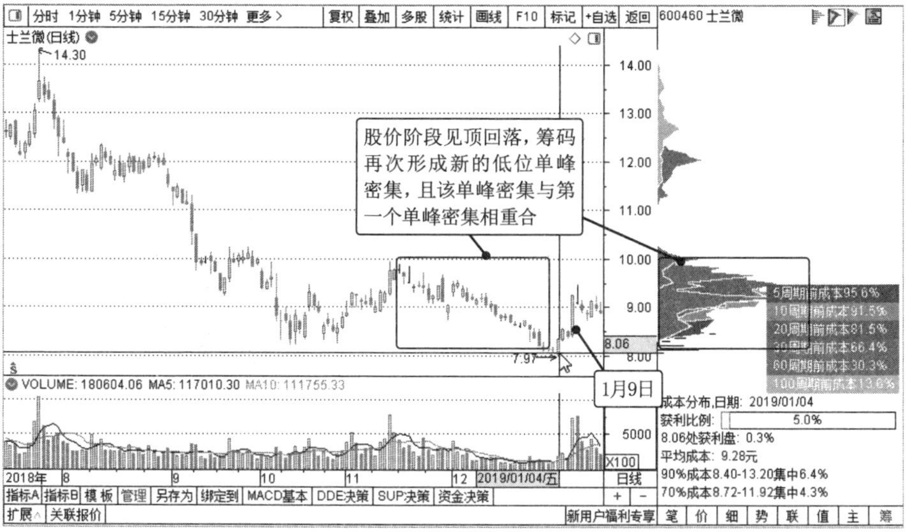

图 5-26　士兰微 2018 年 7 月至 2019 年 1 月的 K 线走势

该股一路震荡拉升到 10.00 元价位线下方时出现滞涨，股价短暂横盘几个交易日后便一路斜向下跌，最终在 2019 年 1 月 4 日创出 7.97 元的最低价。

观察对应的筹码分布图可以发现，随着股价的持续回落，上方高位筹码不断下移到 8.00 元至 10.00 元的价格区间，并形成密集峰，与前期的低位密集峰完全重叠在一起。

这样的筹码形态通常是场内多头聚集，上涨势能增强的表现，说明该股近期即将迎来一波新的大幅拉升行情。

2019年1月9日，股价盘中直线拉升，直冲涨停板，且封住涨停板，K线收出一根涨停大阳线，说明该股的新一轮上涨行情启动，投资者应立即积极买进追涨。

图 5-27 所示为士兰微 2018 年 10 月至 2019 年 4 月的 K 线走势。

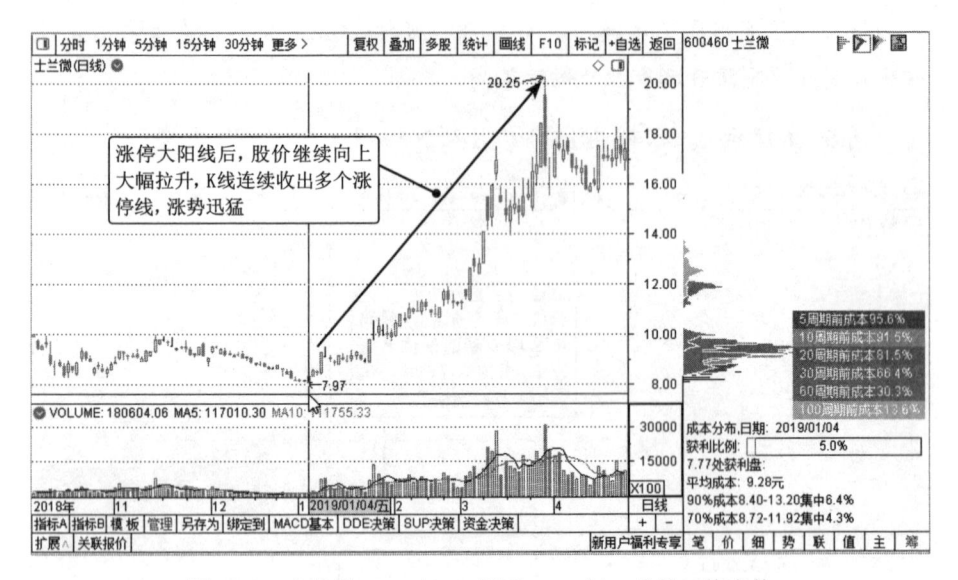

图 5-27 士兰微 2018 年 10 月至 2019 年 4 月的 K 线走势

2019 年 1 月 9 日 K 线收出一根涨停大阳线后，股价继续向上大幅拉升，K 线连续收出多个涨停线，短短两个多月的时间，股价便从 9.00 元左右上涨至 20.25 元，涨幅达到 125%，涨幅巨大。

第6章

利用技术指标多角度看涨停

股市投资分析中还存在一些实用性非常强的技术指标,例如MACD指标、KDJ指标以及BOLL指标等,这些指标往往能够发出准确的市场信号,可以进一步帮助投资者抓住涨停。

6.1 MACD 指标搏涨停

MACD 指标中文名称为异同移动平均线，是从双指数移动平均线发展而来的。MACD 指标应用比较简单，通常根据红绿柱线变化、DIF 线和 DEA 线聚散离合以及位置关系来对市场走势进行研判分析，以便投资者可以快速精准地抓住市场行情变化。

6.1.1　DIF 线和 DEA 线均处于 0 轴以上

当 MACD 指标中的 DIF 线和 DEA 线均处于 0 轴线上方，并向上移动时，表示个股正处于多头行情中，后市股价继续表现上涨的可能性较大，在 K 线拉出涨停 K 线后，投资者可以积极买进。

实例分析

重庆路桥（600106）DIF 线和 DEA 线均处于 0 轴以上

图 6-1 所示为重庆路桥 2021 年 4 月至 12 月的 K 线走势。

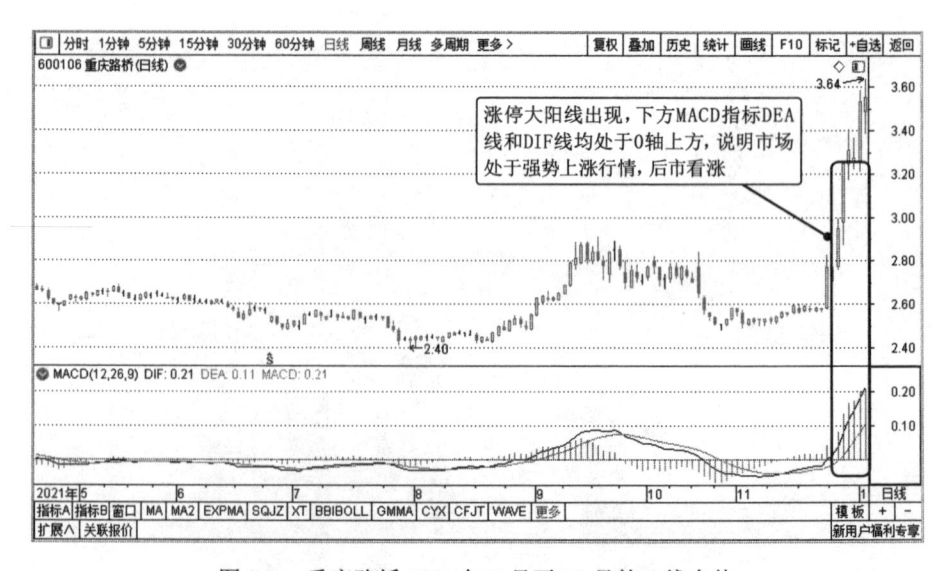

图 6-1　重庆路桥 2021 年 9 月至 12 月的 K 线走势

从上图可以看到，重庆路桥前期经过一轮下跌行情后，股价下行至 3.00 元价位线下方的低位区域，随后股价在 2.60 元价位线上横盘窄幅波动。2021 年 9 月初，股价开始向上小幅攀升，当股价上涨至 2.80 元价位线附近后止涨回落，再次跌回 2.60 元价位线下方，说明 2.80 元价位线为重要阻力位。

2021 年 11 月底，股价再次上涨，K 线收出上涨大阳线，将股价拉升至 2.80 元价位线上方。11 月 26 日，股价盘中向上拉升直冲涨停板，且封住涨停板，K 线收出一根涨停大阳线。

此时查看下方的 MACD 指标可以发现，MACD 指标随着股价的上涨，DIF 线和 DEA 线纷纷上穿 0 轴，运行至 0 轴上方，且继续上行。这说明市场处于强势上涨的多头行情之中，后市股价继续表现上涨的可能性较大。投资者可以积极追涨，大胆买进。

图 6-2 所示为重庆路桥 2021 年 11 月至 2022 年 3 月的 K 线走势。

图 6-2　重庆路桥 2021 年 11 月至 2022 年 3 月的 K 线走势

从图中可以看到，涨停大阳线出现后股价继续向上快速拉升，表现为上涨行情，最高上涨至 5.63 元，涨幅较大。可见，DEA 线和 DIF 线均处于 0 轴上方是可靠的市场走强信号。

6.1.2　DIF 线和 DEA 线均处于 0 轴下方

当 DIF 线和 DEA 线均处于 0 轴下方时，说明市场处于弱势行情之中，后市股价表现下跌的可能性较大。但是，如果 DIF 线和 DEA 线均处于 0 轴下方，而运行方向却是向上移动时，说明上涨行情即将启动，短期股价将迎来一波上涨。若 K 线收出涨停板，则后市涨幅可期。

实例分析

卧龙地产（600173）DIF 线和 DEA 线均处于 0 轴以下

图 6-3 所示为卧龙地产 2021 年 7 月至 11 月的 K 线走势。

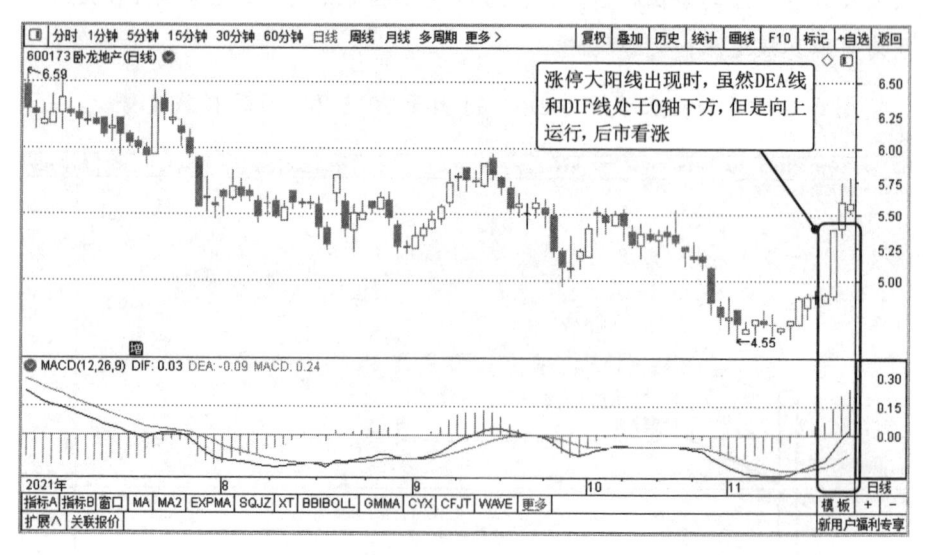

图 6-3　卧龙地产 2021 年 7 月至 11 月的 K 线走势

从图中可以看到，卧龙地产处于下跌行情之中，股价从高位处震荡下行，低点不断下移。2021 年 10 底，股价下行至 4.50 元价位线附近止跌企稳，横盘整理运行。2021 年 11 月 17 日，当日开盘后股价向上快速拉升，直冲涨停且封住涨停板，K 线收出一根涨停大阳线。

此时查看下方的 MACD 指标，发现 MACD 指标中的 DIF 线和 DEA 线随着股价的下跌同步下行至 0 轴下方，并在 0 轴下方波动运行。涨停大阳线出现时，DEA 线和 DIF 线仍在 0 轴下方波动运行，但是仔细查看发现此时 DEA 线和 DIF 线拐头向上运行。这说明市场中的多头聚集，近期股价将表现为上涨行情，投资者可以积极追涨。

图 6-4 所示为卧龙地产 2021 年 11 月至 12 月的 K 线走势。

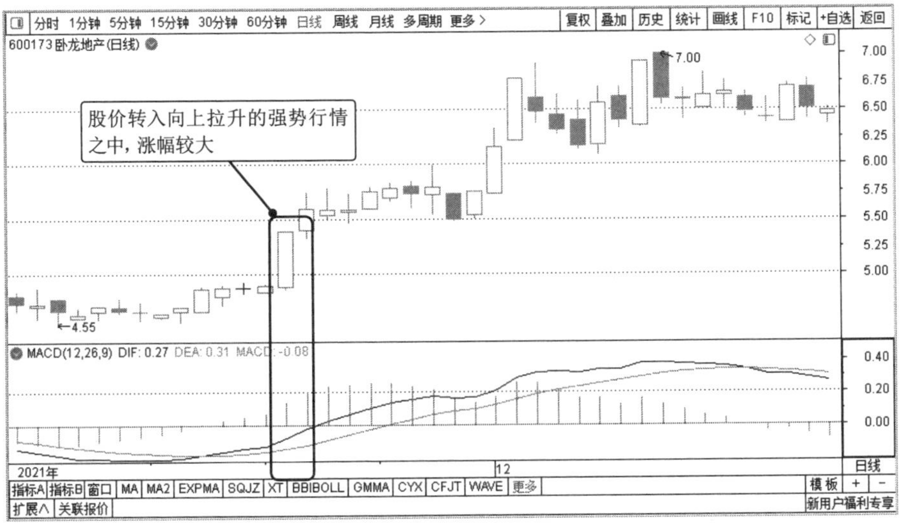

图 6-4　卧龙地产 2021 年 11 月至 12 月的 K 线走势

从图中可以看到，涨停大阳线出现后卧龙地产股价开始向上攀升，股价震荡上行，上涨至 7.00 元价位线附近。下方 MACD 指标中的 DEA 线和 DIF 线同步上行至 0 轴上方，说明市场处于强势拉升行情之中。

6.1.3　MACD 指标发出金叉信号

MACD 金叉是指 DIF 线由下向上突破 DEA 线形成的交叉。金叉是多头占据优势，后市看涨的信号。若 DIF 是在涨停板的作用下上穿 DEA 形成金叉，则后市涨势更强。但是，金叉出现的位置不同，买进信号的强弱也不同，它代表的市场含义也不同。

①当 DIF 和 DEA 都在 0 轴之下，而 DIF 向上突破 DEA 形成金叉时，表明市场即将转强，股价将止跌反弹，市场即将进入向上拉升行情之中。

②当 DIF 与 DEA 都在 0 轴之上，而 DIF 向上突破 DEA 形成金叉时，表明市场处于强势之中，股价再次上涨的可能性较大。

实例分析
金种子酒（600199）DIF 线自下而上穿过 DEA 线形成金叉

图 6-5 所示为金种子酒 2021 年 10 月至 2022 年 2 月的 K 线走势。

图 6-5 金种子酒 2021 年 10 月至 2022 年 2 月的 K 线走势

从图中可以看到，金种子酒前期处于下跌行情之中，股价震荡下行，重心不断下移。2022 年 1 月底，股价跌至 13.00 元价位线上后止跌企稳，随后小幅回升。2022 年 2 月 16 日，股价盘中大幅向上拉升，直冲涨停板，最后封住涨停板，K 线收出一根涨停大阳线。

此时查看下方的 MACD 指标发现，MACD 指标中的 DEA 线和 DIF 线随着股价的下跌而下行至 0 轴下方。当股价止跌企稳横盘时 DIF 线拐头向上，自下而上穿过 DEA 线形成金叉，说明金种子酒的这一波下跌行情已经结束，即将迎来一轮新的上涨行情。投资者应及时追涨，避免错过机会。

图 6-6 所示为金种子酒 2022 年 1 月至 3 月的 K 线走势。

图6-6　金种子酒20220年1月至3月的K线走势

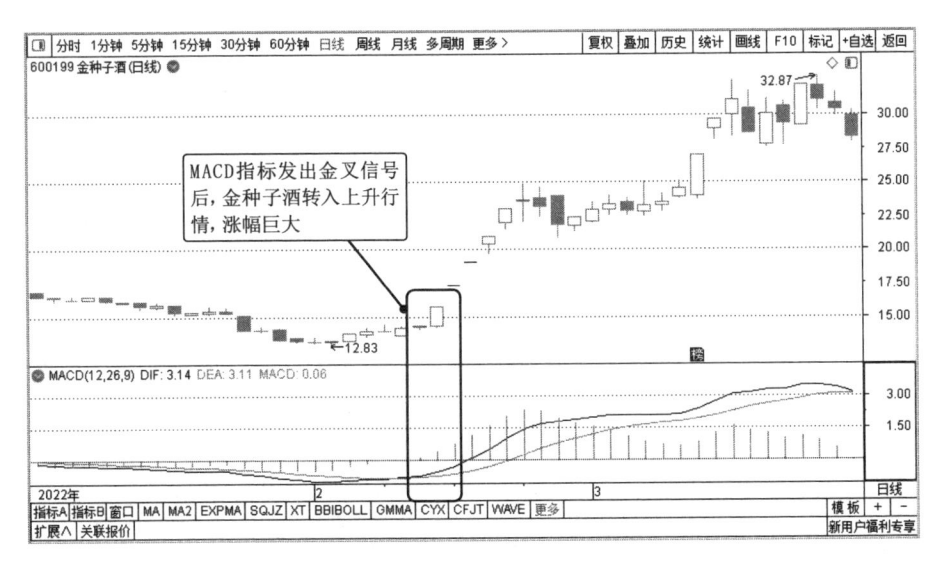

从图中可以看到，MACD指标发出金叉信号后，金种子酒转入上升行情，K线连续收出多个涨停板，快速向上拉升股价，短短一个月左右股价上涨至最高32.87元，涨幅超113%。如果投资者前期能够积极追涨，则可享受这一丰厚的收益回报。

6.1.4　MACD指标发出死叉信号

MACD死叉指MACD指标中的DIF线自上而下穿过DEA线形成的交叉，死叉的出现说明空头在多空双方的竞争中占据优势，后市看跌。即使之前K线收出涨停线，死叉出现后，后市也不容乐观。同样地，根据死叉出现的位置不同，死叉也分为高位死叉和低位死叉。

①当DIF与DEA都在0轴之上，DIF突然拐头向下突破DEA时，形成的交叉为高位死叉，表明市场即将由强势转为弱势，股价即将转入下跌行情。

②当DIF和DEA都在0轴之下，DIF突然拐头向下突破DEA时，形成的交叉为低位死叉，表明市场将再次进入极度弱市中，这一波下跌还未结束，后市继续看跌。

实例分析
科新发展（600234）DIF 线自上而下穿过 DEA 线形成死叉

图 6-7 所示为科新发展 2021 年 2 月至 7 月的 K 线走势。

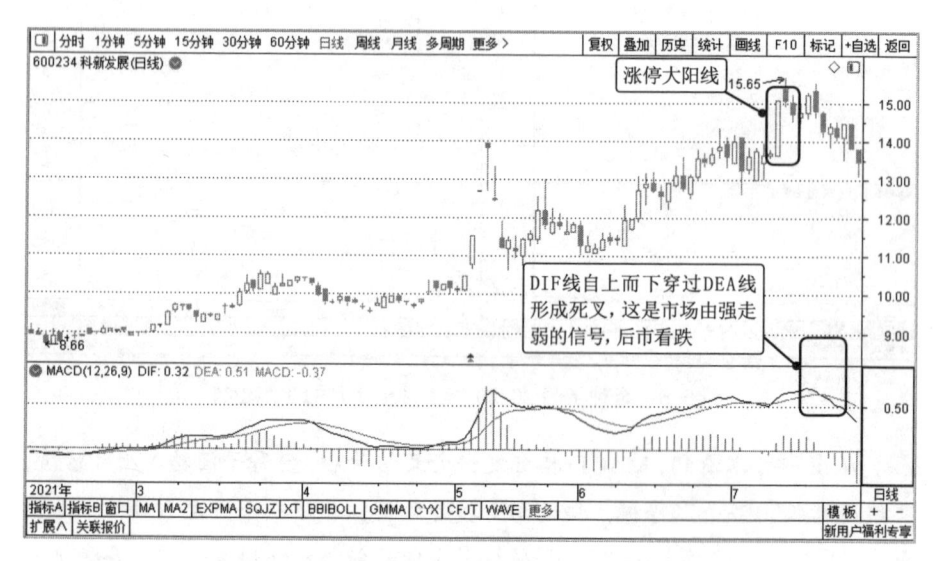

图 6-7 科新发展 2021 年 2 月至 7 月的 K 线走势

从图中可以看到，科新发展处于上升行情之中，股价波动上行，重心不断上移。2021 年 7 月 9 日，开盘后股价向上稳定攀升，直冲涨停板，然后封住涨停板直至涨停，K 线收出一根涨停大阳线。这一根涨停大阳线将股价拉升至 15.00 元价位线上方，但第二天股价却高开低走，K 线收出一根带长上影线的阴线。此时股价涨幅已超 80%，存在阶段性见顶风险，投资者不能盲目追涨，应以观察为主。

随后股价在 15.00 元价位线上横盘整理几个交易日后小幅下跌。此时查看下方的 MACD 指标发现，MACD 指标中的 DIF 线拐头向下，自上而下穿过 DEA 线形成死叉，这是市场由强走弱的信号，说明科新发展的这一波上涨行情结束，后市即将转入下跌行情之中，投资者不能入场，避免高位被套。

图 6-8 所示为科新发展 2021 年 7 月至 11 月的 K 线走势。

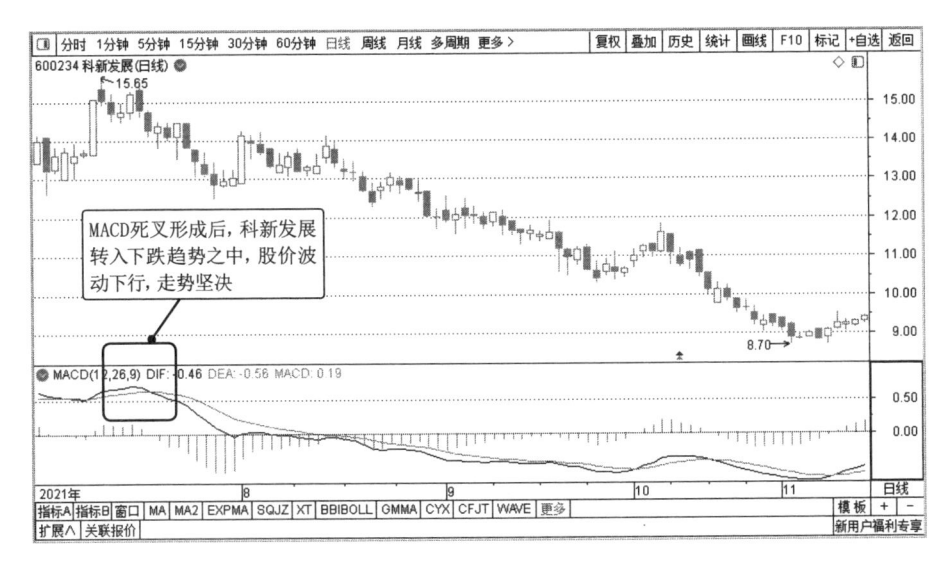

图 6-8 科新发展 2021 年 7 月至 11 月的 K 线走势

从图中可以看到，MACD 死叉形成后，科新发展转入下跌趋势，股价波动下行，走势坚决，股价快速下跌至 9.00 元价位线附近的低位处，跌幅较大。如果投资者前期单纯以涨停大阳线追涨买进，则将遭受重大的经济损失。

6.1.5 MACD 指标柱线绿转红

MACD 指标柱线绿转红指 MACD 值由负转正，绿柱的长度逐渐缩小，转为红柱，且红柱线的长度逐渐放大。这说明市场中的多头动能逐渐聚集，趋势极有可能发生转变，转入多头市场，后市看涨若之后 K 线收出涨停线，更加确认行情趋势转变。

实例分析

常山北明（000158）MACD 指标柱线绿转红买入分析

图 6-9 所示为常山北明 2020 年 9 月至 2021 年 5 月的 K 线走势。

从下图可以看到，常山北明处于下跌行情之中，股价从 9.72 元的相对高位处震荡下行，跌势沉重。2021 年 2 月中旬，股价跌至 5.00 元价位线附近，创下 4.74 元的新低后止跌小幅回升，当股价上涨至 5.50 元价位线附近后再次止涨下跌，随后股价跌至 5.00 元价位线上止跌企稳横盘整理。

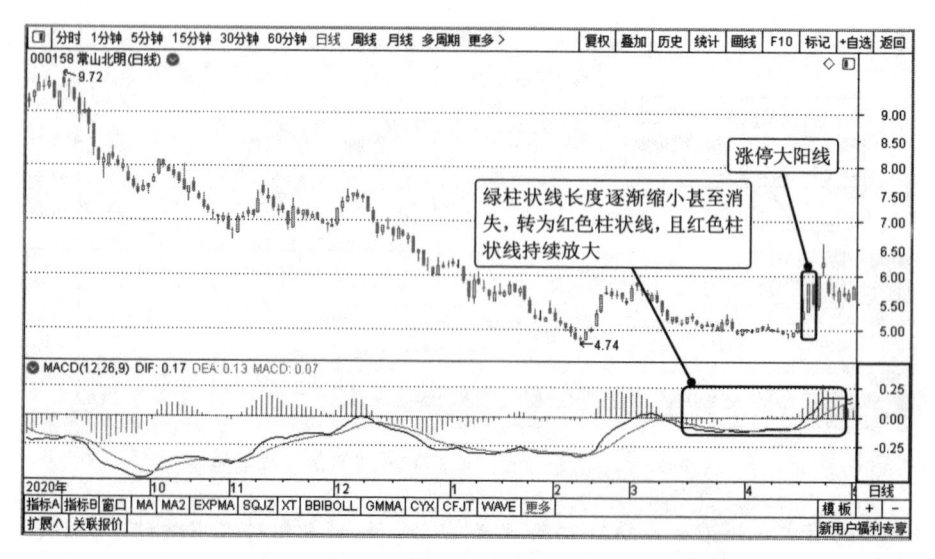

图 6-9　常山北明 2020 年 9 月至 2021 年 5 月的 K 线走势

2021 年 4 月中旬，K 线连续收阳带动股价向上小幅拉升，4 月 20 日，当天股价直线拉升直冲涨停并封住涨停板，K 线收出一根涨停大阳线。

此时查看下方的 MACD 指标发现，在股价止跌小幅回升的过程中，MACD 指标的绿柱状线长度逐渐缩小甚至消失，转为红色柱状线，且红色柱状线持续放大。这说明市场中的空头势能逐渐衰竭，多头势能聚集，逐渐加强，常山北明极有可能迎来一波大幅上涨行情，投资者可以逢低买进，持股待涨。

图 6-10 所示为常山北明 2021 年 1 月至 6 月的 K 线走势。

从图 6-10 可以看到，MACD 指标绿色柱状线长度逐渐缩小甚至消失，转为红色柱状线且红色柱状线持续放大后，常山北明转入强势拉升的多头市场中。股价开始快速向上拉升，重心不断上移，最高上涨至 13.27 元，涨幅超 165%。

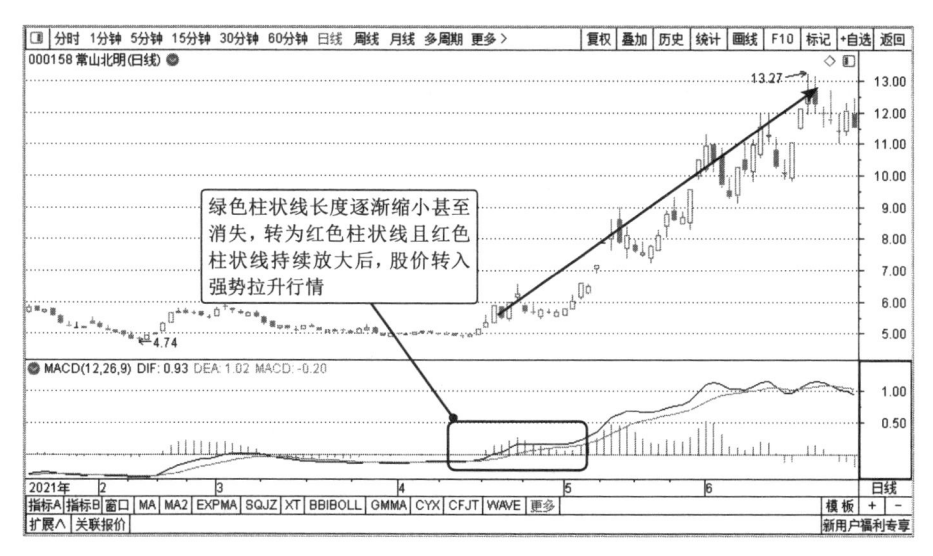

第 6 章 利用技术指标多角度看涨停

图 6-10 常山北明 2021 年 1 月至 6 月的 K 线走势

6.1.6 MACD 指标柱线红翻绿

MACD 指标柱线红翻绿是指 MACD 值由正转负，红柱线的长度逐渐减小转为绿柱，且绿柱线的长度逐渐放大。这说明市场中的多头动能逐渐衰竭，趋势很有可能发生转变，后市转入下跌行情之中此时若出现涨停线其诱多的可能性很大。

`实例分析`
铜峰电子（600237）MACD 指标柱线红翻绿

图 6-11 所示为铜峰电子 2021 年 9 月至 2022 年 1 月的 K 线走势。

从图中可以看到，铜峰电子处于上升行情之中，股价从 5.18 元的相对低位处开始向上攀升，股价震荡上行，不断创出新高。2021 年 12 月中旬，股价上涨至 10.00 元价位线附近后止涨横盘，横盘整理过程中 K 线收出一根涨停大阳线。这似乎说明股价上涨行情并未见顶，后市继续上涨。

但此时查看下方 MACD 指标发现，在股价止涨横盘的过程中，MACD 红柱线长度逐渐缩小至消失，转为绿柱线，并且绿柱线长度持续放大。说明场内的多头势能逐渐衰竭,空头逐渐占据优势。股价极有可能阶段性见顶,后市看跌,因此投资者不因追涨入场,宜持币观望。

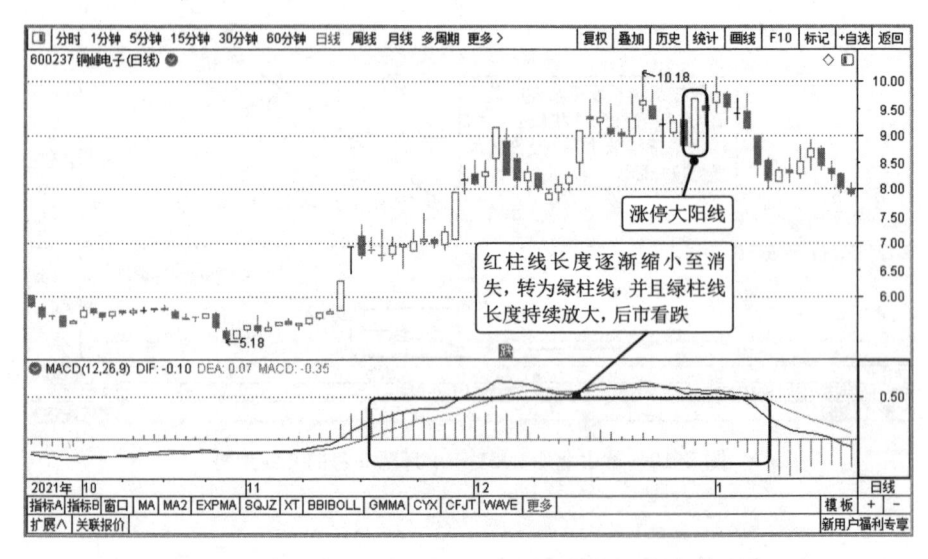

图 6-11　铜峰电子 2021 年 9 月至 2022 年 1 月的 K 线走势

图 6-12 所示为铜峰电子 2021 年 11 月至 2022 年 4 月的 K 线走势。

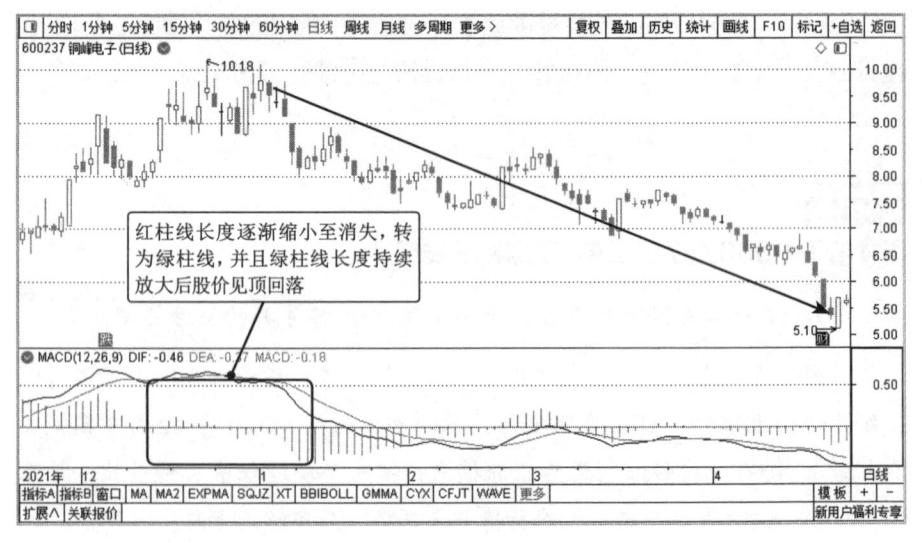

图 6-12　铜峰电子 2021 年 11 月至 2022 年 4 月的 K 线走势

从图 6-12 可以看到,MACD 红柱线长度逐渐缩小至消失,转为绿柱线,并且绿柱线长度持续放大后，股价在 10.00 元价位线附近见顶回落，转入下跌行情，股价震荡下行，最低跌至 5.10 元，跌势较猛，跌幅较大。

6.2 KDJ 指标拼涨停

KDJ 指标的中文名称为随机指标，是炒股实战中比较常用的一个技术指标，它反应迅速、灵敏，能够帮助投资者快速把握当前市场行情，做出精准的投资决策判断。

KDJ 指标是由 K、D、J 三条指标曲线组合而成，其中波动最大的是 J 值，其次是 K 值，D 值最为平滑。在 KDJ 指标应用中常常以 K、D、J 三条曲线的值和位置关系来做市场分析。

6.2.1 KDJ 指标超买

KDJ 指标中，K 值、D 值永远都处于 0 ~ 100 之间，但 J 值可能出现在 100 以上，也可能出现在 0 以下。当 K 值、D 值运行至 80 以上区域时，为超买区，即 KDJ 超买，指市场气氛浓烈，投资者过度买入，短期内股价回调下跌的可能性较大，是股价阶段性见顶回落的信号。此时若出现涨停线，投资者也最好持币观望。

实例分析
华阳新材（600281）KDJ 超买分析

图 6-13 所示为华阳新材 2021 年 4 月至 9 月的 K 线走势。

从图中可以看到，华阳新材处于上升行情之中，股价从 3.64 元的低位处开始向上缓慢攀升。2021 年 8 月下旬，股价上涨至 6.00 元价位线附近后止涨横盘，几个交易日后，股价一改之前的缓慢上升走势，K 线收出一条涨停大阳线，将股价拉升至 6.50 元上方，表现出强势上涨的趋势。

图 6-13　华阳新材 2021 年 4 月至 9 月的 K 线走势

但此时查看下方的 KDJ 指标可以看到，当股价缓慢上升时 KDJ 指标在 20～80 线的徘徊区域内波动。8 月下旬股价向上快速拉升时，KDJ 指标同步上行至 80 线以上的超买区。这说明场内气氛过热，股价存在见顶回落的风险，投资者不宜匆忙追涨。

图 6-14 所示为华阳新材 2021 年 8 月至 2022 年 5 月的 K 线走势。

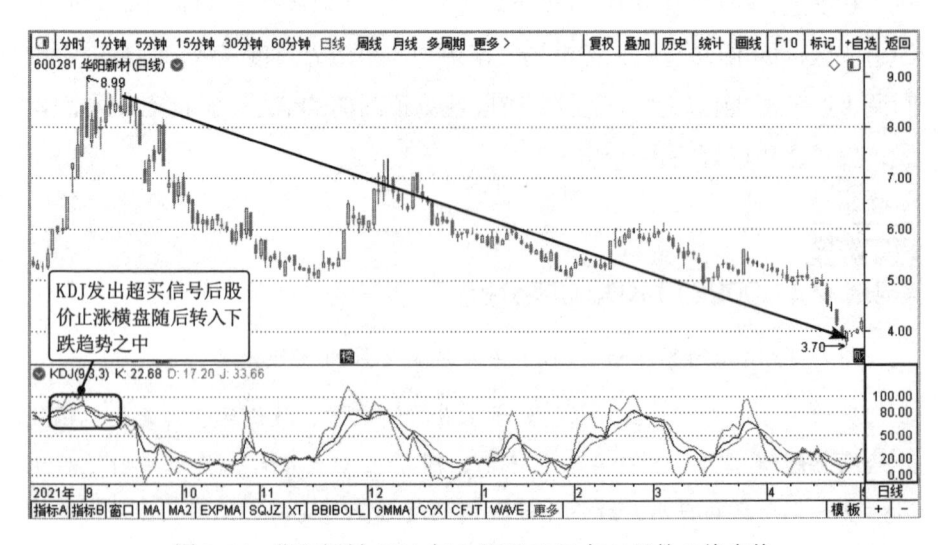

图 6-14　华阳新材 2021 年 8 月至 2022 年 5 月的 K 线走势

从图 6-14 可以看到，KDJ 指标发出超买信号之后，股价继续上涨至 9.00 元价位线附近，创下 8.99 元的新高后随即转入震荡下行的弱势行情中。股价波动下行最低跌至 3.70 元，跌幅较大，如果投资者前期追涨极有可能遭受重大经济损失。

6.2.2 KDJ 指标超卖

KDJ 指标超卖指的是 KDJ 指标随着股价的下行而同步下行，当 K 值、D 值在 20 以下时为超卖区，即 KDJ 超卖，说明场内投资者基本看空该股，存在过度卖出的情况，股价短期下跌动能减弱，股价出现反弹回升的概率较大。个股短期看涨，可能出现一波上涨行情。当 K 线收出涨停线时，就是投资者积极买进的时机。

实例分析

海印股份（000861）KDJ 超卖分析

图 6-15 所示为海印股份 2021 年 2 月至 11 月的 K 线走势。

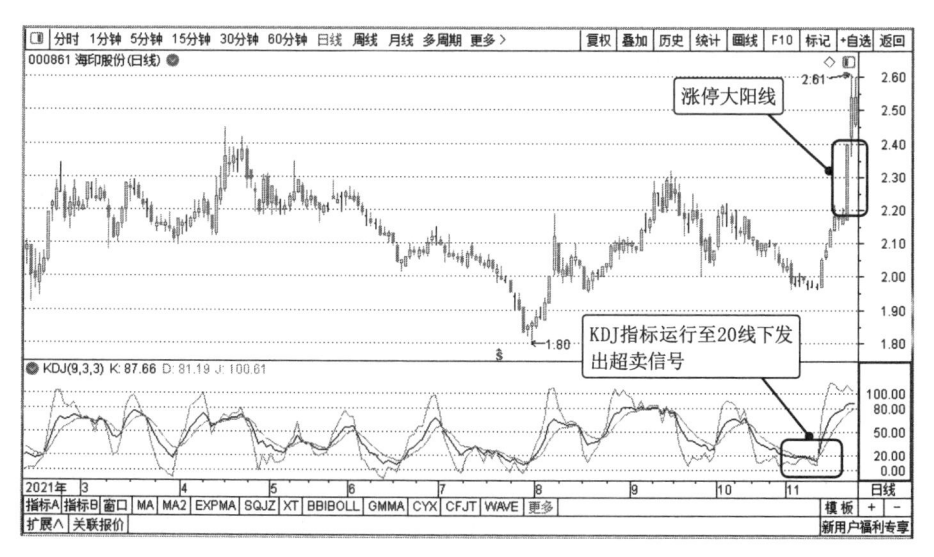

图 6-15 海印股份 2021 年 2 月至 11 月的 K 线走势

从图 6-15 可以看到，海印股份经过一轮下跌行情后运行至 2.00 元价位线附近的低位区域，随后股价在 2.10 元至 2.30 元区间横盘窄幅波动运行。2021 年 7 月底，股价进一步下跌至 1.80 元后止跌回升，当股价上涨至 2.30 元附近后再次止涨回落，说明 2.30 元位置存在较大的阻力。当股价下行至 2.00 元价位线后止跌横盘，接着股价再次发起上攻，K 线连续收阳快速拉升股价。

2021 年 11 月 19 日，开盘后股价向上直线拉升，冲击涨停板，并封住涨停板，K 线收出涨停大阳线。这说明股价上涨动能十足。此时查看下方的 KDJ 指标发现，股价从 2.30 元附近跌至 2.00 元附近时，KDJ 指标跟随股价的下行而同步下行，甚至运行至 20 线下的超卖区域，发出超卖信号。这说明市场被极度看空，后市可能迎来一波上涨行情，可见这时出现的涨停大阳线正是股价上涨行情启动的信号，因此，投资者应积极追涨，及时买进，持股待涨。

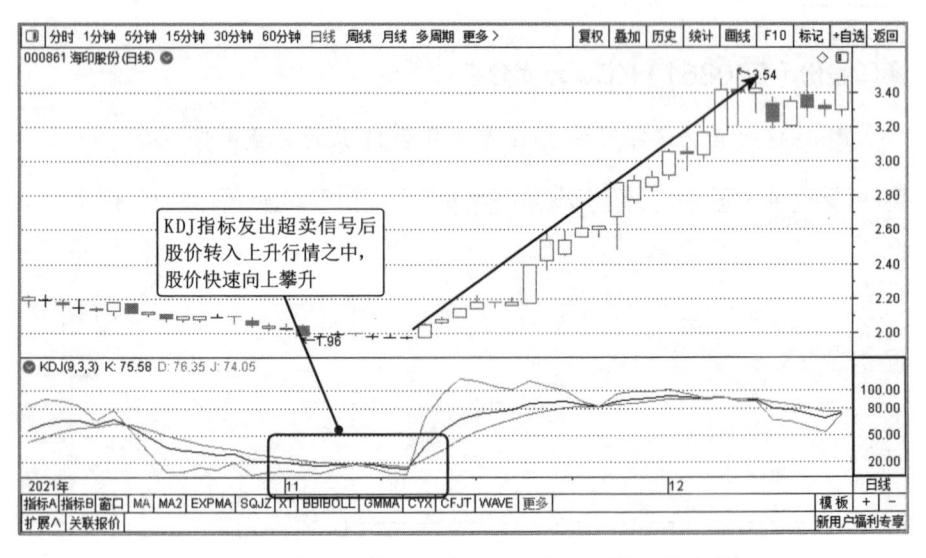

图 6-16 所示为海印股份 2021 年 10 月至 12 月的 K 线走势。

图 6-16　海印股份 2021 年 10 月至 12 月的 K 线走势

从图中可以看到，KDJ 指标发出超卖信号后海印股份果然迎来一波上涨行情，K 线连续收阳拉升股价向上快速攀升，且涨幅较大。如果投资者前期发现涨停大阳线时积极追涨，即可享受这一波上涨收益。

6.2.3 KDJ 指标金叉

KDJ 指标金叉是指 K 线由下向上与 D 线形成的交叉，即 K 线上穿 D 线并形成有效的向上突破是金叉。金叉是市场走强，股价上涨的信号。尤其是在涨停线的作用下形成的 KDJ 金叉、看涨号信号更强。KDJ 金叉出现的位置不同，其买入信号的强弱也不同。

如果股价经过一段长时间的低位盘整行情，且 K、D、J 三线都处于 50 线以下时，一旦 J 线和 K 线几乎同时向上突破 D 线形成金叉，表明股市即将转强，股价跌势已经结束，将止跌朝上。

如果股价经过一段时间的上升，进入盘整行情，并且 K、D、J 三线都处于 50 线附近徘徊时，一旦 J 线和 K 线几乎同时再次向上突破 D 线形成金叉，成交量再度放量时，表明股市处于一种强势之中，股价将再次上涨。

但如果前期股价经过了较大幅度的涨幅，已经处于高位区域，则风险较大，需要谨慎处理。

> **实例分析**
> **国网信通（600131）KDJ 指标金叉信号**

图 6-17 所示为国网信通 2021 年 3 月至 8 月的 K 线走势。

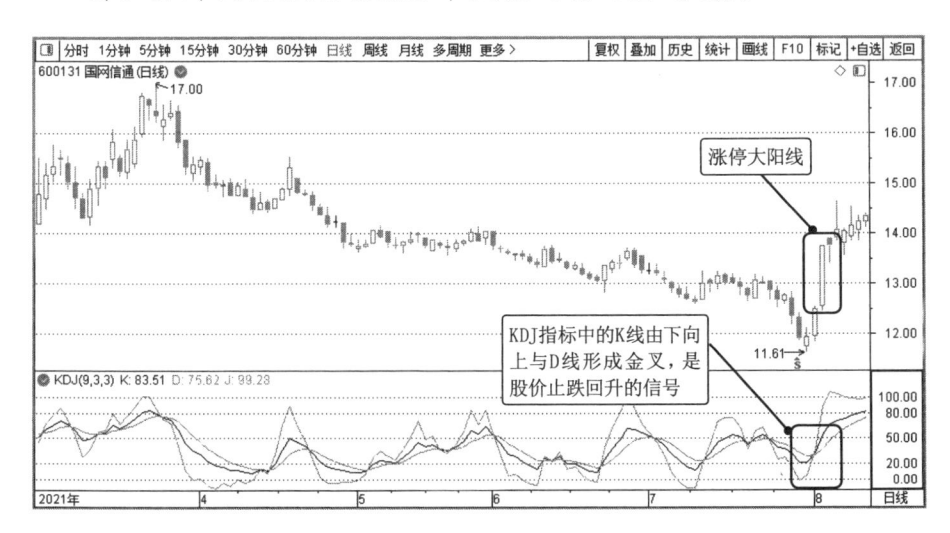

图 6-17　国网信通 2021 年 3 月至 8 月的 K 线走势

从图 6-17 可以看到，国网信通处于下跌行情之中，股价震荡下行不断创出新低。2021 年 8 月初，股价跌破 12.00 元价位线创出 11.61 元的新低后止跌回升，随后 K 线在 8 月 3 日收出一根涨停大阳线，将股价拉升至 14.00 元价位线附近。

此时查看下方的 KDJ 指标发现，在股价止跌回升的过程中，KDJ 指标中的 K 线同步拐头上行，且自下而上穿过 D 线形成金叉，随后 KDJ 指标同步上行。这说明国网信通的这一波下跌行情已经结束，股价见底，短期将迎来一波上涨行情，因此投资者可以积极追涨买进。

图 6-18 所示为国网信通 2021 年 7 月至 12 月的 K 线走势。

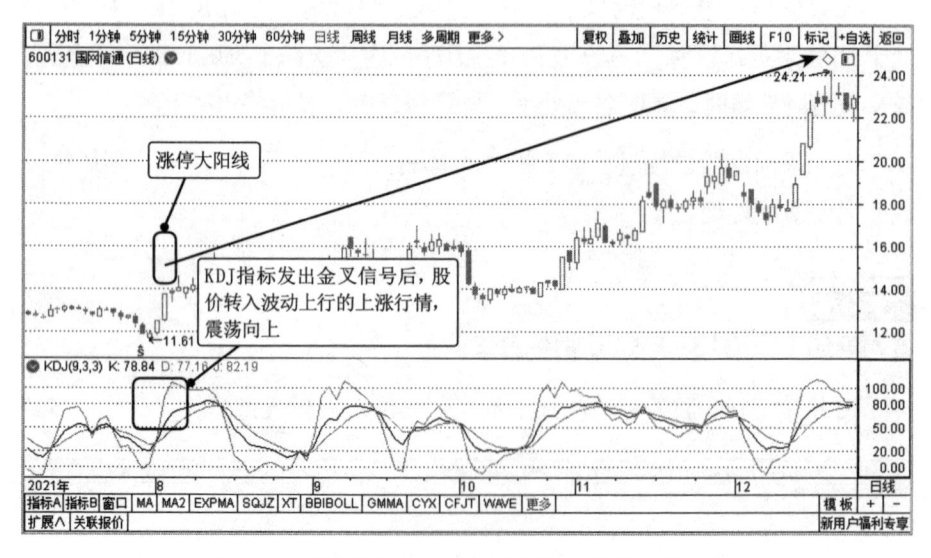

图 6-18　国网信通 2021 年 7 月至 12 月的 K 线走势

从图 6-18 可以看到，KDJ 指标发出金叉信号后，国网信通转入波动上行的上涨行情，股价震荡向上，最高创出 24.21 元，涨幅可观。如果投资者在发现涨停线及 KDJ 金叉时积极追涨，即可享受这一波收益。

6.2.4　KDJ 指标死叉

KDJ 指标死叉指 K 线自上而下穿过 D 线形成的交叉。KDJ 死叉是市场由强转弱的信号，说明股价即将见顶回落转入下跌行情，是比较准确的转势信号。若在KDJ死叉附近出现了涨停板，后市仍然看空。

根据KDJ死叉出现的位置不同，又可以分为高位死叉（80附近）和中位死叉（50附近），两者都发出了转势信号，但高位死叉的信号更强。

实例分析
中国巨石（600176）KDJ指标死叉信号

图6-19所示为中国巨石2020年6月至2021年2月的K线走势。

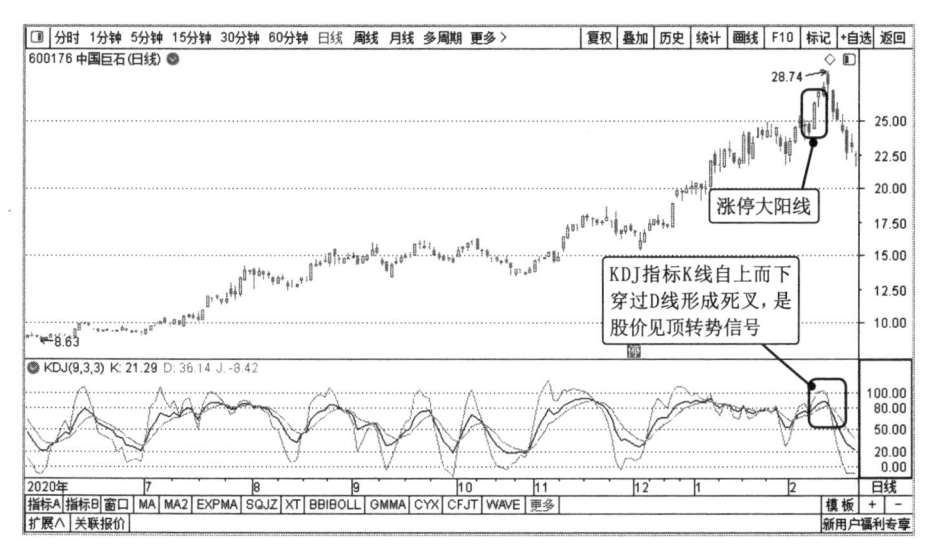

图6-19　中国巨石2020年6月至2021年2月的K线走势

从图6-19可以看到，中国巨石处于上升行情之中，股价震荡上行不断推高波动谷底和波峰。2021年1月，股价上涨至22.50元价位线附近后涨势减缓，并在22.50元至25.00元区间横盘窄幅波动。2021年2月8日，股价突然大幅向上攀升，K线收出一根涨停大阳线，股价一举向上突破25.00元价位线，将股价拉升至26.00元上方。

因为此时股价已经经过一轮大幅度的上涨行情，可能存在见顶风险，所以投资者不应茫然追涨，应进一步确认行情之后再做投资决策。K线收出涨停大阳线后股价继续上涨两个交易日后，突然风格一转K线连续收阴，股价快速下跌，此时查看下方的 KDJ 指标 K 线自上而下穿过 D 线形成死叉，说明中国巨石的这一波上涨行情见顶，股价即将转入快速下跌行情。

图 6-20 所示为中国巨石 2021 年 2 月至 8 月的 K 线走势。

图 6-20　中国巨石 2021 年 2 月至 8 月的 K 线走势

从图中可以看到，KDJ 指标发出高位死叉信号后，中国巨石股价止涨回落转入下跌行情，且股价波动下行走势坚决，跌势沉重，最低创出 13.55 元的低价，跌幅较大。如果投资者在涨停线位置匆忙追涨必然将遭受重大经济损失。

6.2.5　KDJ 指标底背离

KDJ 指标底背离指的是 K 线中的股价走势一谷比一谷低，表现出下跌走势，而此时 KDJ 指标中的曲线走势却一底比一底高，与股价形成底部背离。KDJ 底背离现象的出现，通常说明股价将低位反转，股价在短期内即将迎来一波上涨行情，是市场行情由弱走强的转势信号。当 K 线拉出涨停板时，就是投资者积极入场的信号。

实例分析
中国船舶（600150）KDJ 指标底背离

图 6-21 所示为中国船舶 2020 年 12 月至 2021 年 8 月的 K 线走势。

图 6-21　中国船舶 2020 年 12 月至 2021 年 8 月的 K 线走势

从图中可以看到，中国船舶处于下跌走势之中，股价从相对高位处向下滑落。2021 年 2 月股价下跌至 14.00 元价位线附近创出 13.91 元的新低后止跌回升。当股价震荡上行至 18.00 元价位线附近时，再次止涨下跌，此次下跌至 15.00 元价位线附近时止跌企稳，并未跌破前期 14.00 元的低点，接着 K 线收出一根涨停大阳线再次向上拉升，股价，表现强势。

此时查看下方的 KDJ 指标发现，股价从 18.00 元价位线下跌至 15.00 元价位线这一过程中，股价震荡下行且不断下滑，下方的 KDJ 指标前期虽然与股价同步波动运行，但后期却明显拐头向上，走出一波比一波高的上涨走势，与股价形成底背离。

KDJ 指标底背离的出现，说明中国船舶的这一波下跌行情结束，空头动能衰竭，多头聚集，市场走强，该股短期内即将开启一波新的上涨行情，投资者可以积极买入。

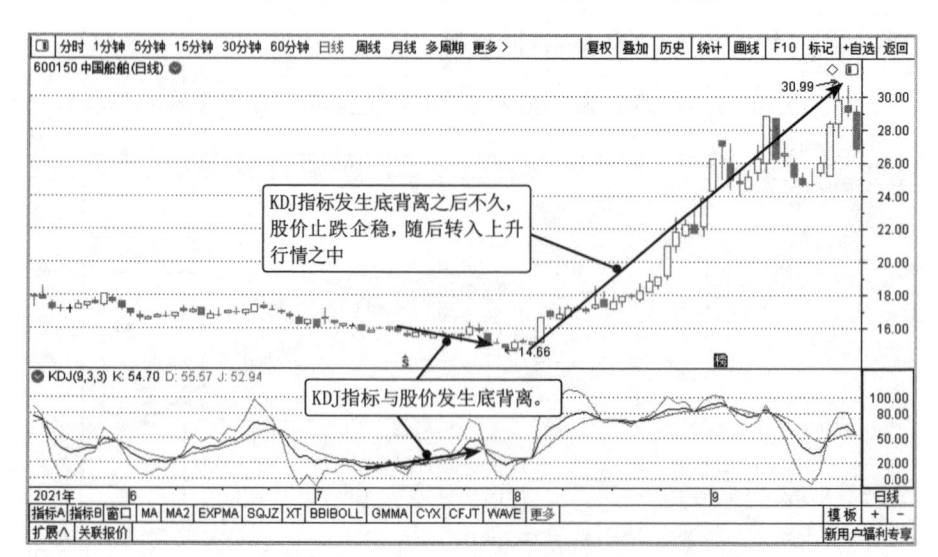

图 6-22 所示为中国船舶 2021 年 5 月至 9 月的 K 线走势。

图 6-22 中国船舶 2021 年 5 月至 9 月的 K 线走势

从图中可以看到，KDJ 指标发生底背离之后不久，股价止跌企稳，K 线收出涨停大阳线，新一轮上涨行情开始启动，股价震荡上行不断向上加速攀升，短短一个月左右的时间，股价上涨至 30.00 元价位线上方，创出 30.99 元的最高价，涨幅超 90%，涨幅巨大。投资者前期如果能及时追涨，即可享受这一波上涨收益。

6.2.6 KDJ 指标顶背离

KDJ 指标顶背离指股价在 K 线图中的走势一顶比一顶高，表现上涨走势，但此时 KDJ 指标却没有跟随股价继续向上攀升创新高，而是转入下跌，走势一顶比一顶低。

KDJ 指标顶背离现象的出现，说明场内的多头力量已经逐渐减弱，无力继续向上攀升，这是行情即将发生转变的信号。这说明将由多头市场转入空头市场，短期内该股股价即将迎来一波下跌行情。若此时 K 线收出涨停线，投资者也要看空后市、坚定持币。

实例分析
维科技术（600152）KDJ 指标顶背离

图 6-23 所示为维科技术 2021 年 3 月至 8 月的 K 线走势。

图 6-23　维科技术 2021 年 3 月至 8 月的 K 线走势

从图中可以看到，维科技术处于上升行情之中，股价从相对低位处开始震荡上行，涨势稳定。2021 年 7 月，股价上涨至 10.00 元附近时，遇阻回调，当股价跌至 8.00 元价位线附近后再次发起上冲，上涨至 9.50 元附近时止涨横盘，接着 K 线收出一根涨停大阳线使得股价向上突破 10.00 元价位线，表现较为强势。因为此时股价已经出现了较大幅度的拉升，可能存在见顶风险，所以不建议盲目追涨，尤其第二天股价高开低走收出大阴线，更有高位出货的嫌疑。

同时查看下方的 KDJ 指标发现，在股价高位拉升的过程中，KDJ 指标却拐头下行，走出一波比一波低的下跌走势，与股价形成顶部背离，说明维科技术的这一波上涨行情已经见顶，场内多头势能衰竭，继续上涨乏力，短期股价将迎来一波下跌，所以投资者不宜追涨停，持币观望更安全可靠。

图 6-24 所示为维科技术 2021 年 6 月至 11 月的 K 线走势。

图 6-24　维科技术 2021 年 6 月至 11 月的 K 线走势

从图中可以看到，KDJ 指标与股价发生顶背离之后，股价在 11.36 元位置见顶回落，转入下跌走势，股价震荡下行，走势坚决，短短两个月左右的时间跌至 7.00 元价位线下方，并创出了 6.46 元的低价，跌幅超 40%。

6.3　BOLL 指标捕捉涨停

BOLL 指标中文名称为布林线指标，原名指数平滑异同平均线，它是利用统计其信赖区间，从而确定股价的波动范围及未来走势，利用波带显示股价的安全高低价位，因而也被称为布林带。其上下限范围不固定，随股价的波动而变化。

BOLL 指标是炒股分析中应用频率比较高的一种技术指标，它能够非常直观、清晰地察觉股价的波动变化，进而做出适合的投资。所以追击涨停的过程中，借助 BOLL 指标往往能够达到事半功倍的效果。

6.3.1 BOLL 指标发出的超买信号

BOLL 指标同 KDJ 指标一样也存在超买超卖信号，超买信号指的是处于上升行情之中的股价加速上行，且向上突破布林线上轨线，说明市场中多头买入情绪高涨，市场过热，股价上涨速度过快，上轨线移动速度落后于股价上涨速度。这种上涨往往是短期的，无法长时间维持，尤其在股价以涨停线突破布林线上轨线后，股价更会快速回到通道内，且行情极有可能回调下跌，所以此时投资者不能盲目追涨。

实例分析
联创光电（600363）BOLL 指标超买信号

图 6-25 所示为联创光电 2021 年 3 月至 9 月的 K 线走势。

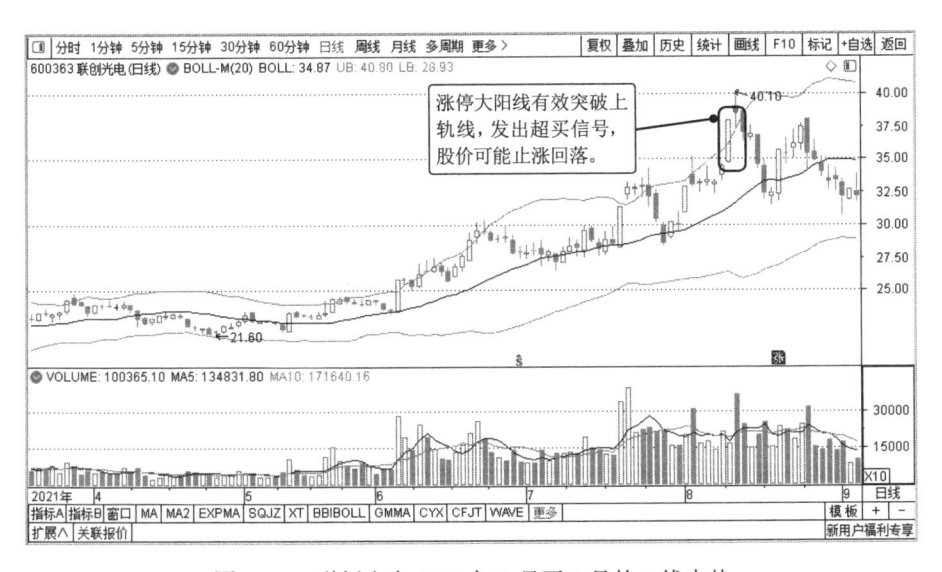

图 6-25 联创光电 2021 年 3 月至 9 月的 K 线走势

从图中可以看到，联创光电处于上升行情中，股价从 21.60 元的相对低位处开始向上攀升。股价自下而上穿过中轨线运行至中轨线上，在中轨线和上轨线区间表现出稳定的上行走势。当股价下行至中轨线附近时，获得中轨线的支撑止跌回升，当股价上升至上轨线附近时，受到上轨线的阻碍而止涨下跌。

2021年8月10日，股价高开高走快速冲击涨停板，并且封住涨停板，K线收出一根涨停大阳线。此时，仔细观察该根涨停大阳线发现，大阳线向上突破上轨线，第二天股价继续在上轨线上方运行，进一步说明了突破的有效性，BOLL指标发出超买信号，说明股价涨速过快，极有可能出现一波回调下跌行情，所以投资者不应盲目追涨。

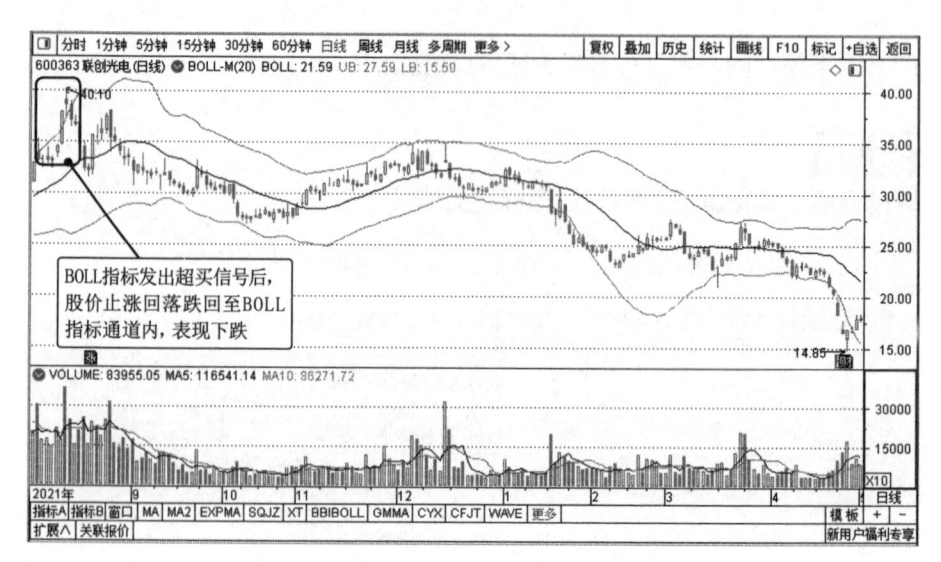

图6-26所示为联创光电2021年8月至2022年5月的K线走势。

图6-26　联创光电2021年8月至2022年5月的K线走势

从图中可以看到，K线收出涨停大阳线上穿BOLL指标上轨线发出超买信号之后，股价止涨回落跌回至BOLL指标通道内，走出震荡下跌行情，股价最低跌至14.85元，跌幅巨大。

需要注意的是，并非所有的BOLL指标超买信号都意味着转势，这一点需要结合股价具体的位置进行分析。BOLL指标超买信号出现，说明短期股价涨速过急，必然会引起股价的回落，所以当超买信号出现后不宜追涨。但并不意味着股价一定会见顶转势，有可能只是上涨途中的回调，回调时间有长有短，所以场内持股投资者发现布林线超买信号后不必立即离场，可以根据实际走势继续持股待涨。

6.3.2 BOLL 指标发出的超卖信号

BOLL 指标超卖指的是市场中对某只股票的过度卖出，不能再卖了，市场空头占据主导行情。在 K 线走势中，股价急速下跌，布林线下轨线来不及调整，使得股价跌破布林线下轨线。根据股价回归均值原理，股价必然回升至布林线通道内，也就是说布林线发出超卖信号后，短期内股价会迎来一波上涨，是投资者的追涨机会。当股价以涨停线回升至布林线通道内时，投资者更应积极买入。

实例分析
黑牡丹（600510）BOLL 指标超卖信号

图 6-27 所示为黑牡丹 2021 年 8 月至 2022 年 2 月的 K 线走势。

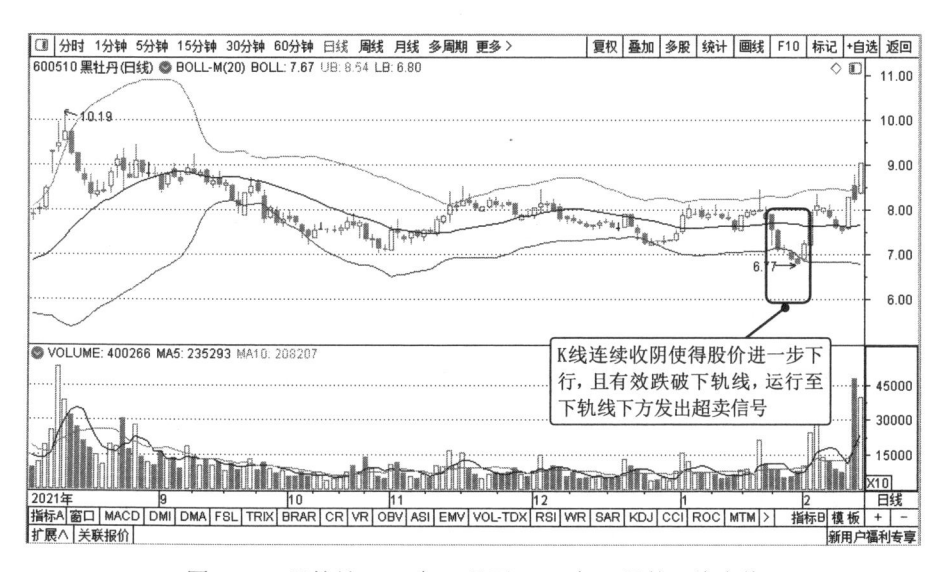

图 6-27　黑牡丹 2021 年 8 月至 2022 年 2 月的 K 线走势

从图中可以看到，黑牡丹经过一波下跌行情后股价跌至 7.00 元价位线上止跌，随后股价在 7.00 元至 8.00 元区间横盘窄幅波动运行。BOLL 指标上、中、下轨线同步横向运行。

2022 年 1 月底，K 线连续收阴使得股价进一步下行，且有效跌破下轨线，运行至下轨线下方，创出6.77元的低价，发出超卖信号，说明该股短期将迎来一波上涨行情。

2月7日K线收出一根中阳线将股价拉升至通道内，2月8日股价低开高走，K线收出一根涨停大阳线上穿中轨线，说明股价涨势强劲，该股的上涨行情启动，投资者可以积极追涨。

图6-28所示为黑牡丹2022年1月至3月的K线走势。

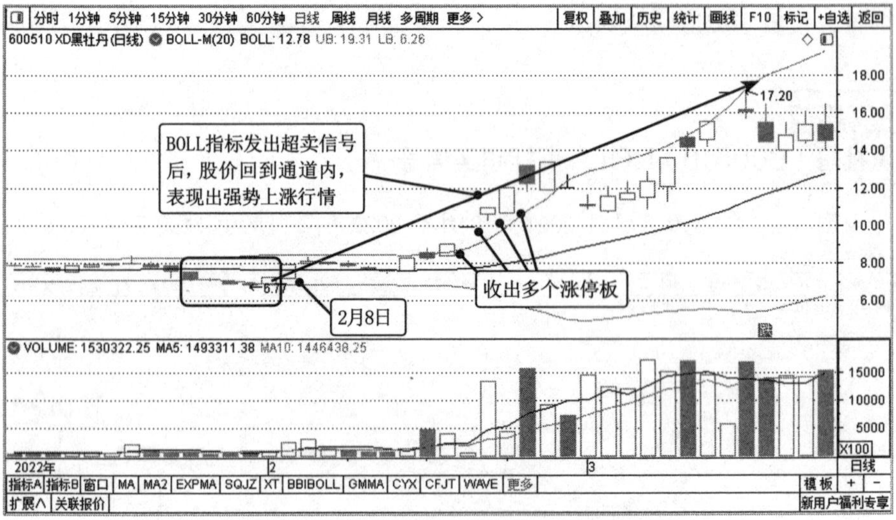

图6-28　黑牡丹2022年1月至3月的K线走势

从图中可以看到，BOLL指标发出超卖信号后，股价回到通道内，随后上穿中轨线运行至中轨线上方，接着股价表现出强势上涨，K线更是收出多个涨停板，短短1个月左右股价最高上涨至17.20元，涨幅超150%，可见涨幅巨大。如果投资者前期能够积极追涨，就能享受丰厚的投资回报。

需要注意的是，BOLL指标超卖信号在实际分析中也需要根据所处位置进行具体分析。虽然BOLL指标超卖信号出现，说明短期股价下跌过快，必然会引起股价的反弹，短期看多可以追涨，但并不意味着行情一定会转势，有可能只是行情的反弹，反弹幅度有大有小，更有可能只是下跌途中的停顿，所以场外的持币投资者在见到布林线超卖信号时要冷静理智分析。

6.3.3 BOLL 指标开口喇叭形态

股价经过长时间的整理后，BOLL 指标的通道会变窄，布林线的上轨线和下轨线逐渐收缩，上下轨线之间的距离也越来越小。然后如果股价突然向上出现急涨，此时，布林线的上轨线也同时向上急速上扬，反观下轨线却在向下加速运行，如此一来，布林线指标的上轨线和下轨线就形成了一个类似大喇叭的特殊形态，也就是开口型喇叭口。

开口型喇叭口通常出现在短期内暴涨行情的初期，是股价经过长时间低位横盘筑底之后，面临向上变盘时出现的一种形态。市场中一旦出现这种形态，尤其是以涨停线拉升股价形成开口型喇叭口形态，则更加说明场内多头力量聚集，空头力量逐渐走弱，一波强势上涨行情即将到来，股价短期看涨。投资者若能抓住这一波上涨必然能够获得不错的投资收益。

实例分析
新华医疗（600587）BOLL 指标开口型喇叭形态

图 6-29 所示为新华医疗 2020 年 9 月至 2021 年 4 月的 K 线走势。

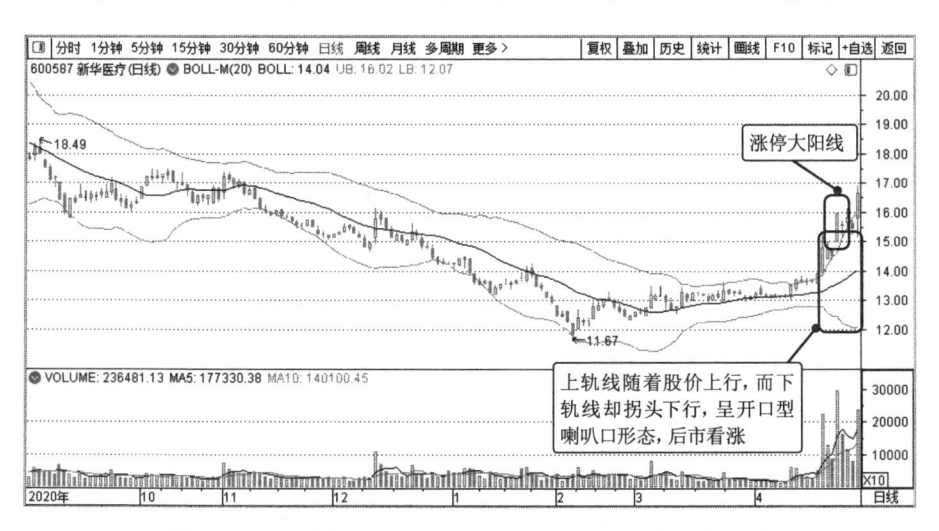

图 6-29　新华医疗 2020 年 9 月至 2021 年 4 月的 K 线走势

从图中可以看到，新华医疗处于下跌行情之中，股价波动下行。2021 年

2月，股价创出11.67元的新低后止跌小幅回升至13.00元价位线上，并在该价位线上横盘窄幅运行。此时布林线通道逐渐变窄，上轨线和下轨线逐渐收缩，上下轨线之间的距离也越来越小。

2021年4月中旬，股价开始突然急涨，股价上穿上轨线运行至上轨线上方，4月26日股价更是高开高收出一根涨停大阳线。这时能否积极追涨呢？

我们查看BOLL指标发现，股价急涨BOLL指标上轨线随着股价上行，而下轨线却拐头下行，形成了典型的开口型喇叭口形态。开口型喇叭口形态的出现确认了新华医疗的短期上涨行情，说明该股短期内可能迎来一波大幅上涨行情，因此投资者可以适时买进积极追涨。

图6-30所示为新华医疗2021年4月至9月的K线走势。

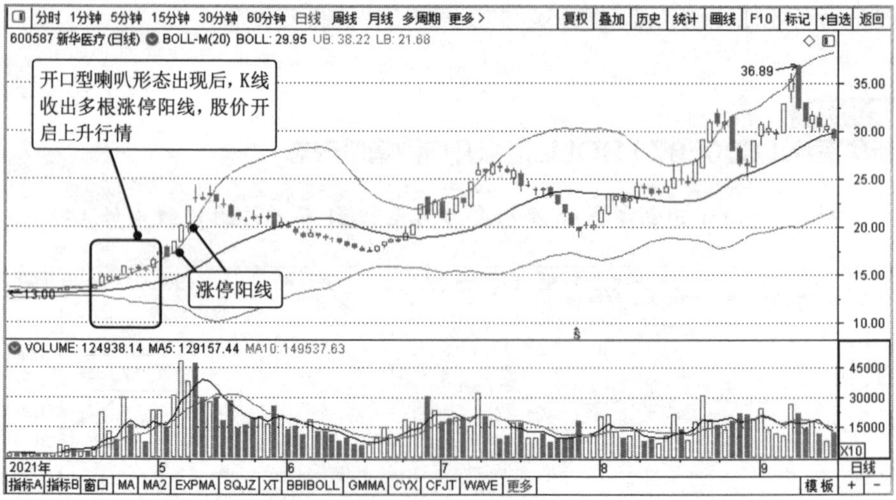

图6-30　新华医疗2021年4月至9月的K线走势

从图中可以看到，布林线开口型喇叭口形态出现后，K线收出多根涨停阳线，几个交易日便将股价拉升至20.00元附近，涨幅超30%。可见这一波短期上涨的势头有多猛烈。尽管股价上涨至20.00元附近后止涨，但上升趋势并未发生改变，股价回调整理一段时间后便继续上涨，最高上涨至36.89元。如果投资者利用开口型喇叭口形态抓住这一涨停大阳线积极追涨，必然能够获得不错的回报。

6.3.4 BOLL 指标收口型喇叭形态

股价经过一段大幅拉升行情之后，布林线的上轨线和下轨线逐渐扩张，上轨线和下轨线之间的距离也越来越远。当股价运行至高位区域，上涨减缓，下方成交量逐渐减少，股价出现急速下跌行情，此时布林线的上轨线开始拐头向下急跌，而下轨线却还在加速上升，由此布林线的上下轨线之间形成了一个反向的喇叭口，也就是收口型喇叭口形态。当股价下行跌破中轨线形态确立。

收口型喇叭口一般出现在股价经过一波上涨后的高位区域，说明股价即将下跌，一旦有 K 线下行有效跌破中轨线，则意味着股价短期将出现急速下行的走势，尤其在涨停板的推动下进入到高位区域形成的收口型喇叭口形态，后市股价回落下行的势头更强。投资者应尽量避开这一行情。

实例分析
岩石股份（600696）BOLL 指标收口型喇叭形态

图 6-31 所示为岩石股份 2020 年 12 月至 2021 年 9 月的 K 线走势。

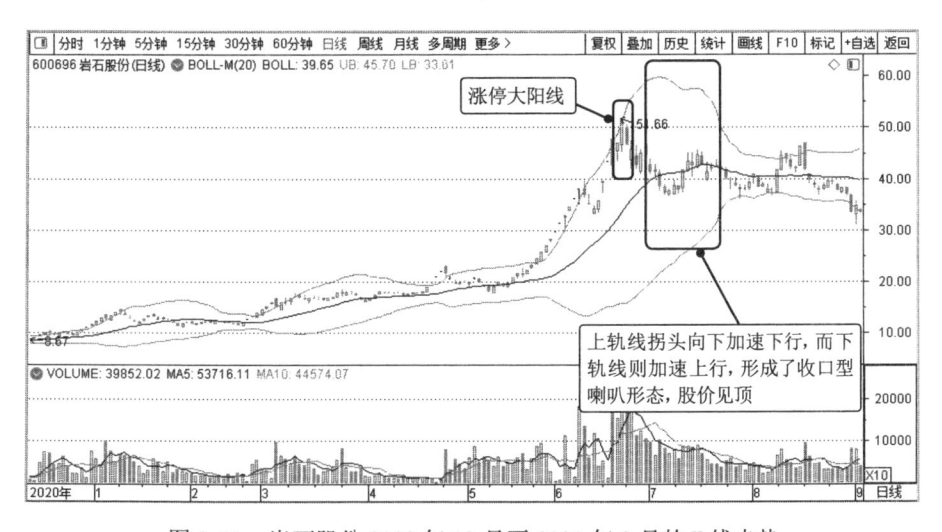

图 6-31 岩石股份 2020 年 12 月至 2021 年 9 月的 K 线走势

从图中可以看到，岩石股份处于上升趋势之中，股价波动上行涨幅巨大。

2021年6月中旬股价上行至47.50元价位线附近止涨。2021年6月23日，股价盘中高涨，尾盘时直冲涨停板，并且封住涨停板，K线收出一根涨停大阳线。因为此时股价已经经历了一波大幅上涨行情，涨幅达400%，所以在此位置追涨停风险较大，应仔细观察确认。

涨停大阳线出现后股价止涨回落，小幅下行。此时查看BOLL指标发现，上轨线拐头向下加速下行，而下轨线则继续加速上行，形成了收口型喇叭口形态，说明股价的这一波上涨已经结束，后市极有可能转入下跌趋势之中，该股短期内即将迎来一波下跌行情，场内的持股投资者应尽快离场，场外投资者以持币观望为主。

图6-32所示为岩石股份2021年6月至12月的K线走势。

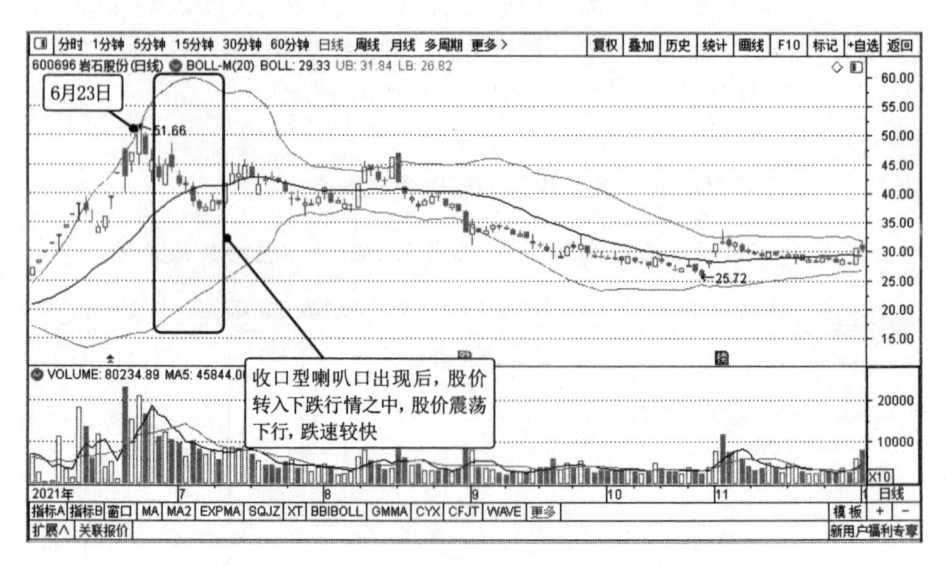

图6-32　岩石股份2021年6月至12月的K线走势

从图中可以看到，BOLL指标收口型喇叭口出现后，岩石股份股价转入下跌行情之中，股价下行跌破中轨线向下，重心不断下移，跌势猛烈。投资者如果前期没有注意收口型喇叭口信号，而积极追涨将面临重大经济损失。

6.3.5 中轨线以上向上突破上轨线

当股价从中轨线以上向上运行,并以涨停大阳线突破上轨线时,说明股价处于强势行情中,短期将可能大涨,投资者应该积极追涨。

实例分析

三安光电(600703)中轨线以上向上突破上轨线

图 6-33 所示为三安光电 2021 年 1 月至 6 月的 K 线走势。

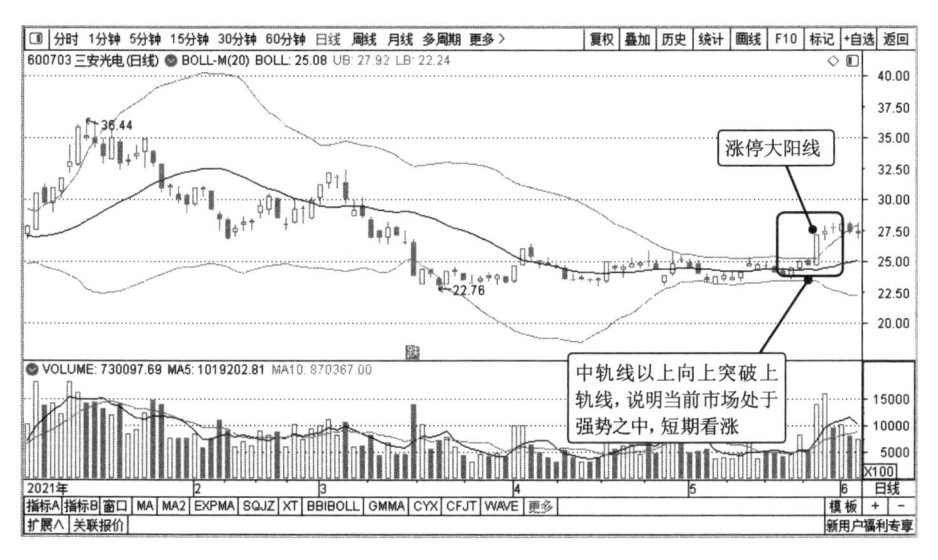

图 6-33 三安光电 2021 年 1 月至 6 月的 K 线走势

从图中可以看到,三安光电处于下跌行情之中,股价从 36.44 元的高位处向下震荡运行。当股价跌至 25.00 元价位线附近,创出 22.76 元的新低后止跌企稳,随后股价在 25.00 元价位线上下波动横行。

2021 年 5 月下旬,股价从中轨线下方自下而上穿过中轨线运行至中轨线上方。5 月 27 日,开盘后股价向上快速拉升直冲涨停,K 线收出涨停大阳线,上穿上轨线运行至上轨上方。这说明当前市场处于强势之中,短期看涨,同时投资者可以在此位置大胆买进,积极追涨。

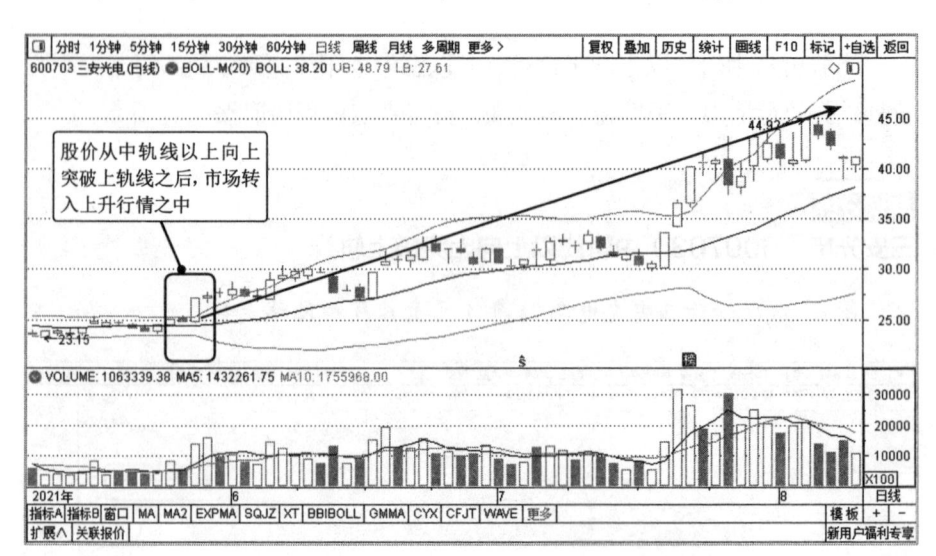

图 6-34 所示为三安光电 2021 年 5 月至 8 月的 K 线走势。

图 6-34　三安光电 2021 年 5 月至 8 月的 K 线走势

从图中可以看到，股价从中轨线以上向上突破上轨线之后，三安光电转入上升行情之中，在上轨线和中轨线形成的通道内波动上行，涨势稳定。股价最高上涨至 44.92 元，涨幅超 90%。如果投资者前期能积极追涨则可享受这一收益。

6.3.6　股价由下向上突破中轨线

股价在布林线下轨线和中轨线之间波动运行，随后由下向上以涨停大阳线突破中轨线，说明股价的强势特征开始显现，股价即将迎来一波上涨行情，投资者应及时买进，持股待涨。

实例分析
华新水泥（600801）股价由下向上突破中轨线

图 6-35 所示为华新水泥 2020 年 12 月至 2021 年 8 月的 K 线走势。

从图 6-35 可以看到，华新水泥处于下跌行情之中，股价从相对高位处向下滑落，当股价下跌至 19.00 元附近后止跌回升，股价上涨至 24.00 元价位线时再次止涨横盘随后转入下跌。

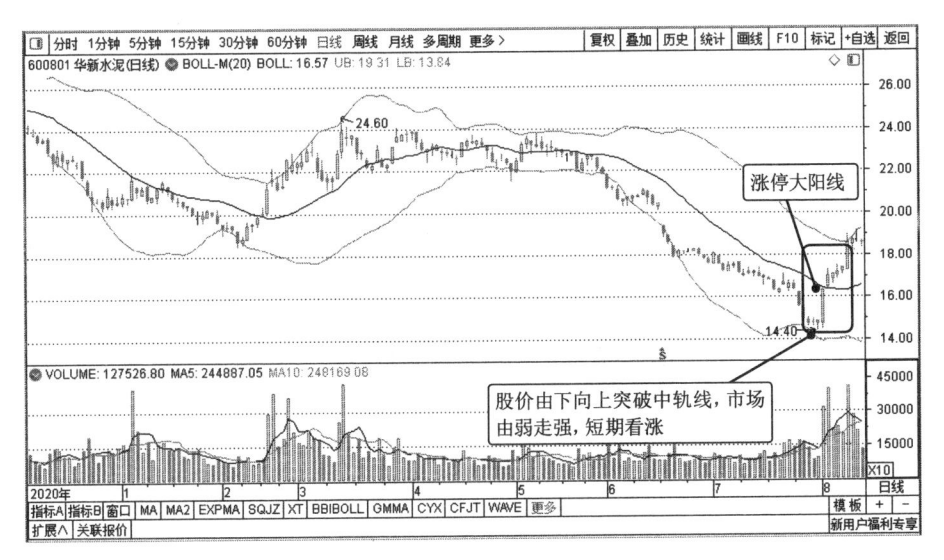

图 6-35　华新水泥 2020 年 12 月至 2021 年 8 月的 K 线走势

此次下跌股价在 BOLL 指标中轨线和下轨线形成的通道内向下运行，跌势沉重，跌速较急，当股价跌至 14.00 元价位线附近后止跌企稳。

接着，K 线收出一根涨停大阳线向上拉升股价，使得股价回升至 16.00 元价位线附近，第二天股价继续上行并自下而上穿过中轨线继续向上。这是市场由弱走强的信号，投资者应在此位置积极追涨，大胆买进，持股待涨。

图 6-36 所示为华新水泥 2021 年 7 月至 9 月的 K 线走势。

从图 6-36 可以看到，股价自下而上穿过中轨线后，华新水泥的股价由下跌的弱势行情转入向上拉升的强势行情。股价从 16.00 元价位线附近向上快速攀升，短短一个多月，股价最高上涨至 28.02 元，涨幅超 75%。如果投资者在前期利用股价由下向上突破中轨线信号积极追涨，即可获得这一涨幅收益。

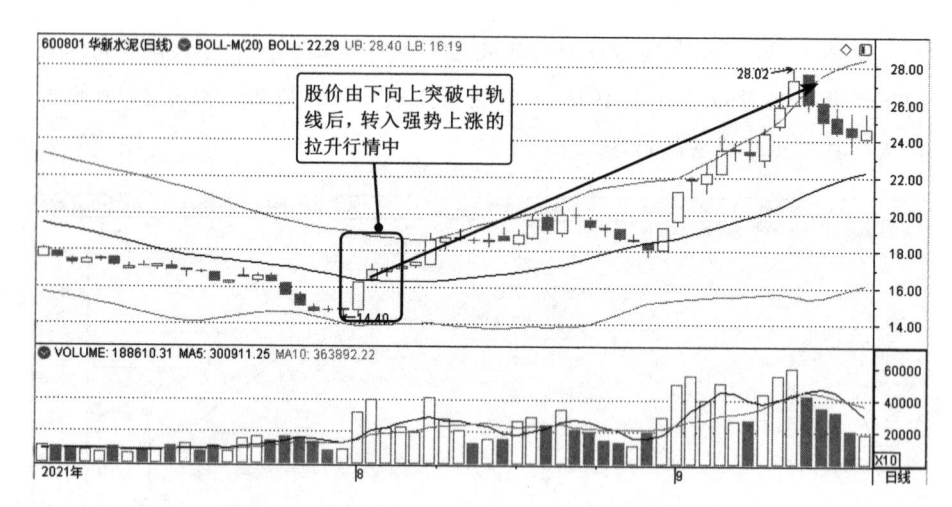

图 6-36　华新水泥 2021 年 7 月至 9 月的 K 线走势

第7章
涨停板操作技法提升

在前面的内容中介绍了许多涨停板分析技巧，本章将从主力操作意图角度，从买入技巧和卖出策略等方面来介绍涨停板的操作技能，帮助投资者更好地完成实战投资。

7.1 不同阶段中的涨停

涨停虽然常常出现在不同的阶段中，令人捉摸不透，但是仔细观察就会发现涨停的出现并非毫无章法，如果在投资之前能够从主力的角度分析涨停意图，就能准确地做出判断，帮助投资者做出正确的决策。

7.1.1 吃货阶段出现的涨停

吃货阶段出现涨停的原因主要是主力吃货尚未完成之前，股价拉升走势已经明显，吸引了场外大部分投资者的注意，此时投资者再想在低位吸筹已经没有可能，所以只能一边拉升一边吃货。在这种情况下，主力最常用的手法就是快速拉出一个涨停板，这样就可以避免散户抢货，同时还可以刺激短线投资者出货离场。

吃货阶段出现的涨停是投资者的投资机会，一旦发现应及时进场追涨，等待后市拉升。吃货阶段出现涨停板的股票通常具备以下特点。

①股价前期表现冷淡，然后突然没有预兆地拉出一个或者是几个涨停板，目的在于能够快速地抢夺筹码，减少跟风盘。

②涨停板的出现改变了股票的走势，使得股价由下跌趋势转变为止跌企稳的状态。

③建仓型涨停板一般出现在股价的低位。

④股价封停迅速。通常吃货阶段的涨停其分时图形态为脉冲型，股价盘中快速拉升并封死涨停，以便让场外资金难以入场抢夺筹码。

实例分析
农发种业（600313）上涨初期的涨停板分析

图 7-1 所示为农发种业 2021 年 11 月至 2022 年 6 月的 K 线走势。

第 7 章 涨停板操作技法提升

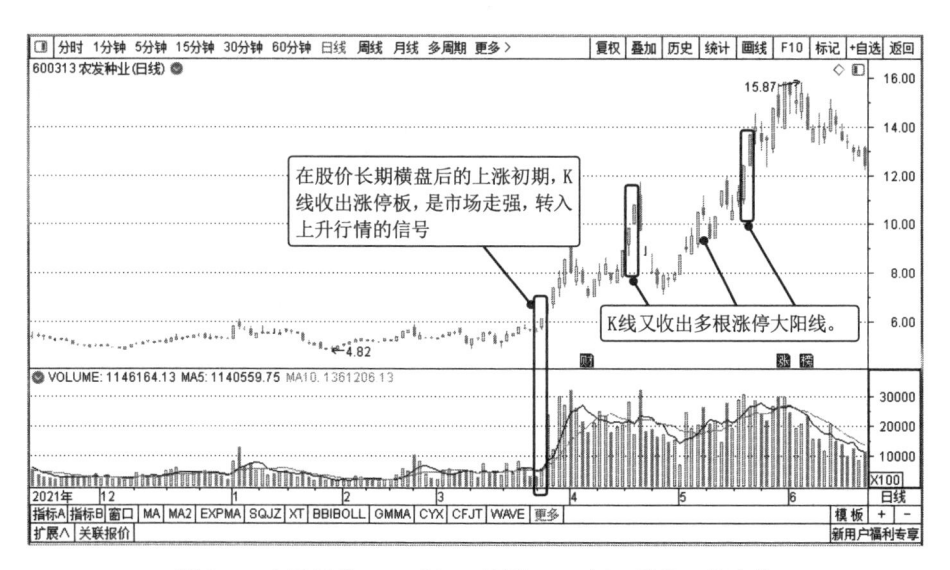

图 7-1 农发种业 2021 年 11 月至 2022 年 6 月的 K 线走势

从图 7-1 可以看到，农发种业股票经过一轮下跌行情后运行至 6.00 元价位线下方的低位区域横盘窄幅波动运行。2022 年 3 月 25 日，当日开盘之后股价快速向上直线拉升，直冲涨停板，并封住涨停板。图 7-2 所示为 2022 年 3 月 25 日分时走势。

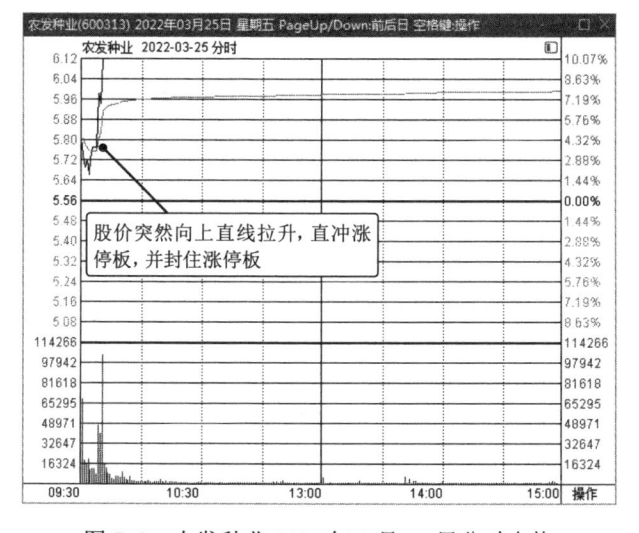

图 7-2 农发种业 2022 年 3 月 25 日分时走势

在股价长期横盘整理的低位区域出现一根涨停大阳线,将股价拉升至横盘平台上方,是典型的吃货阶段涨停,后市股价大概率会开启一波大幅向上拉升行情。投资者可以积极追涨买进,持股待涨。

从农发种业的后市走势来看,涨停板出现后,K线又收出多根涨停,股价转入急速向上拉升行情,股价震荡上行最高上涨至15.87元,涨幅超164%。如果投资者能够积极追涨则可获得丰富的投资回报。

7.1.2 洗盘阶段的涨停板

主力通过吃货入场之后通常会进行洗盘、试盘,清除场内意志不坚定的浮动筹码。当洗盘结束,盘子变得较轻,主力便会拉出涨停板,让个股再度进入上升通道。如果此时出现的涨停板在关键性的突破位置,则预示着上攻行情有望加速,投资者可以积极追涨停。

实例分析
奥园美谷(000615)洗盘阶段中的涨停板分析

图7-3所示为奥园美谷2020年11月至2021年4月的K线走势。

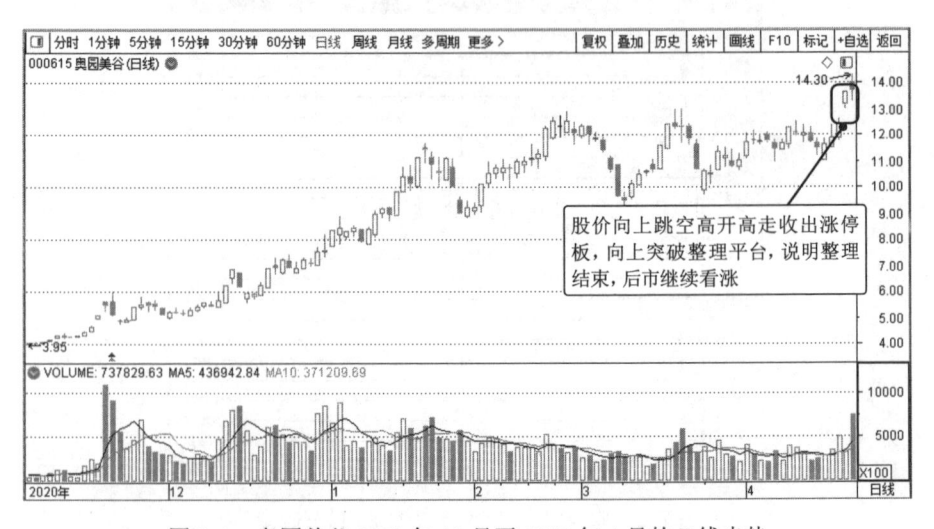

图7-3 奥园美谷2020年11月至2021年4月的K线走势

从图 7-3 可以看到，股票奥园美谷处于上升行情之中，股价从 4.00 元价位线附近的低位区域开始向上攀升，涨势稳定，涨幅较大。2021 年 1 月下旬，股价上涨至 12.00 元价位线附近后便止涨回调，随后股价在 10.00 元至 12.00 元价位线区间横盘震荡运行。

在股价横盘窄幅震荡运行的过程中，下方成交量并没有出现明显的放大迹象，说明此时的横盘极有可能是主力的洗盘行为，其目的在于清除场内浮动筹码，以便后市更好地拉升股价。

2021 年 4 月 22 日，股价向上跳空高开，开盘后股价立即向上直线拉升至涨停，并全天封住涨停板。图 7-4 所示为 4 月 22 日分时走势图。

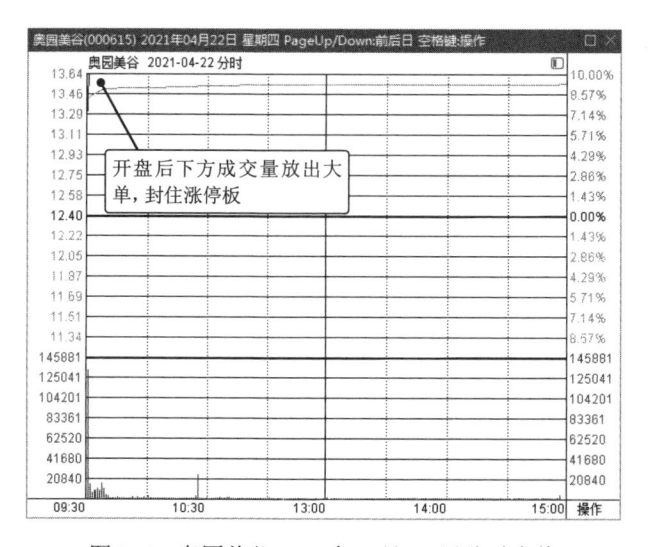

图 7-4　奥园美谷 2021 年 4 月 22 日分时走势

仔细观察可以发现，4 月 22 日 K 线收出一根向上跳空的涨停阳线，且该阳线向上突破股价横盘整理平台，说明洗盘结束，股价即将继续之前的上涨行情，投资者可以大胆追涨。

图 7-5 所示为奥园美谷 2021 年 1 月至 6 月的 K 线走势。

从图 7-5 可以看到，涨停大阳线出现后，奥园美谷继续之前的上升行情，股价向上快速攀升，涨势稳定，最高创出 29.95 元的高价。如果投资者前期

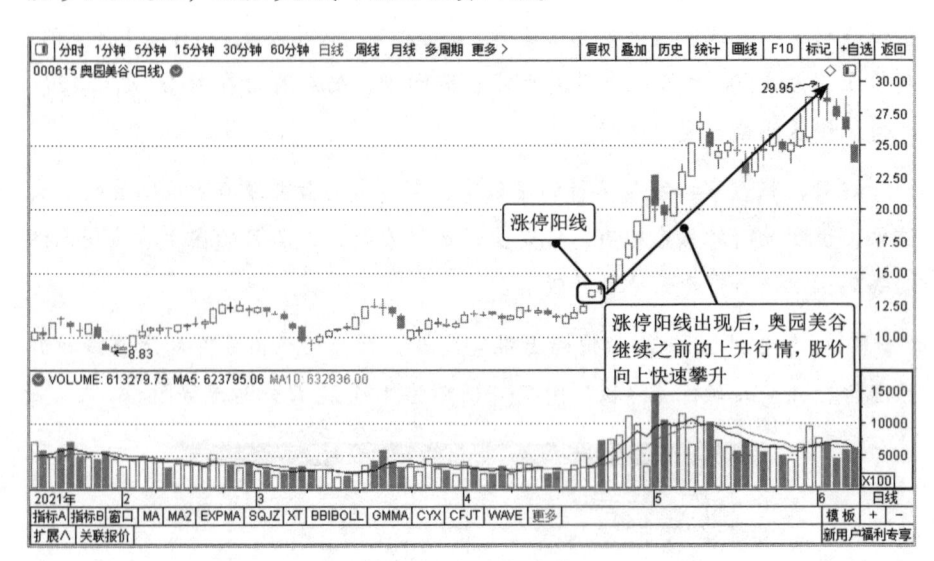

能够积极追涨,就能够获得不错的投资回报。

图 7-5 奥园美谷 2021 年 1 月至 6 月的 K 线走势

7.1.3 顶部位置放量涨停

当主力将股价拉升到一定高度之后,就会开始想办法出货离场。此时,为了避免市场中的投资者警觉。通常在出货的过程中,股价顶部高位区域会出现放量涨停,利用涨停给投资者股价继续强势,表现出上涨的假象。这样一来,场外的投资者看到股价还在冲击涨停,就会认为该股后市必然会再迎来一波加速上涨行情而追涨入场,主力便可趁机将手中筹码抛售,使成交量在涨停当天被迅速放大。

因此,放量涨停当天的成交量主要由于两个方面的原因产生:一是主力不断利用对倒手法拉高股价而产生的成交量;二是散户发现股价大幅上涨而主动入场买进股票产生的成交量。

面对这样的高位顶部放量涨停,场外的投资者不要急着追涨,持币观望是最好的决策,而场内的持股投资者则应利用这一涨停机会及时离场,避免被套。

实例分析
南华生物（000504）高位横盘涨停分析

图 7-6 所示为南华生物 2021 年 3 月至 9 月的 K 线走势。

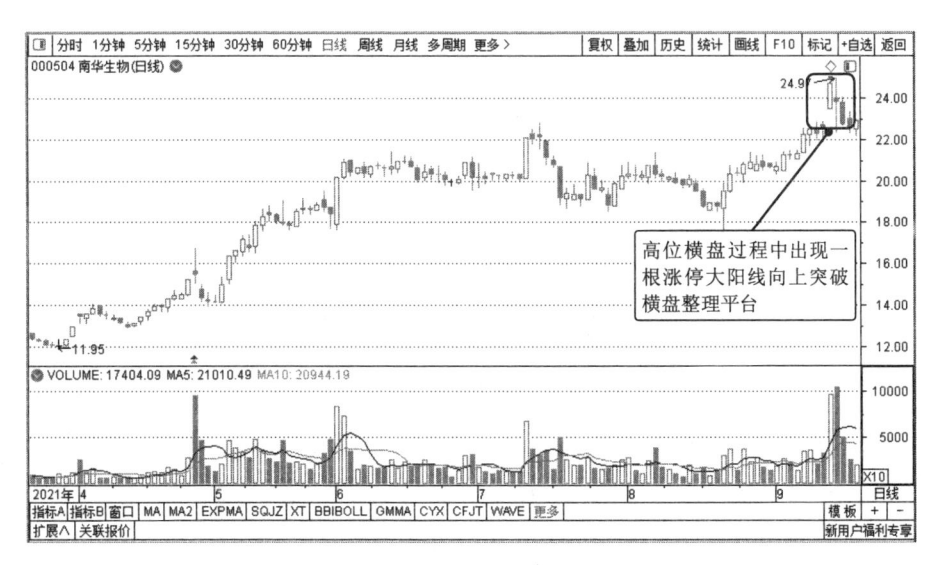

图 7-6 南华生物 2021 年 3 月至 9 月的 K 线走势

从图 7-6 可以看到，南华生物处于上升行情之中，股价波动上行不断向上抬升股价。2021 年 6 月，当股价上涨至 20.00 元价位线上后止涨，随后股价在 19.50 元至 22.00 元区间横盘窄幅波动，下方成交量缩量。

2021 年 9 月 13 日，股价向上跳空高开高走，K 线收出涨停板，将股价拉升至 24.00 元上方，并向上有效突破 22.00 元横盘整理平台，下方成交量放出巨量，是前期成交量的两倍及以上。

图 7-7 所示为南华生物 2021 年 9 月 13 日分时走势图。

从图 7-7 可以看到，当日股票开盘后，下方成交量放出巨量推动股价向上直线拉升至涨停板，随后盘中涨停板被多次打开。结合股价的运行位置，判断此时的涨停板极有可能是主力高位诱多接盘的手段。

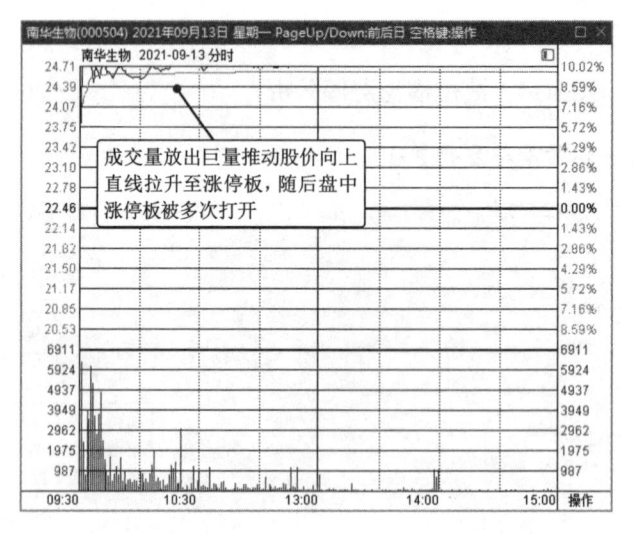

图 7-7　南华生物 2021 年 9 月 13 日分时走势

所以场外投资者不要盲目追涨，应结合之后的 K 线走势进行分析，如果接下来股价继续上行，成交量继续放量，则说明该股上涨行情未变，但如果股价止涨回落则说明股价见顶。

图 7-8 所示为南华生物 2021 年 9 月至 2022 年 4 月的 K 线走势。

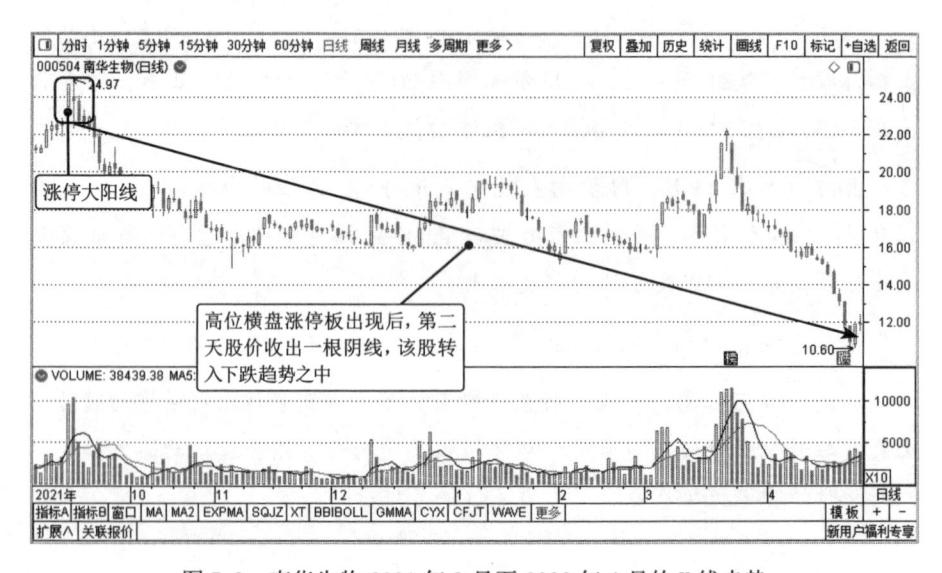

图 7-8　南华生物 2021 年 9 月至 2022 年 4 月的 K 线走势

从图 7-8 可以看到，高位横盘涨停板出现后，第二天股价收出一根带长上下影线的阴线，创出 24.97 元的新高后止涨回落转入下跌行情之中。股价波动下行，最低跌至 10.60 元，如果前期投资者匆忙入场追击涨停板则将面临重大经济损失。

7.1.4 下跌途中的涨停板

股价处于下跌行情之中，当股价止跌出现涨停板，是不是就能说明股价处于底部反转呢？作为普通投资者我们无法提前知道股价是否运行至底部，只能根据当前的走势判断下跌之后出现了涨停，却不能判断该涨停是转势信号，还是下跌途中的反弹回升。

所以当股价在下跌途中出现涨停板，投资者不应盲目追涨，应结合股价的后市走势来进行判断。如果涨停板出现后不久，股价立即止涨回调，整个股价依然处于下跌趋势之中，那么涨停板则为吸引散户接盘的手段，涨停板出现后股价可能会进一步下跌，且跌势更急促，跌幅更大。

但是如果涨停板出现后，股价不再继续创新低，重心开始向上移动，下方成交量放量拉升股价，则说明场内有主力资金入场，股价见底回升的概率较大。投资者可以积极买进，大胆追涨。

实例分析
华映科技（000536）下跌过程中的涨停板分析

图 7-9 所示为华映科技 2021 年 5 月至 11 月的 K 线走势。

从图 7-9 可以看到，华映科技处于下跌行情之中，股价波动下行，重心不断下移。2021 年 10 月底，股价下行至 2.20 元价位线下方止跌横盘，随后成交量放大，带动股价小幅向上拉升，该股股价出现企稳回升的迹象。

2021 年 11 月 15 日，股价高开高走，K 线收出一根涨停大阳线，将股价拉升至 2.60 元价位线上方，从表面上来看似乎进一步确认了股价止跌回升这一信号。但是，仔细观察可以发现，股价在前期下跌过程中成交量始终呈现缩量，说明场内的空头势能极有可能没有释放完全，投资者不能盲目追涨，应仔细观察为主。

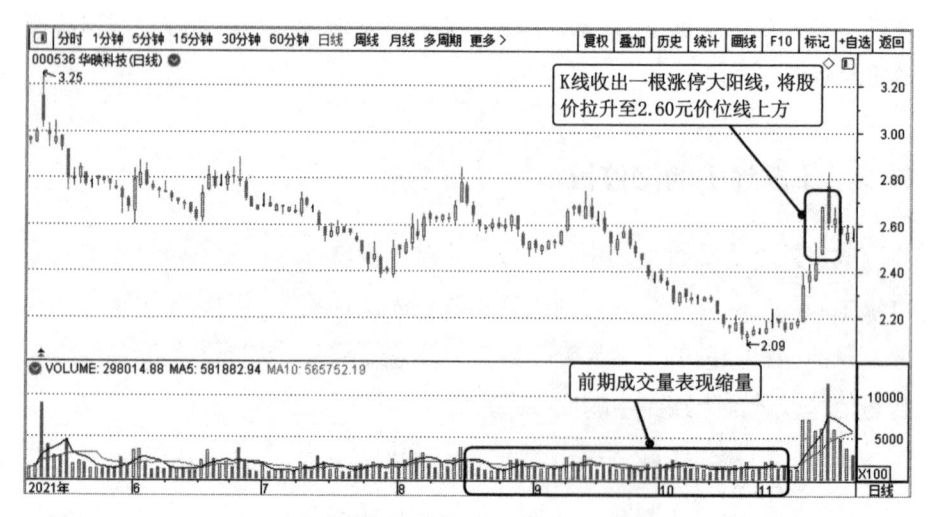

图 7-9 华映科技 2021 年 5 月至 11 月的 K 线走势

第二天股价高开低走，K 线收出一根巨量大阴线，说明场内有资金出逃，后市极有可能继续下跌，前一天的涨停板为诱多手段。图 7-10 所示为华映科技 2021 年 10 月至 2022 年 5 月的 K 线走势。

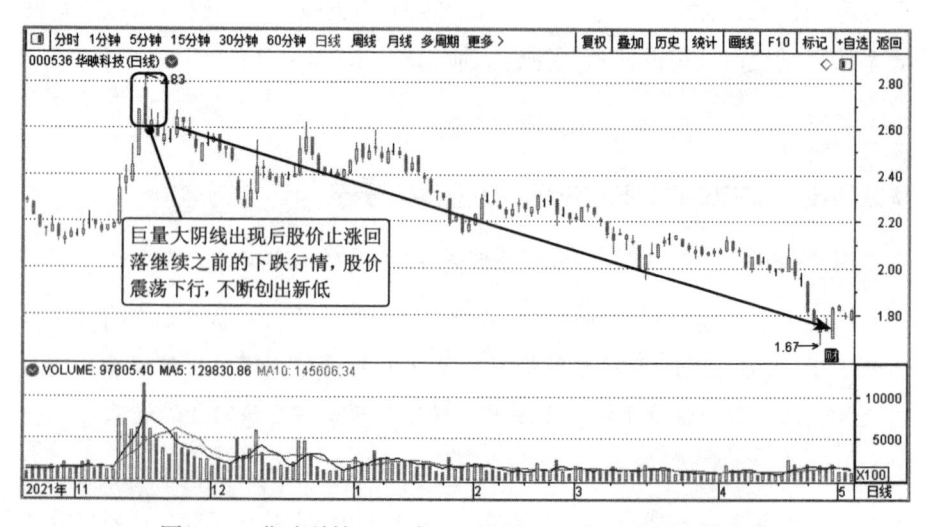

图 7-10 华映科技 2021 年 10 月至 2022 年 5 月的 K 线走势

从图 7-10 可以看到，巨量大阴线出现后股价止涨回落继续之前的下跌行情，股价震荡下行，不断创出新低，最低价格为 1.67 元。如果投资者发现涨停板时，不多做分析而盲目追涨，则将遭受重大经济损失。

7.2 涨停板追涨的止盈止损法

对于投资者来说，投资的最终目的都是获利，使自己的资产增值，但是最终的获利还是需要靠卖出来实现，所以投资者需要结合实际走势情况来确定合适的止盈、止损位。

7.2.1 跌破 5 日均线立即止损

如果个股出现连续涨停或向上大幅拉升的强势走势，表明股价处于强势拉升的上涨行情之中。这样的走势会让股价在短时间内快速、大幅度地上涨，但是股价也容易快速止涨回落转入下跌行情。所以，持股投资者要注意，一旦个股收盘价跌破 5 日均价线则应立即卖出，锁定前期收益。

实例分析
仁和药业（000650）股价向下跌破 5 日均线

图 7-11 所示为仁和药业 2021 年 2 月至 6 月的 K 线走势。

从图 7-11 可以看到，仁和药业股票处于上升行情之中，股价在 5 日均线的支撑下稳定上行，重心不断向上移动。2021 年 5 月下旬，股价上涨至 10.00 元价位线附近后，股价突然向上急速拉升，K 线连续收出两根涨停板，将股价拉升至 12.00 元价位线上，随后止涨横盘。

几个交易日之后，股价小幅回落，K 线连续收阴且向下有效跌破 5 日均线，运行至 5 日均线下方。在股价急速拉升之后出现这一现象，说明该股短期趋势发生变化，后市极有可能迎来一波下跌行情，场内持股投资者应立即离场。

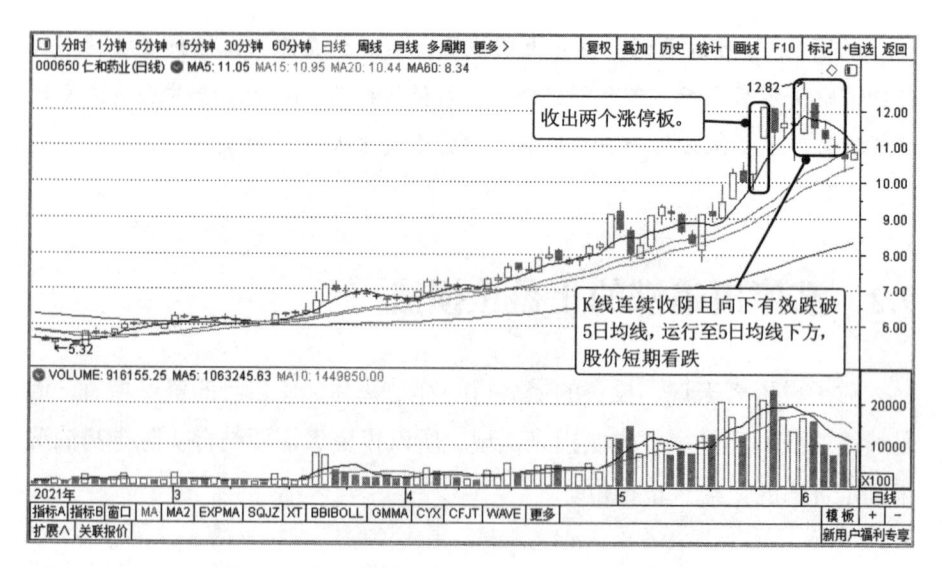

图7-11 仁和药业2021年2月至6月的K线走势

图7-12所示为仁和药业2021年6月至2022年5月K线走势。

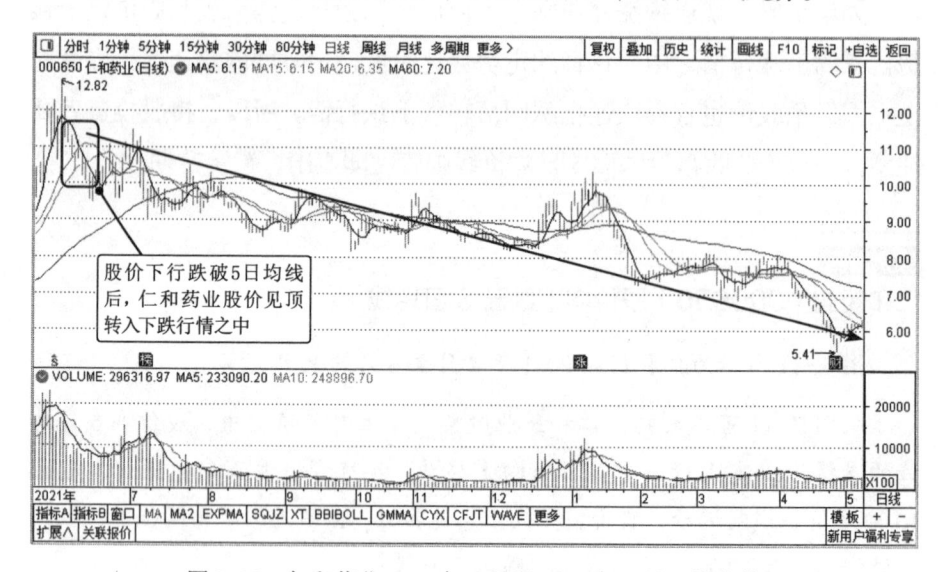

图7-12 仁和药业2021年6月至2022年5月K线走势

从图7-2可以看到，股价下行跌破5日均线后，仁和药业股价见顶转入下跌行情之中，股价运行至5日均线下方，股价震荡下行开启一轮长期的大幅下跌行情，最低创出 5.41 元的低价，走势沉重。如果前期投资者没有借助股价跌破 5 日均线这一信号而早早离场，必然会遭受严重的经济损失。

7.2.2 跌破 10 日均线无条件出局

股价经过一番强势拉升或连续涨停运行至高位区域止涨横盘，随后股价拐头下行，一旦股价向下有效跌破 10 日均线，则投资者应无条件立即离场，不要对后市抱有幻想。通常来说，股价跌破 10 日均线则意味着波段行情的结束，说明该股的这一轮上涨行情结束，后市看空。

实例分析
中原传媒（000719）股价向下跌破 10 日均线

图 7-13 所示为中原传媒 2021 年 8 月至 2022 年 1 月的 K 线走势。

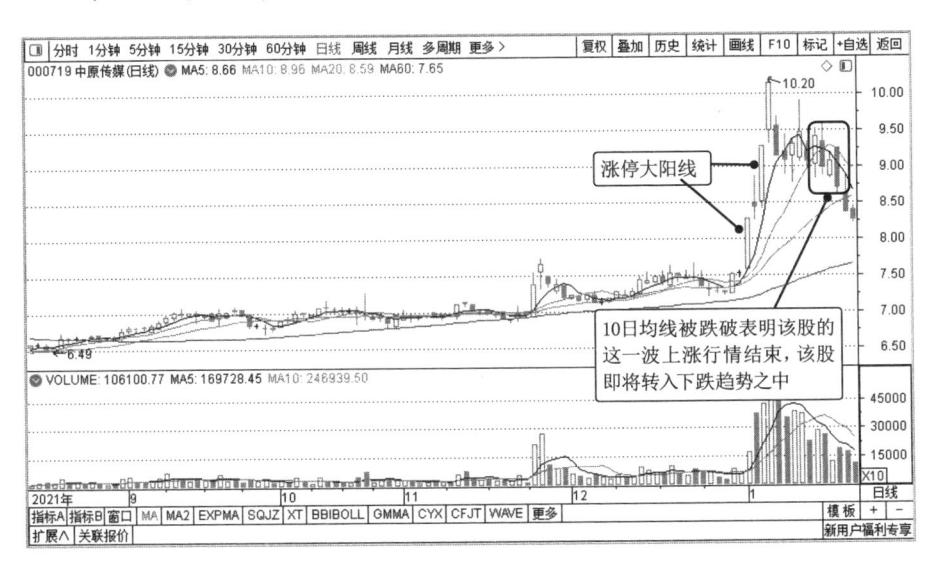

图 7-13　中原传媒 2021 年 8 月至 2022 年 1 月的 K 线走势

从图 7-13 可以看到，中原传媒处于上升行情之中，股价从 6.50 元附近的低位处开始向上缓慢攀升，涨幅较小，速度较慢。2022 年 1 月，股价上涨至 7.50 元价位线附近后，突然向上急速拉升，K 线收出多个涨停板，几个交易日便将股价拉升至 10.00 元价位线上方。

但是，接着股价小幅回落至 9.00 元价位线上横盘整理运行，未来走势不明。2022 年 1 月 18 日，一根大阴线向下跌破 10 日均线，随后 K 线继续下行，说明了跌破的有效性。10 日均线被跌破表明该股的这一波上涨行情结束，该股即将转入下跌趋势之中，场内的持股投资者应尽快离场。

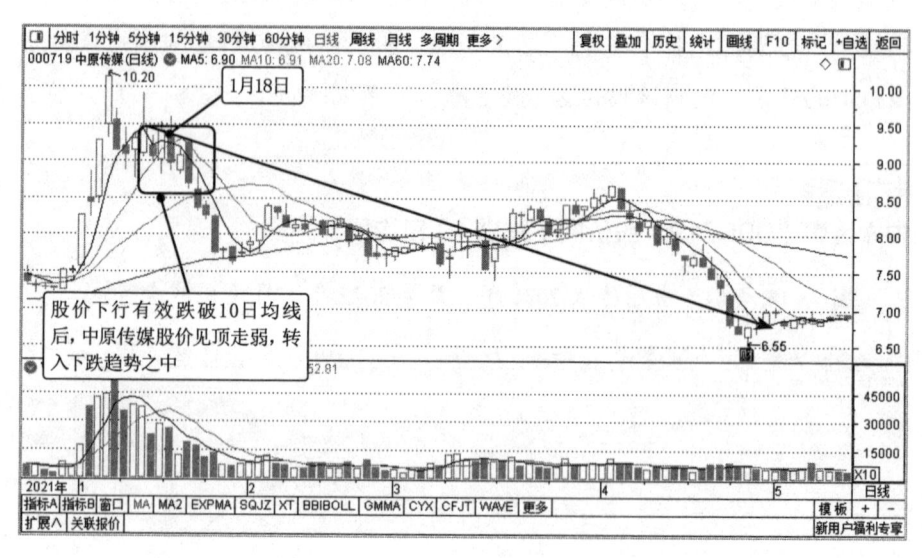

图 7-14 所示为中原传媒 2021 年 12 月至 2022 年 5 月的 K 线走势。

图 7-14　中原传媒 2021 年 12 月至 2022 年 5 月的 K 线走势

从图 7-14 可以看到，股价下行有效跌破 10 日均线后，中原传媒股价见顶走弱，转入下跌趋势之中，最低跌至 6.55 元，跌幅较大。如果投资者前期没有离场，极有可能被套，难以脱困。

7.2.3　股价跌破买点 5% 时离场

股价跌破买点 5% 离场，这种止损卖出法是一种比较简单，比较基础的止损方法，它不需要考虑股价走势和行情变化，完全以自身的风险承受能力来进行确定。这里的 5% 只是一个概念，投资者也可以根据自己的实际需要设置成 2% 或者 3% 等，但是大部分的投资者设置为 5%。

第 7 章　涨停板操作技法提升

这种定额止损法操作简单，无须分析，只需要根据自己的买入位置进行判断，一旦跌至目标止损位则立即离场，比较适合投资经验不多的新手进行止损。

实例分析
英洛华（000795）股价跌破买入点 5%

图 7-15 所示为英洛华 2021 年 11 月至 12 月的 K 线走势。

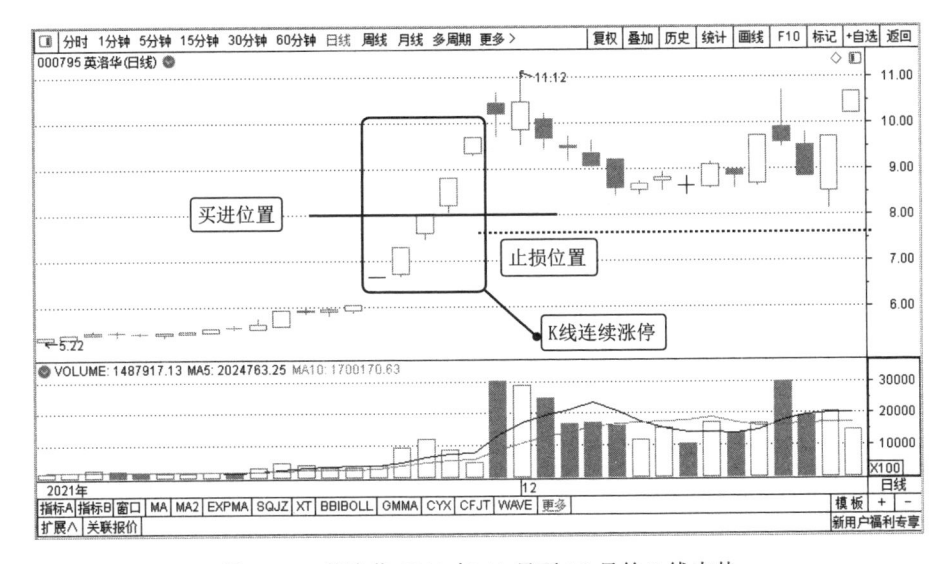

图 7-15　英洛华 2021 年 11 月至 12 月的 K 线走势

从图 7-15 可以看到，英洛华股票处于上升行情之中，股价从 5.22 元的低位处向上缓慢爬升。当股价上涨至 6.00 元附近时，股价突然向上急涨，K 线连续涨停。如果投资者在 8.00 元位置追击涨停板买进，并设置止损点为股价跌破买入点 5%，那么除非股价跌破 7.60 元，否则投资者则一直持股待涨。

投资者买进后，股价继续上行，当股价上涨至 11.00 元位置创出 11.12 元的高价后止涨横盘，出现见顶迹象。

图 7-16 所示为英洛华 2021 年 11 月至 2022 年 4 月的 K 线走势。

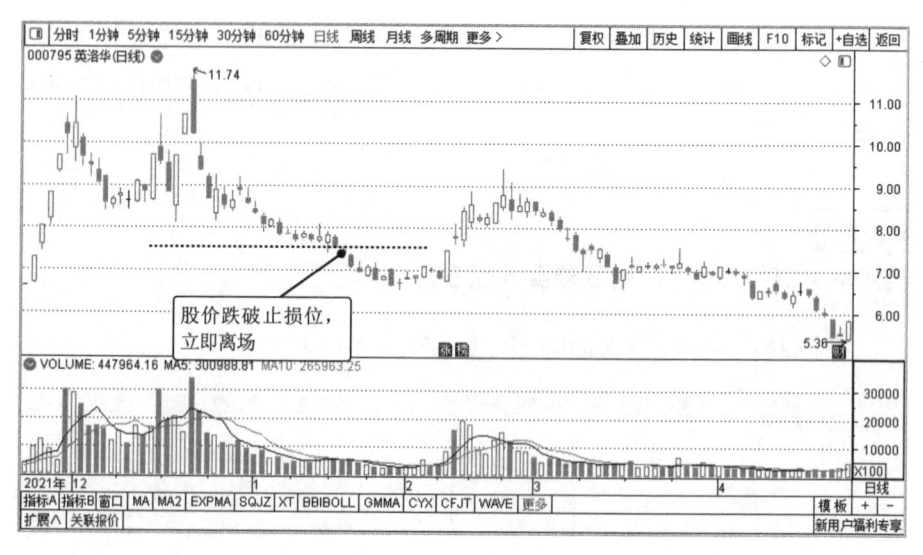

图 7-16　英洛华 2021 年 11 月至 2022 年 4 月的 K 线走势

从图 7-16 可以看到，英洛华在 9.00 元位置横盘一段后继续上行，上涨到前期高位 11.00 元附近止涨，形成 M 顶形态后转入下跌走势中。该投资者以股价跌破买入点 5% 为卖出点，那么在 2022 年 1 月中旬左右会抛售持股离场。

可以看到，这种止损方式绝对不是最优的离场方式，如果投资者可以发现 M 顶现象，或者是借助其他技术指标作为离场信号，可能不仅不会损失 5% 的本金，还会有所收益。但是，这是最简单的一种止损方式，是很多新手投资者在对技术指标分析较少，难以判断市场走势时常用的一种方法。尽管不是最优的止损方法，但是却可以避免自己遭受更大的经济损失，将自己的损失控制在可承受能力范围内。

7.2.4　股价跌破重要支撑位

股价跌破重要支撑位是指股价下行跌破重要支撑位置时，投资者需要立即抛售持股离场，快速止损，以防遭受更大的经济损失。股价波动运行中的重要支撑位主要有以下一些。

①技术形态的颈线位（主要是三重顶、双重顶、多重顶等的颈线位）。

②底边线（主要是箱体、正三角形等的底边线）。

③中长期均线中的 20 或 30 日均线，乃至 60、120、250 日均线。

④下轨线（下降通道的下轨线）。

⑤上升趋势线（某个上升趋势中低点的连线）。

实例分析

闽东电力（000993）股价跌破双重顶颈线

图 7-17 所示为闽东电力 2021 年 5 月至 11 月的 K 线走势。

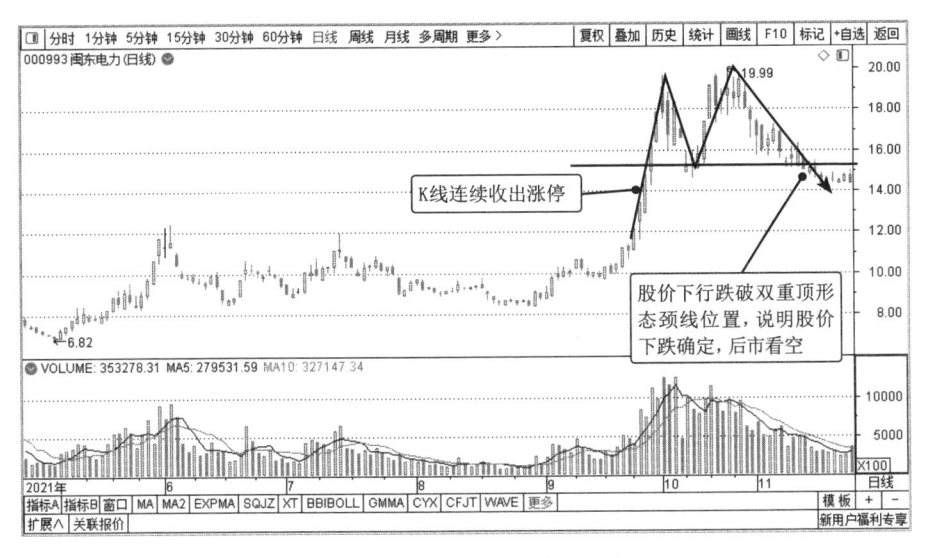

图 7-17　闽东电力 2021 年 5 月至 11 月的 K 线走势

从图 7-17 可以看到，闽东电力股票处于上升行情之中，股价从 6.82 元的低位开始向上缓慢攀升。当股价上涨至 12.00 元价位线附近后止涨回落，随后股价围绕 10.00 元价位线上下窄幅波动运行。

2021 年 9 月，下方成交量突然明显放大，推动股价向上快速拉升，K 线连续收出涨停板，此时某投资者积极买进追涨。

短短几个交易日的时间，便将股价拉升至 19.00 元附近，随后股价止涨小幅回落。当股价下跌至 16.00 元价位线附近后止跌再次发起上冲，几个交易日股价便上涨至前期高点 19.00 元附近，创出 19.99 元的高价后再次止涨回落。两次的冲高回落形成了典型的双重顶形态。2021 年 11 月上旬，股价下行跌破双重顶形态颈线位置，说明闽东电力的这一波下跌行情已经确定，后市看空，投资者应立即离场。

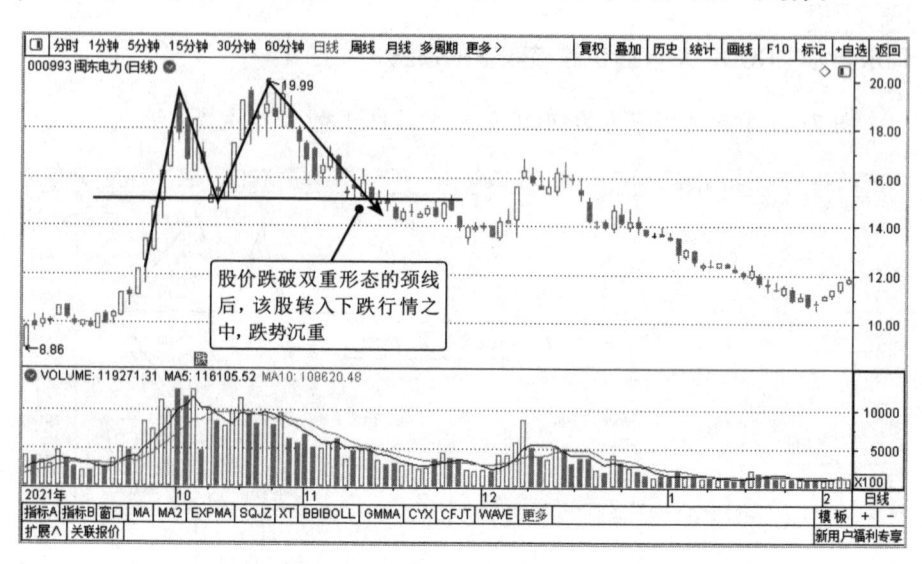

图 7-18 所示为闽东电力 2021 年 9 月至 2022 年 2 月的 K 线走势。

图 7-18　闽东电力 2021 年 9 月至 2022 年 2 月的 K 线走势

从图 7-18 可以看到，股价形成双重顶形态后，闽东电力股价见顶转入下跌趋势之中，当股价跌破双重形态的颈线时，几乎可以确定这一下跌行情的准确性，所以投资者应尽快离场。股价波动下行，最低跌至 11.00 元附近，跌势较急，跌幅较大。

7.2.5　股价遇到重要阻力位

股价在历史行情走势之中形成的阶段性高点最终都将成为股价在上升过程中需要突破的阻力位。如果股价在上升过程中，遇到前期阶段性高点位置受阻，此时投资者就需要采取清仓或减仓的交易策略。另外，投资者不一定非要等到股价运行至阻力位时才操作，如果发现股价上涨动力不足，在距离阻力位较近时可以提前减仓或清仓。这样可以避免股价下跌带来的损失风险。

实例分析
沙河股份（000014）股价遇阻力位卖出分析

图7-19所示为沙河股份2021年11月至2022年4月的K线走势。

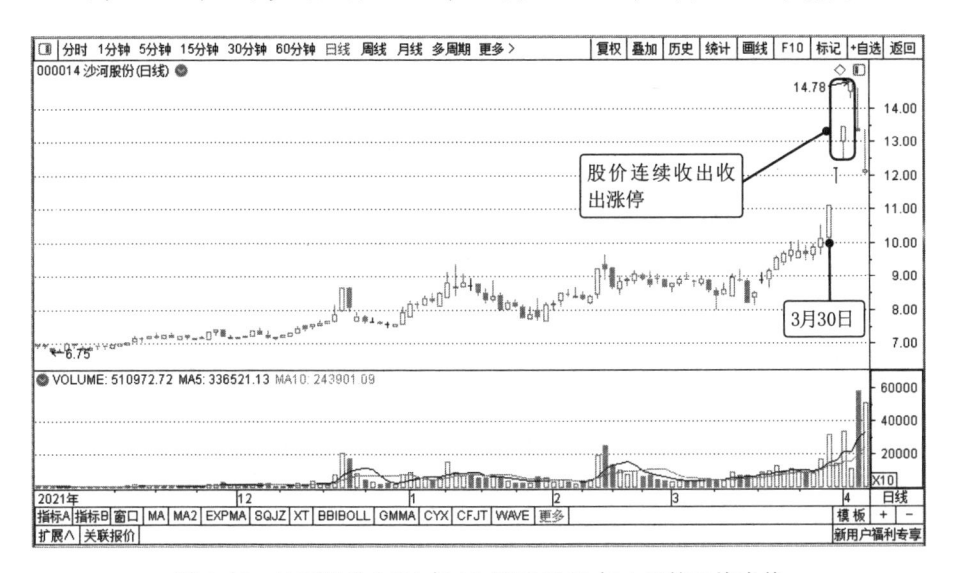

图7-19 沙河股份2021年11月至2022年4月的K线走势

从图7-19可以看到，沙河股份在7.00元下方的低位处横盘整理运行，下方成交量表现缩量，市场表现极度弱势。2021年12月中旬，下方成交量开始放大，股价开始走出明显的上涨走势。

2022年3月30日，股价向上快速拉升，当天收出一根涨停大阳线，此时某投资者积极买进追涨。如图7-20所示为沙河股份2022年3月30日的分时走势。

[图表：沙河股份2022年3月30日分时走势，标注"股价向上拉升，直冲涨停板，但涨停板并未封住，盘中打开涨停板，随后封住涨停"]

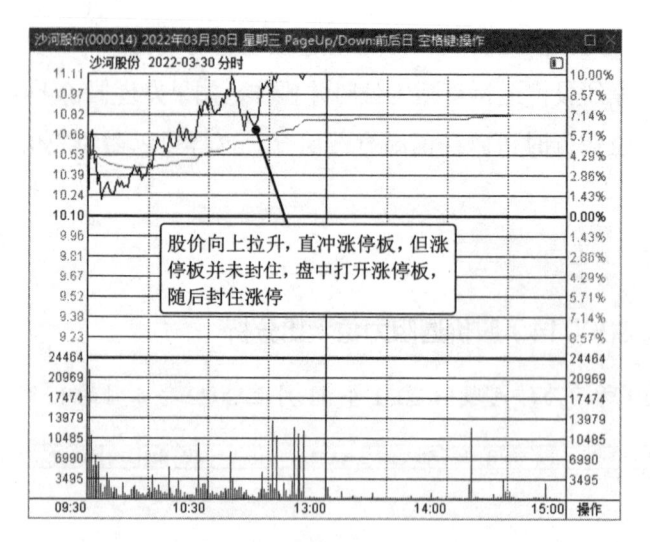

图 7-20 沙河股份 2022 年 3 月 30 日分时走势

投资者买进后股价继续上行，K 线连续收出涨停板，将股价拉升至 14.00 元价位线上方，此时投资者需要注意，需要查看沙河股份的历史走势，如图 7-21 所示。

[图表：沙河股份K线走势，标注"14.00元价位线为重要阻力位，股价极有可能在此位置止涨回落转入下跌行情之中"]

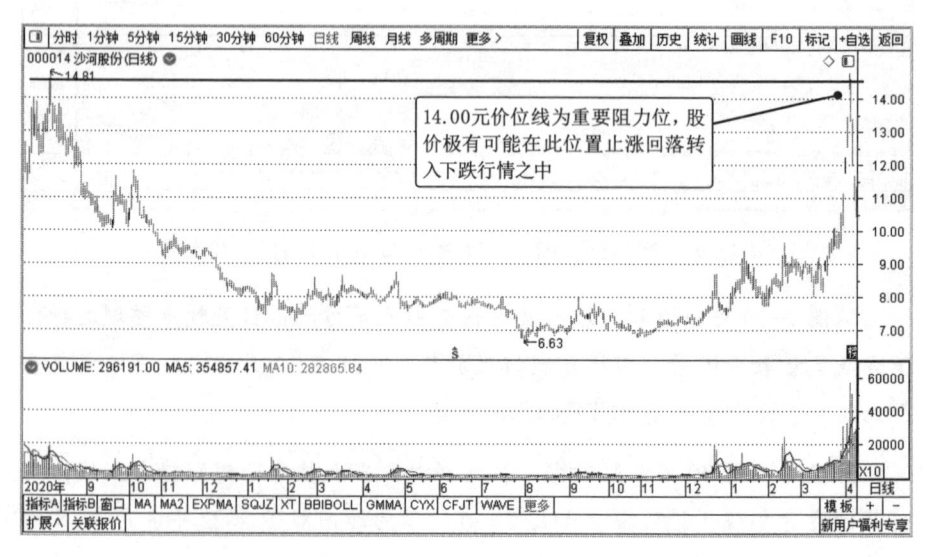

图 7-21 沙河股份 2020 年 8 月至 2022 年 4 月的 K 线走势

从图 7-21 可以看到，沙河股份股票的股价前期运行至 14.00 元价位线位置，创出 14.81 的高价后止涨回落，转入下跌走势之中，说明 14.00 元价位线为重要阻力位，股价极有可能在此位置止涨回落转入下跌行情之中，所以投资者应立即清仓，锁定前期收益及时离场。

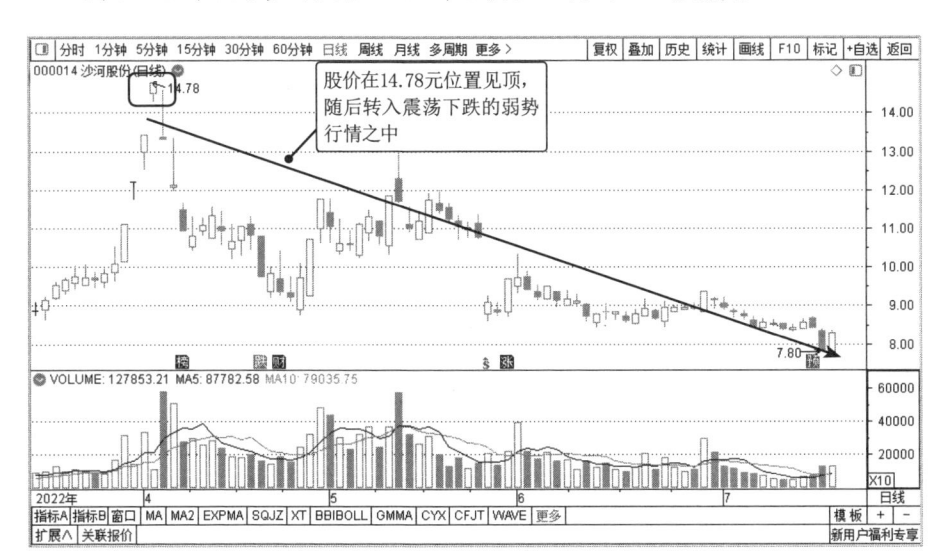

图 7-22 所示为沙河股份 2022 年 3 月至 7 月的 K 线走势。

图 7-22　沙河股份 2022 年 3 月至 7 月的 K 线走势

从图 7-22 可以看到，沙河股份的股价果然在 14.78 元位置见顶，随后转入震荡下跌的弱势行情之中，股价最低创出 7.80 元的价格，跌幅较大。如果投资者前期没有及时离场，将面临重大经济损失。

7.3　识别涨停板中的陷阱

涨停板一直以来都是人们津津乐道的一个快速获利方式。个股出现涨停板之后，下一个交易日往往由于惯性而继续冲击高位，继续向上大幅上涨。所以有许多投资者纷纷追涨停，渴望快速获得高回报。殊不知，市场中的涨停板其实暗含蹊跷，有的涨停板实际上是诱多陷阱，一旦追涨极有可能不仅不会获利，反而被套，难以脱困。

7.3.1 假突破涨停陷阱

在股价上行的过程中，当股价运行至重要阻力位时，如果 K 线收出涨停板向上突破阻力位，则说明股价上涨强势，动力十足，后市股价继续表现上涨的可能性较大。但是，有时主力为了吸引散户接盘也会制造一些假突破现象，先拉出一个涨停板吸引散户投资者，给人以涨势继续的假象，当散户纷纷入场，主力则趁机抛售持股离场，随后股价转入长时间的下跌弱势行情之中。

这就要求当股价上行突破阻力位时，需要对突破的有效性做判断，具体可以从以下两点来进行。

①确认股价上行突破阻力位后的回调是否跌破前一高点，如果不跌破前一个高点，则说明其后的高点突破为真突破，可以买进追涨。

②确认上升趋势后的回调跌破前一个高点，其后的高点突破则通常是假突破，投资者不要着急追涨。

实例分析

申万宏源（000166）涨停板假突破高位分析

图 7-23 所示为申万宏源 2019 年 3 月至 2020 年 7 月的 K 线走势。

从下图可以看到，申万宏源前期股价运行至 6.00 元位置后见顶回落，转入下跌行情之中，股价波动下行，表现极度弱势。2020 年 6 月下旬，股价再次向上攀升，开启新一波上涨走势。

当股价运行至 5.00 元价位线附近时，K 线连续收出涨停板突破前期 6.00 元价位线阻力位，将股价拉升至 6.50 元上方后止涨回调。此时需要注意，如果股价回调跌破前一高点，则说明涨停板为假性突破，不能追涨。

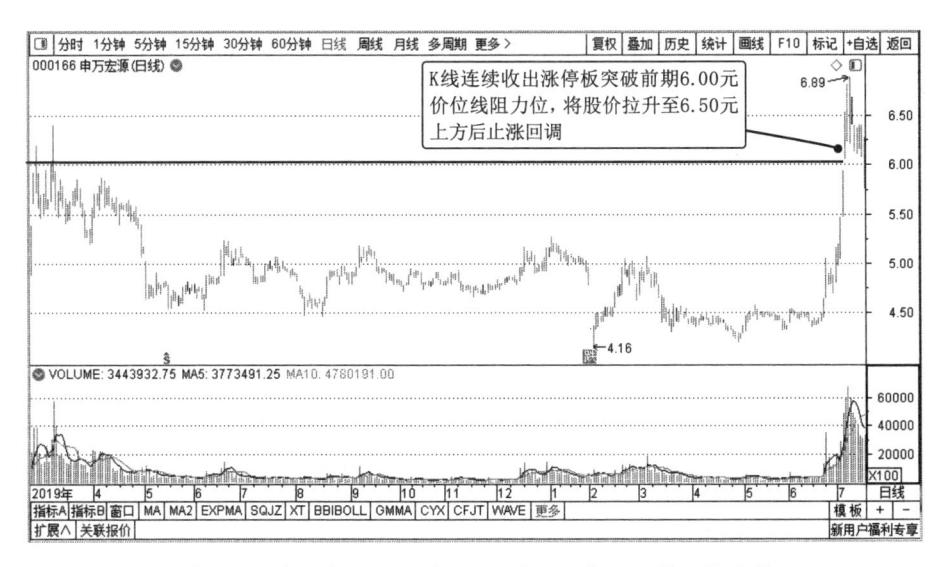

图 7-23　申万宏源 2019 年 3 月至 2020 年 8 月的 K 线走势

图 7-24 所示为申万宏源 2020 年 6 月至 2021 年 8 月的 K 线走势。

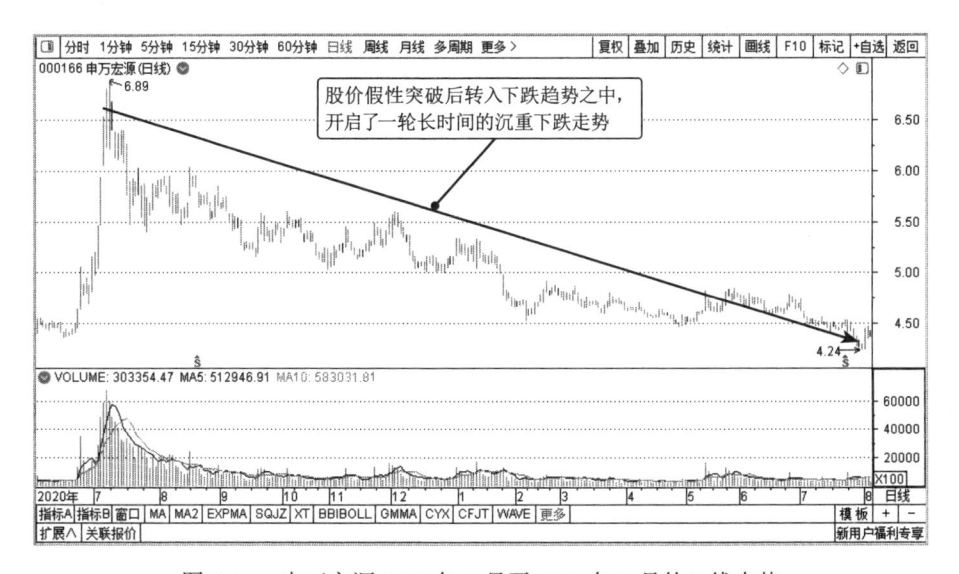

图 7-24　申万宏源 2020 年 6 月至 2021 年 8 月的 K 线走势

从图 7-24 可以看到，申万宏源股票在收出连续涨停突破前期高点后立即止涨回调，且回调跌破 6.00 元价位线为假性突破，随后股价转入下跌趋势之中，开启了一轮长时间的沉重下跌走势，股价最低跌至 4.24 元，跌幅较大。

7.3.2 主力拉高出货

主力为了能够更好地完成出货，常常会刻意拉出涨停板，吸引散户接盘。此时，投资者可以借助分时图来进行判断，刻意拉高出货的分时图形态会表现异常，具体如下图所示。

（1）早盘拉涨停，盘中一落千丈

早盘股价表现强劲，快速将股价拉升至涨停板，但并未封住涨停板，盘中股价放量走低一落千丈，这是典型的出货分时图形态。图 7-25 所示为渝开发（000514）2022 年 4 月 18 日的分时走势。

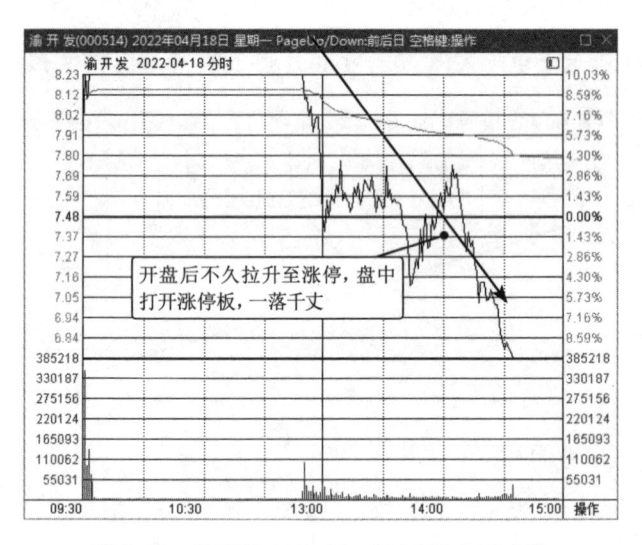

图 7-25　渝开发 2022 年 4 月 18 日分时走势

从图 7-25 可以看到，当日开盘后下方成交量放出巨量，将股价直线拉升至涨停板，并封住涨停板。盘中，涨停板被打开，下方成交量放量，股价向下快速滑落，一落千丈，主力出货意图明显。

图 7-26 所示为渝开发股票主力涨停出货时的 K 线走势。

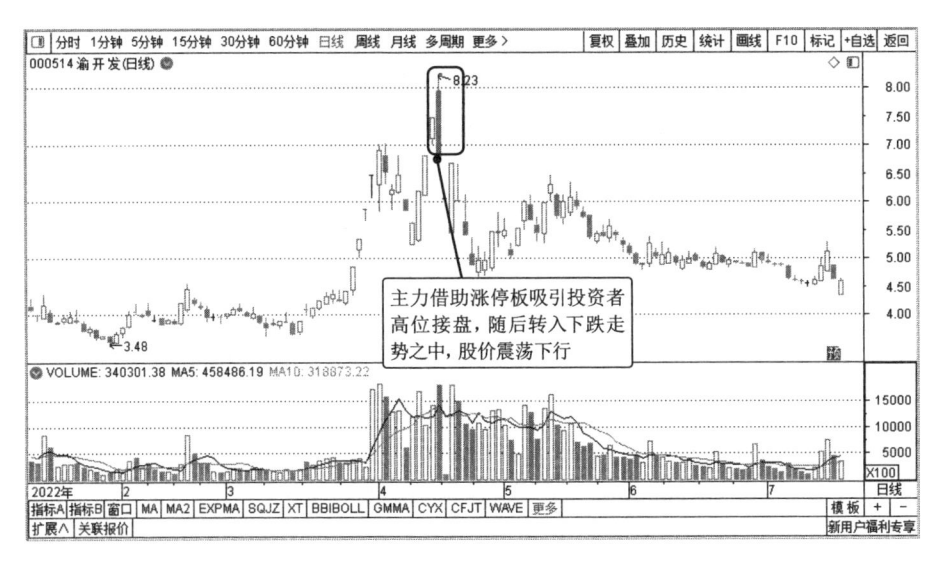

图 7-26　渝开发 2022 年 1 月至 7 月的 K 线走势

从图 7-26 可以看到，主力借助涨停板吸引投资者高位接盘，渝开发在创出 8.23 元的新高后转入下跌走势之中，股价震荡下行。

（2）开盘拉涨停，盘中打开尾盘再次拉涨停

开盘时股价快速拉升至涨停，但很快涨停板就被打开，然后股价震荡下行，尾盘时股价再次向上拉升至涨停，但下方量能并未放大。这是主力利用涨停拉高出货的典型走势，因为主力出货并未完成，所以需要在尾盘时再次拉升，以便第二天继续出货。

图 7-27 所示为北部港湾（000582）2022 年 4 月 11 日分时走势。

从图 7-27 可以看到，早盘时下方成交量放出巨量，使得股价直线拉升直冲涨停板，并封住涨停板。午盘时，涨停板被打开，成交量放大，股价下跌至均价线附近，并在均价线上下横盘波动运行。尾盘时，下方成交量再次出现巨量大单，将股价直线拉升至涨停，这是比较明显的主力出货分时走势。

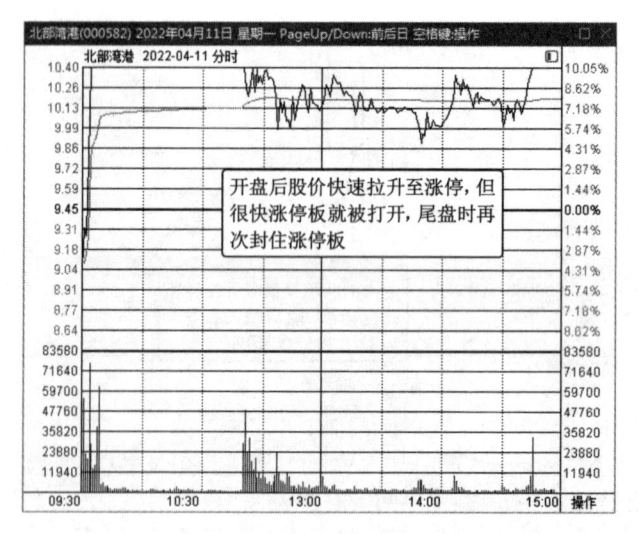

图 7-27　北部港湾 2022 年 4 月 11 日分时走势

图 7-28 所示为北部港湾 2022 年 3 月至 7 月的 K 线走势。

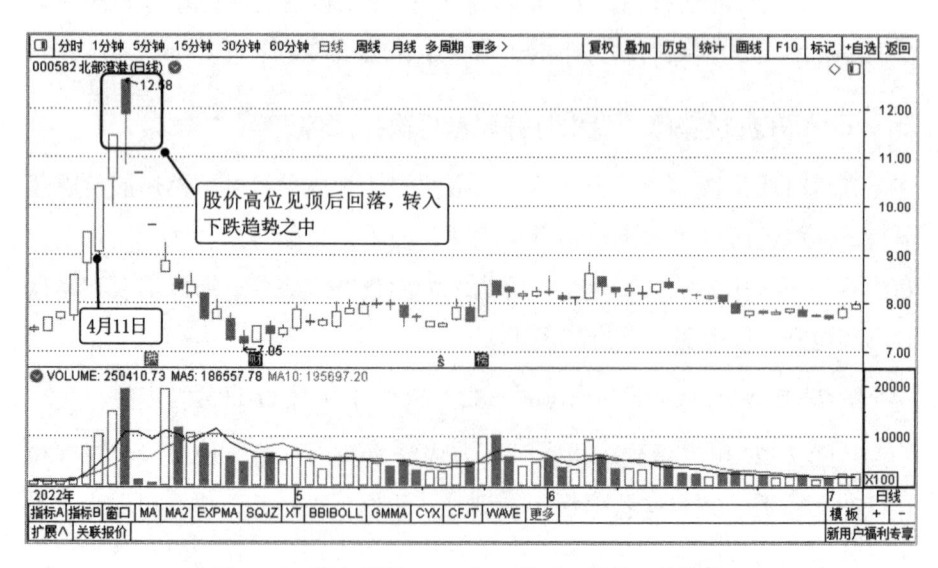

图 7-28　北部港湾 2022 年 3 月至 7 月的 K 线走势

从图 7-28 可以看到，股价快速拉高后吸引散户投资者纷纷入场，随后股价在 12.00 元价位线附近见顶回落，转入漫长的下跌弱势行情之中，跌幅较大，走势沉闷。

（3）开盘即涨停，盘中打开大幅下滑

当日股价开盘即封住涨停板，盘中涨停板被打开，下方成交量放大，股价快速下跌，说明场内大量资金离场，是主力出货的常见方法。图7-29所示为广聚能源（000096）2022年6月13日分时走势。

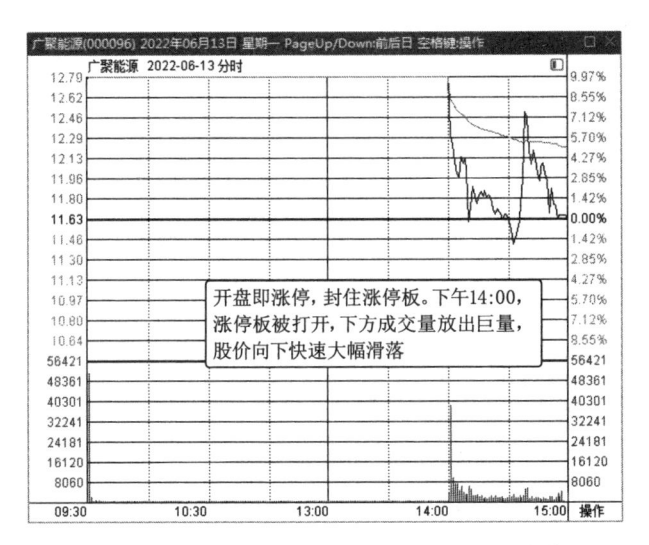

图 7-29　广聚能源 2022 年 6 月 13 日分时走势

从图7-29可以看到，当日广聚能源开盘即涨停，并封住涨停板。下午14:00，涨停板被打开，下方成交量放出巨量，股价向下快速大幅滑落，甚至跌破前一日个交易日收盘价，股价跌至11.46元附近后止跌。

随后，股价开始向上直线快速拉升，当股价上涨至12.46元附近后再次止涨下跌。通过股价的这一走势可以说明场内有主力资金离场，为主力出货的信号。

图7-30所示为广聚能源2022年4月至7月的K线走势。

从图7-30可以看到，K线连续收出两个涨停阳线向上快速拉升股价，随后股价高开低走，创出12.79元新高的同时，主力利用涨停板出货离场。如果投资者没有及时离场，将面临重大的经济损失。

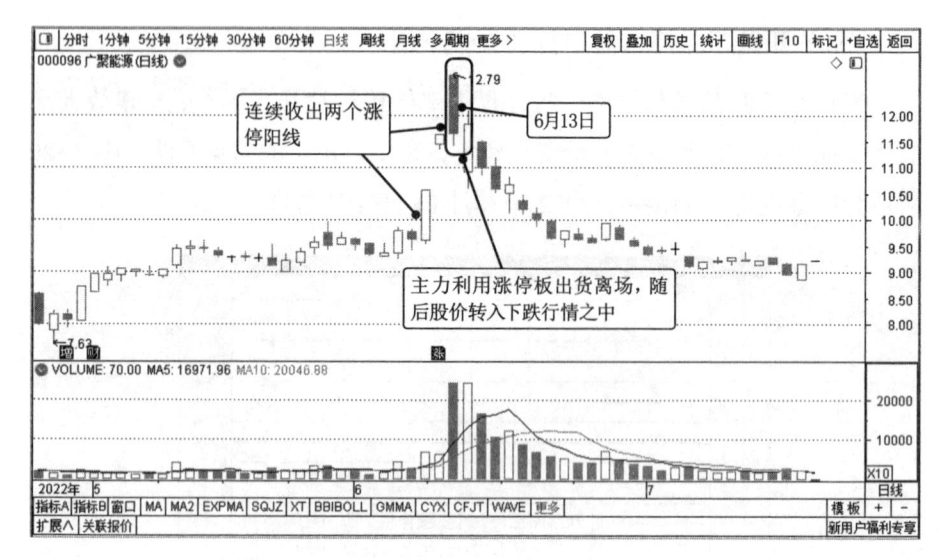

图 7-30　广聚能源 2022 年 4 月至 7 月的 K 线走势

7.3.3　底部形态假涨停

在股价波动运行的过程中，K 线会形成一些底部形态或顶部形态，投资者可以利用这些形态来判断阶段底部或者是阶段顶部，从而更好地对股价走势做出判断。

但是，有时候主力也会借助这样的一些形态来吸引散户投资者，让投资者误以为股价已经见底，即将止跌回升转入上升行情。殊不知，此时股价还处于下跌途中，场内空头势能并未释放完全，后市继续看跌。如果投资者盲目追涨，则将面临被深套的困境。

实例分析
东方盛虹（000301）股价底部形态假涨停分析

图 7-31 所示为东方盛虹 2021 年 6 月至 12 月的 K 线走势。

从图 7-31 可以看到，东方盛虹股票前期表现上升行情，股价震荡上行不断创出新高。2021 年 9 月中旬，股价创出 41.30 元的新高后止涨回落，转

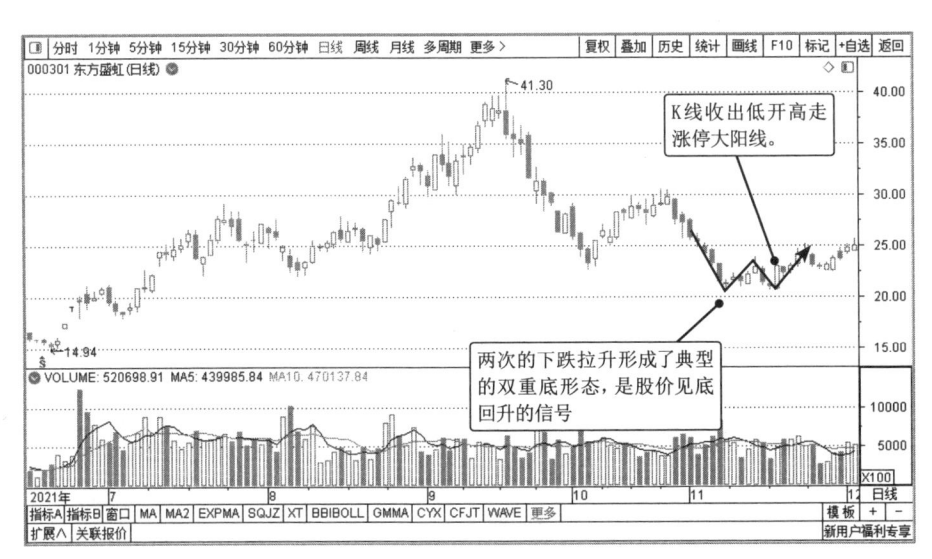

入下跌趋势之中，股价波动下行，重心不断下移。

图中标注：
- K线收出低开高走涨停大阳线。
- 两次的下跌拉升形成了典型的双重底形态，是股价见底回升的信号

图 7-31　东方盛虹 2021 年 6 月至 12 月的 K 线走势

2021 年 11 月上旬，股价下跌至 20.00 元上方后止跌，小幅回升至 22.50 元附近后再次下跌。当股价跌至前期低点 20.00 元上方时再次止跌，接着 K 线收出一根低开高走的涨停大阳线向上拉升股价，使得东方盛虹股价开始向上小幅拉升。

两次的下跌拉升形成了比较典型的双重底形态，这是常见的股价底部形态，说明东方盛虹股价极有可能在此位置见底，后市即将迎来一波大幅上涨的拉升行情，可以在涨停线位置追涨。但是，事实真的是这样吗？

此时我们进一步分析，查看下方的成交量发现，在股价止跌小幅向上拉升的过程中，下方的成交量并没有出现明显的放大迹象。这就说明此时的上涨并没有获得资金支撑，为无量上涨，极有可能是主力吸引散户接盘的手段。东方盛虹的这一波下跌行情可能还未结束，后市继续看空，投资者不应盲目追涨。

图 7-32 所示为东方盛虹 2021 年 9 月至 2022 年 5 月的 K 线走势。

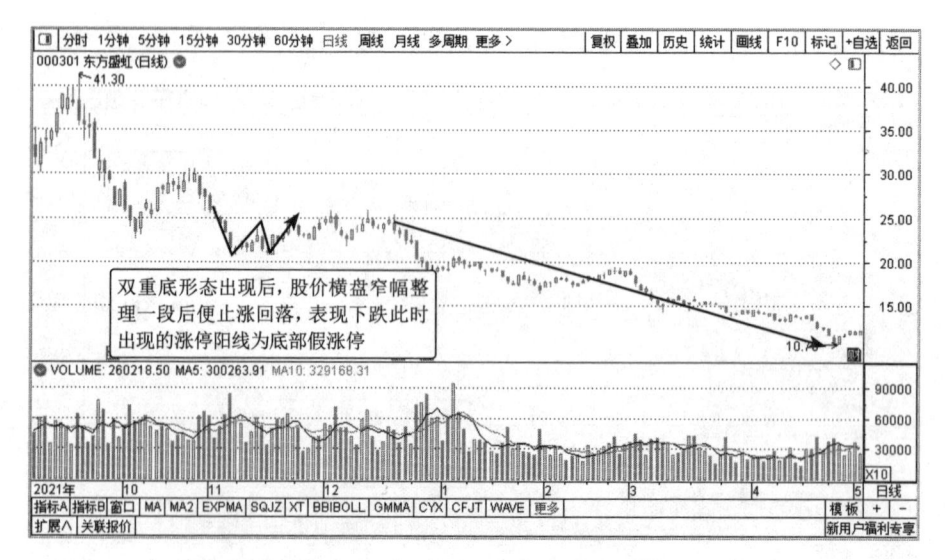

图 7-32　东方盛虹 2021 年 9 月至 2022 年 5 月的 K 线走势

从图 7-32 可以看到，K 线形成双重底形态后，股价上行至 25.00 元附近遇阻，在 22.50 元至 25.00 元区间横盘窄幅运行一段后便止涨回落，继续之前的下跌行情，且股价下跌速度较快，跌幅较大。

7.3.4　顶部形态假涨停

在前面的内容中提到了 K 线形态中的底部假涨停，目的是吸引散户投资者入场接盘。在实际的投资中，往往存在顶部假涨停形态，吸引投资者纷纷抛售持股，主力则趁机吸筹，以便后市更好地拉升。

股价在波动的过程中，K 线也会形成一些顶部形态，预示阶段性顶部的到来。如果此时配合涨停大阳线的出现，往往会吸引场内的获利盘纷纷抛售持股。而主力则趁机吸筹，完成吸筹后，个股将迎来主升浪行情，前期抛售持股的投资者则将错过这一波涨幅收益。

因此，即便出现见顶信号后投资者也需要结合实际走势来进行冷静分析，综合判断。

> **实例分析**
> ### 许继电气（000400）股价顶部形态假涨停分析

图 7-33 所示为许继电气 2021 年 7 月至 11 月的 K 线走势。

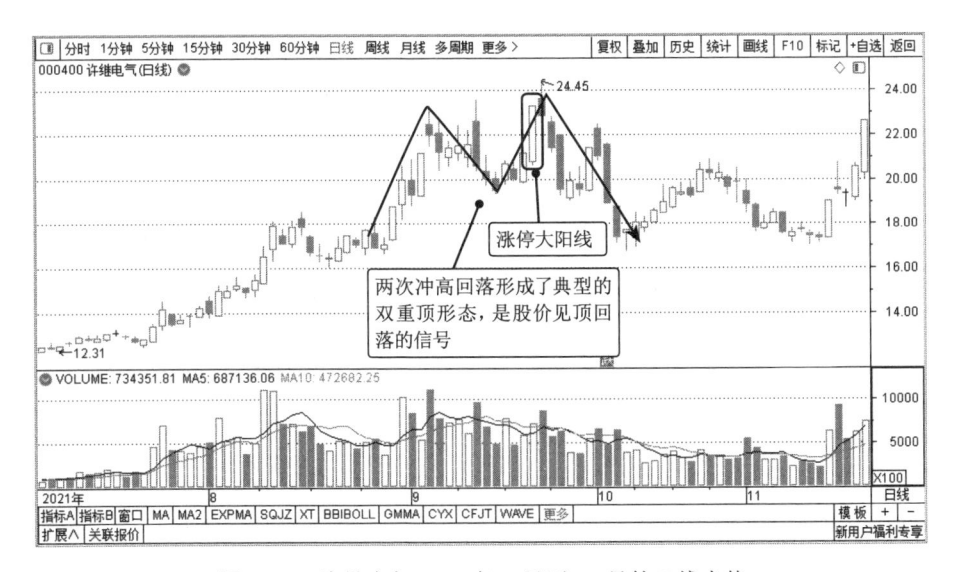

```
[图表：许继电气(000400)日线走势图，标注"涨停大阳线"、"两次冲高回落形成了典型的双重顶形态，是股价见顶回落的信号"，高点24.45，低点12.31]
```

图 7-33　许继电气 2021 年 7 月至 11 月的 K 线走势

从图中可以看到，许继电气前期表现上涨行情，股价从相对低位处开始波动上行。当股价上涨至 24.00 元价位线附近后止涨回落，跌至 20.00 元价位线上后止跌，短暂横盘后股价再次上冲，K 线收出一根涨停大阳线向上大幅拉升股价，当股价上涨至前期高点 24.00 元价位线附近后再次止涨回落。

两次的冲高回落形成了典型的双重顶形态，说明许继电气的这一波上涨行情极有可能见顶，多头势能衰竭，后市看跌。场内的投资者应借助涨停大阳线的高位及时抛售持股，否则将遭受重大的经济损失。那事实是否真的是这样呢？

我们仔细查看，发现股价下跌至 18.00 元附近时止跌，并未跌破前期 16.00 元低点，说明此时的下跌极有可能是股价上升过程中的回调，回调结束后股价继续上行，真正的下跌行情并未形成。所以，场内的投资者可以继续持有股票，场外的投资者可以在股价再次放量拉升涨停时，积极买进追涨。

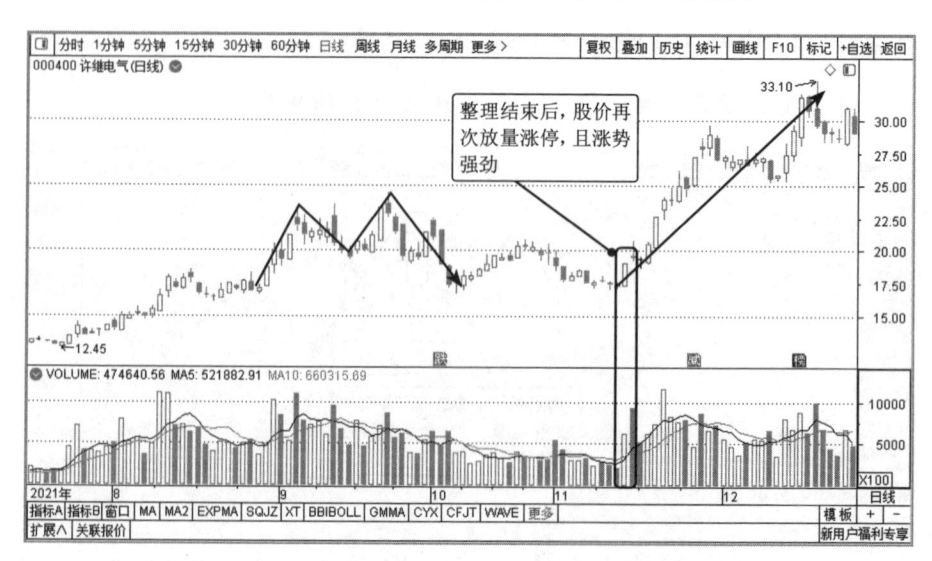

图 7-34 所示为许继电气 2021 年 7 月至 12 月的 K 线走势。

图 7-34 许继电气 2021 年 7 月至 12 月的 K 线走势

从图中可以看到，双重顶形态形成后股价止涨回调，回调结束后下方成交量放大，K 线收出涨停大阳线，股价再次向上继续之前的上涨行情。股价快速向上攀升，最高上涨至 33.10 元，涨幅较大。如果投资者仅凭前期双重顶形态而匆忙离场，将损失这一波涨幅收益。

7.3.5 高位巨量涨停线

在股价经过一番上涨后的高位区域最容易出现高位巨量涨停这类的主力出货陷阱。因为很多投资者在这些涨停板带来的巨大利润面前，容易失去判断，从而使自己成为高位接盘的被困者，最终不得已割肉出局。

股价连续强势拉升，K 线连续收出涨停，尤其是放量涨停的股票，投资者应特别警惕主力利用涨停板出货。主力在推动股价连续走高后，通常会在拉升后期以连续涨停吸引投资者注意，作为本轮行情的最高潮。当跟风盘特别旺盛时主力再借助涨停板出货，达到及时离场的目的。

实例分析
陕西金叶（000812）高位顶部放量涨停板分析

图 7-35 所示为陕西金叶 2021 年 11 月至 12 月的 K 线。

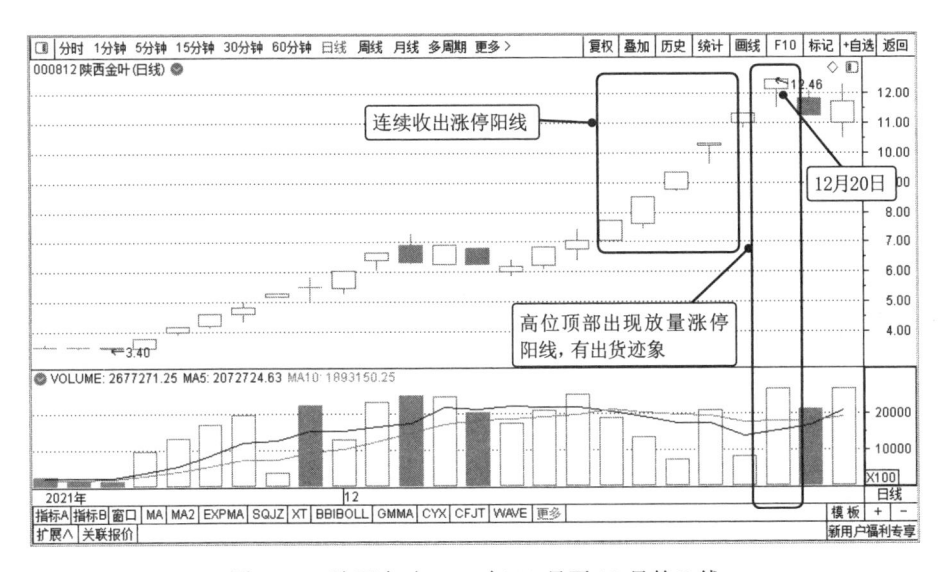

图 7-35　陕西金叶 2021 年 11 月至 12 月的 K 线

从图 7-35 可以看到，陕西金叶从 3.40 元的低位处开始向上攀升，当股价上行至 7.00 元附近后，K 线连续收出涨停板进一步快速向上拉升股价。12 月 20 日，股价高开上冲至涨停板，盘中打开涨停板，成交量放量。在股价上涨后的高位区域，出现放量涨停板，极有可能为主力出货手段。此时的涨停是假涨停真出货，所以场外投资者不应盲目追涨，场内的持股投资者则应尽早离场，了结出局。

图 7-36 所示为陕西金叶 2021 年 12 月至 2022 年 5 月的 K 线走势。

从图 7-36 可以看到，高位放量涨停板出现后，陕西金叶股价止涨回落转入下跌走势之中，股价震荡下行，跌势迅猛，最低跌至 4.38 元，跌幅较大。如果投资者仅凭涨停线而积极追涨，不留心主力的高位出货行为则极有可能被套高位，难以脱困。

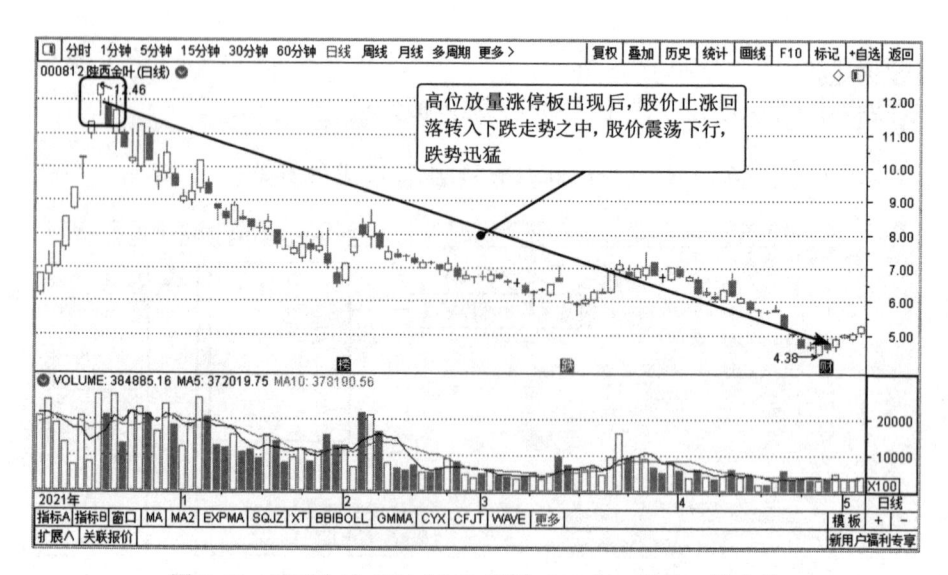

图 7-36 陕西金叶 2021 年 12 月至 2022 年 5 月的 K 线走势